中国旅游业普通高等教育应用型规划教材

旅行社经营与管理

主　编　谢洪忠　胡锡茹

副主编　阮冬梅　张　琴

中国旅游出版社

本书编委会

顾　　　　问：陈　帆　　朱伯威

主　　　　编：谢洪忠　　胡锡茹

副　主　　编：阮冬梅　　张　琴

撰　稿　人　员：谢洪忠　　胡锡茹　　刘　云　　阮冬梅
　　　　　　　　张　琴　　毛晓莉　　何　勇　　董少华

参与研究人员：李　辉　　黎　亮　　朱　冰　　李　桧
　　　　　　　　程　祥　　范艺龄　　刑莉莉　　朱越莹
　　　　　　　　方莉梅　　黄　映　　杨太友　　赵春艳
　　　　　　　　陈楚晖

前　言

自托马斯·库克 1845 年成立世界上第一家旅行社以来，随着国际经济的螺旋式增长、旅游者消费需求的持续增加、各国出入境业务量提升、旅游经济创新活动引导、旅游产业政策和企业组织制度演进等因素的影响，旅行社业不断繁荣壮大，旅行社数量急剧增加、行业规模不断扩大，在世界范围内形成了 10 万余家旅行社组成的国际旅游服务销售网络，并产生了许多国际性和地区性的旅行社组织。

毋庸置疑，一方面，全球旅游业的发展与繁荣，极大地促进了旅行社的发展与普及；另一方面，旅行社行业的发展和普及又为人们的旅游提供了诸多方便，极大地促进了世界旅游业的发展。但受旅游需求个性化、旅行社跨国并购和重组频繁、网络化经营及旅游信息化普及、科技含量提高等多重因素的影响，旅行社竞争愈发激烈，生存和发展依然是旅行社的紧迫问题，做好经营和管理仍是旅行社核心竞争力的基础。

有鉴于此，现代旅行社的经营和管理仍需进一步梳理和系统总结，特别是结合旅行社的实践经验，听取行业意见，编写一本与旅行社目前的经营业务密切相关的教材，让学生了解行业前沿动态，熟悉业务流程、科学管理就显得十分必要。

作为云南财经大学旅游与酒店管理学院实践教学系列丛书之一的《旅行社经营与管理》，聘请了风光国旅等高管精英担任顾问，共同参与研究，以期编写出一本理论结合实际、实用性强，有利于应用型人才培养的教材。教材编写以"培养业务熟练、具有国际化素养、职业能力强的职业旅游经理人"为目标，体现应用性，注重案例分析，强调实践能力的培养。

编写者秉承"产学研用"的理念，联合龙头旅行社企业，从旅行社的共性业务及重点特色业务着眼，共同为编写精品教材出谋划策，参照旅行社所提意见及提供的案例素材，在大家的辛勤努力下，完成了书稿，达到了预期的目的。

本书的编写有自身的特色，安排了知识链接、同步案例、同步思考等小栏目，在每章后配有复习思考题和案例分析等内容。

本书是集体创作的成果。具体执笔的有：谢洪忠教授（前言、第九章）、胡锡茹副教授（第一章、第八章）、刘云教授（第二章）、阮冬梅讲师（第六章、第十二章）、张琴讲师（第三章、第四章、第五章）、毛晓莉讲师（第七章、第十一章）、何勇讲师（第十三章）、董少华老师（第十章）。另外，为突出实践教学的目标，本书还配有实训手册。实训手册编写分工如下：导游领队引导文明旅游实训（谢洪忠）、旅行社计调业务实训（胡锡茹）、旅游接待服务实训（张琴）、入境旅游业务实训（毛晓莉）、出境旅游业务实训（阮冬梅）、旅行社电子商务实训（何勇）。

谢洪忠负责本书框架与大纲设计、统稿和审改稿工作，并对各章节内容做了调整、删改和完善，洪媛媛、郭灿灿、夏修荷、黄丽佳等研究生参与了部分内容的编写及校稿等工作。另外，学院丛书编委会也对编写体例和规范做了明确和统一要求。

在编写的过程中，我们参阅了大量的相关文献，引用了大量成果，具体文献已在本书中加以注明，如因疏漏没有载明者，敬请谅解。在此，向长期为旅行社经营和管理贡献智慧的专家学者们，致以崇高的敬意和真诚的谢意！

最后，本书的完成要特别感谢长期合作的单位昆明风光国旅有限责任公司的陈帆董事长、朱伯威总经理及李辉、黎亮等公司总监，他们的参与和建议，使本书的编写更符合现代旅行社的发展实际，更具实用性，对实践的指导和人才培养也更具针对性。

还要感谢中国旅游出版社和有关编辑，正是他们不厌其烦地认真审校稿，逐字逐句地把关，才使本书得以尽早面世。

另外，再次感谢参与编写的风光国旅及学校科研团队的合作，值此本书出版之际，向全体参与人员表示衷心的感谢！

编者

2015 年 12 月

目 录
CONTENTS

第一章

旅行社的兴起和发展

本章主要介绍了旅行社的概念、旅行社的兴起、旅行社的分类、旅行社的设立条件，并探讨了随着互联网的发展，旅行社发展的未来趋势。

 【学习目标】

通过本章学习，学生应掌握申请设立旅行社所需要的条件，掌握在互联网与电子商务营销的共同作用下，旅行社行业的发展新趋势。

【导入案例】

展望未来，旅行社面临的旅游市场正出现一些重大变化。主要表现在以下几方面：

散客化趋势越来越明显。以移动通信和互联网为代表的现代科技正在革命性地改变旅游消费模式和产业组织模式，散客成为主流的旅游方式。2012年，由旅行社组织和接待的游客比重只有3%多一些，换句话说，就是近97%的游客选择了自由行或者自助旅游，而非团队的方式出游。

旅游消费指向更加多元化、个性化。旅游已经脱离了以前的神秘性，作为日常生活的组成部分已经进入了寻常百姓家。既然是常态化的生活方式，游客在目的地除了看风景以外，越来越多的游客还希望融入当地百姓的生活中。也就是说，几乎所有当代民众的生活空间游客都会进入，不仅仅是观光，他们还会在这些空间中购物、娱乐和参加各种活动，体验生活在路上的别样精彩。

　　年轻人正在改变旅游的世界。参与旅游的年轻人越来越多，无论是团队游客还是自助旅游的散客，45 岁以下的年轻人已经占到 80% 以上的市场份额。随着越来越多的"80 后""90 后"的年轻人成为旅游消费的主力军，他们正在改变旅游需求的市场格局和消费模式。

第一节　旅行社的兴起

一、旅行社的概念

　　所谓旅行社（Travel Agency），世界旅游组织给出的定义为"零售代理机构向公众提供关于可能的旅行、居住和相关服务，包括服务酬金和条件的信息。旅行组织者或制作批发商或批发商在旅游需求提出前，以组织交通运输，预订不同的住宿和提出所有其他服务为旅行和旅居做准备"的行业机构。我国《旅行社管理条例》中指出：旅行社是指以营利为目的，从事旅游业务的企业。其中旅游业务是指为旅游者代办出境、入境和签证手续，招徕、接待旅游者，为旅游者安排食宿等有偿服务的经营活动。

二、旅行社的兴起

　　在国外工业革命以前，只有地主和贵族才有金钱从事非经济目的的消遣旅游活动。工业革命使得财富大量流向新兴的工业资产阶级，使他们也具有了从事旅游的经济条件，从而扩大了外出旅游的人数。

　　科学技术的进步，特别是交通运输的大力发展，提高了运输能力，缩短了运输时间，使大规模的人员流动成为可能。1769 年瓦特发明的蒸汽机技术很快应用于新的交通工具，至 18 世纪末，蒸汽机轮船就已问世。但对于近代旅游的诞生影响最大和最直接的还是铁路运输技术的发展。1825 年，在英国享有"铁路之父"之称的乔治·史蒂文森所建造的斯托克顿至达林顿的铁路正式投入运营。1830 年，客货混合列车正式往来于英国的利物浦和曼彻斯特之间。大型化、高速化轮船的出现，又进一步打通了海上旅行的通道，如 1830 年快速巨轮"玛丽皇后"号满载货物和 2000 名旅客从英国的南安普敦出发，仅用 5 天就到了美国的纽约。18 世纪下半叶，又出现了铁路、海路联运，火车和轮船的设备条件也日趋完善。

　　工业革命加速了城市化的进程，并且使人们工作和生活的重心从农村转移到城市，工业革命改变了人们的工作性质。随着大量人口涌入城市，原先那种随农时变化而忙闲有致的多样性农业劳动开始被枯燥、重复的单一性大机器工业劳动所取代，这一变化最终导致了人们有了适时逃避节奏紧张的城市生活和拥挤嘈杂的环境压力的需求，产生了强烈的回归自由、回归大自然的度假要求。当然，工人阶级带薪假日的获得并非是一蹴而就的，而是经过一个多世纪的艰苦斗争才最终取得的。

市场经济的发展为旅游活动的产生提供了必要的社会条件，在此背景下，一批具有敏锐信息的先行者首先捕捉到了市场信息，开始创办旅行代理事业。例如，世界上公认的第一位真正的专职旅行代理商是英国的托马斯·库克（Thomas Cook）。1845 年夏天，托马斯·库克成为专职的旅行代理商，正式开办旅行代理业务，组织了从莱斯特到利物浦的团体旅游。在旅游活动准备工作中，托马斯·库克对整条旅游线路进行了实地考察，将本次旅游要参观的旅游景点、乘坐的交通工具和要下榻旅馆的实际情况描述下来，编写和出版了世界上第一本旅行社宣传手册——《利物浦之行手册》。这种做法后来被许多其他的旅行社所采用，一直延续下来，形成了早期的宣传手册。

后来，欧洲及北美诸国和日本纷纷仿效库克组织旅游活动的成功模式，先后组织了旅行社或类似的旅游组织，招募陪同或导游，带团在国内参观游览。所以在经济收入的增加、交通条件的改善、旅游需求的产生共同作用下产生了旅行社。人类满足物质需要的同时，也要满足精神享受，旅行社作为中间商应运而生，把复杂的事情简单化了。

在库克之后，世界各地也相继出现旅游代理商。其中美国的捷运旅行社在 1891 年首次发行"旅行支票"，打破了国际币制不同的障碍。由此，旅游业开始真正确立了自己的地位，它以自己独特的经济活动方式成为国民经济的一个重要组成部分。

三、我国旅行社的发展阶段

在我国真正意义上的旅行社发展主要分为三个阶段：

（一）旅行社发展的初期（1978—1989 年）

随着 1978 年我国实行改革开放，旅游业迅速发展，中国国际旅行社、中国旅行社、中国青年旅行社的成立形成了我国旅行社三足鼎立的行业寡头垄断的局面。为满足急剧增长的国际入境游客的需求，中国旅行社、旅游交通、海外饭店都得到了大量建设和发展。

（二）旅行社发展的增长期（1990—1994 年）

在这一时期，我国政府开始允许中国公民出国探亲和旅游。这是我国旅游业发展中的又一重大突破。

（三）旅行社发展的持续发展期（1995 年至今）

这一段时期，各法律条规的相应出台，更好地保障了旅游者和旅行社的合法权益，维护了旅游市场秩序，促进了我国旅游业的健康发展，标志着中国旅行社业进入了一个全新的发展阶段。

第二节　旅行社的设立

　　旅行社的营运项目通常包括了各种交通运输票券（例如机票、巴士票与船票），套装行程，旅行保险，旅行书籍等的销售，与国际旅行所需的证照（例如护照、签证）的咨询代办。最小的旅行社可能只有一人，最大的旅行社则全球都有分店。从旅行社衍生的职业有：领队、导游、票务员、签证专员、计调员（旅游操作）等。经营旅行社必须要持有当局发出的有效牌照，并且必须是某指定旅行社商会的会员才能经营旅行团。

一、国际旅行社的设立条件

　　国际旅行社的设立条件包括：

　　——应具有足够的营业用房和传真机、直线电话、电子计算机等办公设备；

　　——具有持国家旅游局颁发的《旅行社经理任职资格证书》的总经理或副总经理一名、部门经理或业务主任人员三名、取得会计师以上职称的专职财会人员；

　　——注册资本不少于150万元人民币；

　　——经营入境旅游业务者，需缴纳60万元人民币质量保证金；

　　——经营出境旅游业务者，需缴纳100万元人民币质量保证金。

二、国内旅行社的设立条件

　　国内旅行社的设立条件包括：

　　——应具有足够的营业用房和传真机、直线电话、电子计算机等办公设备；

　　——具有持国家旅游局颁发《旅行社经理任职资格证书》的总经理或副总经理一名、部门经理或业务主管一名、取得助理会计师以上职称的专职财会人员；

　　——注册资本不少于30万元人民币；

　　——需缴纳10万元人民币质量保证金；

　　——有经培训并持有省、自治区、直辖市以上人民政府旅游行政管理部门颁发的资格证书的经营人员；

　　——有符合《旅行社条例》规定的注册资本和质量保证金。

三、设立旅行社提交的文件

　　设立旅行社提交的文件包括：

　　——申请书；

　　——设立旅行社可行性研究报告；

　　——旅行社章程；

——旅行社经理、副经理履历表和《旅行社经理任职资格证书》；

——开户银行出具的《资金信用证明》、注册会计师及会计师事务所或审计事务所出具的《验资报告》；

——经营场所证明；

——经营设备情况证明。

第三节　旅行社的分类

一、国外旅行社的分类

国外旅行社的分类主要是指欧美国家中旅行社的分类。欧美国家中旅行社主要分为两大类：旅游批发经营商和旅游零售商。旅游批发经营商是指主要经营批发业务的旅行社或旅游公司。所谓批发业务是指旅行社根据自己对市场需求的了解和预测，大批量地订购交通运输公司、饭店、目的地经营接待业务的旅行社、旅游景点等有关旅游企业的产品和服务，然后将这些单向产品组合成为不同的包价旅游线路产品或包价度假集合产品，最后通过一定的销售渠道向旅游消费者出售。

旅游零售商是指主要经营零售业务的旅行社。旅游零售商主要以旅游代理商为典型的代表，当然也包括其他有关的代理预订机构。一般来讲，旅游代理商的角色是代表顾客向旅游批发经营商及各有关行、宿、游、娱方面的旅游企业购买其产品，反之，也可以说旅行代理商的业务是代理上述旅游企业向顾客销售其各自的产品。

二、国内旅行社的分类

根据我国现行的《旅行社条例》，我国的旅行社分为国际旅行社和国内旅行社两类。

（一）国际旅行社

是指经营入境旅游、出境旅游和国内旅游业务的旅行社。具体来说，其经营业务如下：

——招徕我国旅游者在国内旅游，为其安排交通、游览、住宿、饮食、购物、娱乐及提供导游服务；

——招徕外国旅游者来中国，华侨及港澳台同胞归国及回内地旅游，为其安排交通、游览、住宿、饮食、购物、娱乐及提供导游等相关服务；

——经国家旅游局批准，招徕、组织我国境内居民到外国和我国港澳台地区旅游，为其安排领队及委托接待服务；

——经国家旅游局批准，招徕、组织我国境内居民到规定的与我国接壤的国家的边境地区旅游，为其安排领队及委托接待服务；

——经批准，接受旅游者委托，为旅游者代办入境、出境及签证手续；

——为旅游者代购、代订国内外交通客票，提供行李服务；

——其他经国家旅游局规定的旅游业务。

（二）国内旅行社

是指经营范围仅为国内旅游业务的旅行社。其具体经营业务如下：

——招徕、组织我国大陆地区游客在国内旅游，为其安排交通、游览、住宿、饮食、购物、娱乐及提供导游等相关服务；

——接受我国大陆地区游客委托，代购、代订国内交通客票；

——经国家有关部门批准，地处边远地区的国内旅行社可以接待前往该地区的海外游客；

——接受我国大陆地区游客委托为其办理托运行李、领取行李等业务。

第四节　旅行社的发展

随着社会经济的发展、人们可自由支配收入的提高、公共假期与带薪休假的增加，人们对旅游的需求更加旺盛；以及在旅行社市场的完善，与互联网、电子商务营销等共同作用下，旅行社的发展将呈现以下趋势。

一、集团化

旅行社行业将出现集团化的趋势，一批具有一定规模并且覆盖一定区域的旅行社集团将出现在中国的大地上，成为中国旅行社行业的一道亮丽风景线。中国的旅行社行业的格局亦将为之一变。这种集团化的趋势既能适应中国旅行社行业的发展需要，也符合国际上旅行社行业的发展进程。中国的旅行社行业集团化，既有利于旅行社发挥其在采购、预订、营销、资金、人才等方面的优势，实现规模经营和获得规模经济效益，也可以引导和稳定市场，克服旅行社市场因过度分散和紊乱造成的问题。

二、专业化

随着中国旅游市场的不断发展和旅行社行业的逐渐成熟，旅行社将会出现专业化的发展趋势。旅行社行业的专业化，是指旅行社为了最大限度地满足特定细分市场旅游者的需求，适当调整其经营方向，针对某些细分市场，对某些产品进行深度开发，形成特色产品或特色服务。专业化经营将主要出现在中国的中型旅行社，为了避开在经营标准化产品方面的比较劣势，集成本优势与产品专业化优势于一身，中型旅行社应该实现专业化开发和专业化经营，使产品更加多样化，从而增强其产品的总体吸引力。

三、品牌化

旅行社行业的竞争已开始从价格竞争逐步转向质量竞争和品牌竞争。随着旅游者的旅游消费需求水平的提高，旅行社所奉行的低价格战略已经不再像过去那样奏效了，必须采用新的竞争战略，以应对我国加入世界贸易组织后，特别是国际名牌旅行社进入中国旅游市场后所带来的严峻挑战。所以，名牌旅行社瓜分市场必将成为我国旅游市场的一个必然趋势。中国的旅行社必须大力发展名牌战略，否则将会在日趋激烈的市场竞争中落败。目前，中国旅行社业的一些有识之士已经开始注重建立中国的旅行社品牌，努力争取旅游者的认同，产生对其服务的亲近感和信任感，以便在市场上立于不败之地。

四、网络化

旅行社的网络化趋势是由旅游需求的特点所决定的。随着社会经济的发展和人们所受教育水平的提高，旅游需求必将日益普及，导致旅游需求可能在任何一个地方产生。为了便于消费者的需求和购买，旅行社营业的场所必须广泛设立于消费者便于购买的所有地方，即所谓的网络化布局。中国的旅行社行业实行网络化，不仅是完全必要的，而且是十分可行的。信息技术的普及和互联网的发展，为旅行社的网络化经营奠定了坚实的技术基础。旅行社通过内部改造或增设经营网点为旅行社的网络化经营提供了组织基础。因此，旅行社的网络化，必将成为中国旅行社行业的一个发展趋势。

 【复习思考题】

1. 简述旅行社、国际旅行社、国内旅行社的概念。
2. 国际旅行社与国内旅行社各有哪些分类？
3. 考察 2～3 个你所在城市和地方的旅行社，并写出考察报告。
4. 模拟申请设立一个旅行社。
5. 在互联网、电子商务营销时代，旅行社该如何创新发展？

☞ 【案例分析】

旅行社不断推出新产品

近几年，旅游市场最为显著的三个趋势是散客化和出境游激增、需求多元化。

散客市场的到来催生出新的产品需求。机票＋酒店＋景点票＋特色餐饮的打包产品应运而生。

高端定制旅游潜力巨大。例如，携程旗下高端旅游品牌"鸿鹄逸游"推出定价百万

元人民币的旅游产品，深受高端人群欢迎。

开发特色的产品成为当下旅行社存在发展的重点。部分旅行社已经尝试与旅游目的地单位合作参股，共同开发具有独特优势的特色产品。东非动物迁徙游、南极游、相亲游、亲子游、宗教游……各类主题旅游不断衍生。

分析题： 作为学生的你，去过什么地方旅游？有哪些旅游新产品的体验？对旅行社的发展新趋势有何新想法？

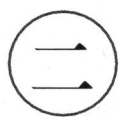

第二章

旅行社客源地及游客偏好

　　旅游客源市场是旅行社经营的主体，有稳定广阔的旅游市场，旅行社才能长久地经营和发展，旅游市场的状况直接决定了旅行社如何生存、如何发展、发展空间的大小。旅行社首先必须充分地分析旅行社的旅游客源市场的发展过程和发展前景。我国一直以国内旅游为主，随着改革开放和中国加入世界贸易组织，我国的入境旅游近年来也在迅猛发展，这一市场的现状特征以及发展趋势，无疑在一定程度上关系着旅行社的生存和发展。对旅行社来说，市场即游客，因此掌握游客偏好的概念以及特征显得尤为重要。本章重点叙述了游客偏好中旅游人的偏好和各类型旅游地的游客偏好两大类，对旅行社动态地满足游客的个性化需求，进一步制定产品类型、产品研发有着巨大的实用意义。

 【学习目标】

　　通过本章学习，学生应了解中国海外客源市场的发展过程、发展趋势，重点研究旅游客源地、潜在客源地以及客源市场的现状，学会分析、推测旅行社的发展趋势。掌握游客偏好的概念，掌握游客偏好分析相关知识。

【导入案例】

　　《中国入境旅游发展年度报告2015》日前发布，报告从市场总体状况、客源结构特征、全球国际旅游、客源地产出、地域特征与空间流向、入境旅游市场需求、入境游客消费行为特征等多重角度入手对2014年中国入境旅游进行了全面分析和深入解读，积极回应当前入境旅游发展的热点问题，并对我国入境旅游的元来发展作出预测和建议。

　　报告指出，2014年，我国接待入境游客12849.83万人次，同比下降0.45%。2014

年我国接待入境过夜游客5562.20万人次，同比下降0.11%，市场规模总量位居世界第四，仅次于法国、美国和西班牙。

受到旅游资源、地方知名度、空间距离、旅行费用等多重因素的影响，入境客流的扩散呈现出典型的"等级性"与"近程性"特征。伴随入境旅游市场规模的发展壮大，入境客流扩散的路径持续多样化，新的扩散路径日益成长起来。

第一节　旅游客源市场现状

一、客源市场分析

经过改革开放以来30多年的发展，中国逐步形成了具有中国特色、符合旅游业持续发展需要的海外客源市场组合，中国海外客源市场基本呈现出几方面的特点。

（一）持续增长且基数较大的亚洲客源地

亚洲各国是中国最重要的海外客源市场。20世纪90年代中期以来，是亚洲各国来华旅游人数的快速增长时期。除1997年、1998年亚洲金融危机的冲击外，其增长速度均在20%以上，并且形成了日本、韩国、东南亚5国及蒙古等主要客源国。尤其是日本，近20年来，因为其与中国隔海相望的地理位置、悠久的历史渊源和经济文化交流传统，日本一直是中国最大的客源国。进入20世纪90年代后，由于中韩两国邦交正常化，韩国国民来华旅游很快进入超常发展阶段，2010年韩国是中国第一位的客源国。东南亚5国作为中国的近邻，也一直是中国传统稳定的客源国，特别是20世纪90年代以来，随着其经济的发展，旅华市场进入快速发展时期。蒙古是随着中蒙边境贸易的兴旺而逐步发展起来的一个主要客源国，其旅游者多为边境旅游者。从近几年中国入境市场的情况可以看出，中国的入境人数保持稳定，亚洲、美洲等中国最大的客源地最近几年略有小幅下降，其他客源地开始增加。

（二）基本平稳的欧洲客源地

欧洲是中国仅次于亚洲的重要客源市场。作为东亚地区的重要旅游目的地，中国在欧洲游客的远程旅游中扮演着重要角色。20世纪90年代中期以来，欧洲各国来华旅游人数不断增加，并且形成了英、德、法、俄等主要客源国。

（三）持续平稳增长的美洲客源地

美洲，尤其是北美客源国是中国第三个重要的客源市场，美国和加拿大是中国在美洲的两个主要客源国。20世纪90年代中期以来，它们占据了美洲市场份额的90%左右，来华旅游呈现平稳增长态势。

（四） 发展中的大洋洲与非洲客源地

对于中国海外客源市场而言，大洋洲与非洲国家属于发展中的客源市场，人数还比较少。澳大利亚是大洋洲最重要的中国海外客源国。

二、客源国特征分析

总体而言，中国海外旅游客源国主要有以下四方面的特征：

（一） 客源地分布广泛，少数重要客源国居主导地位

中国海外客源国广泛分布于亚洲、欧洲、美洲、大洋洲、非洲各地，客源地组成上具有地域多样性。但从客源国所占来华旅游市场的份额来看，少数重要的客源国提供了大部分客源，居主导地位。具体表现为亚洲居多，欧洲与美洲次之。主要客源国客源输出量累计占外国客源总数的70%左右，其中前五大客源国占50%以上，且近年来这一比例仍不断上升，反映出主要客源国的作用越来越明显。

这种少数重要客源国居主导地位的格局，在一定时期内还会有所强化，并维持相当一段时间。同时，重要客源国地域上的广泛性，又为中国防范区域性的危机或其他偶发事件影响旅游业提供了有力保障，易于促成东方不亮西方亮，此消彼长的局面，从而有利于中国旅游业健康平稳地发展。

（二） 各大洲分布不均，亚洲客源市场扮演重要角色

近几年，在中国入境旅游客源市场上，亚洲国家始终扮演重要角色，比重超过50%，呈快速上升趋势，而欧洲、美洲、大洋洲、非洲依次下降。同时，邻国市场如日本、韩国、俄罗斯、蒙古及其他东南亚各国均为主要客源国。

中国地处东亚，发展亚洲客源市场具有先天优势。一方面距离近，在旅游交通费用在旅游花费中占有较大比重的前提下，这种优势往往被强化；另一方面有相近的文化传统以及频繁的经济往来，国与国之间往来限制的放宽，手续的简化等。此外，日本、韩国及东南亚各国人口密集，在其经济快速发展的背景下，已成为世界上重要的客源产出国。特别是对于这些国家的大多数初访者来说，中国是一个较为理想的旅游目的地。因此，拓展亚洲客源市场，尤其是深层次拓展邻近国家客源市场，对于中国入境旅游业的发展，是一件事关全局、意义深远的事情。

（三） 客源国构成与世界主要客源国基本相对应

从世界旅游市场的大背景来看，世界主要客源市场依次为欧洲、亚太地区、美洲、中东及南亚地区、非洲。从主要客源国看，主要为德国、日本、美国、英国、法国、荷兰、加拿大、俄罗斯、意大利等。而对于中国海外旅游市场而言，德国、日本、美国、英国、法国、加拿大、俄罗斯等国家已是主要的客源地，荷兰、意大利来华旅游也发展相当迅速。但由于这些客源国都是远程市场，其来华旅游受到一定限制，所以日本、韩国、蒙古、新

加坡、泰国等近程客源市场仍将是中国的主要客源地。显然，这种客源市场格局是符合世界旅游市场发展规律的，它将在相当长的时间内支持中国国际旅游业的持续发展。

（四）潜在客源地发展前景乐观

受经济发展水平、距离和国民旅游习惯等多种因素的影响，南亚、中东地区、南美、非洲国家来华旅游的人数很少，但是它们是中国潜在的客源国，这些地区近年来出国旅游市场发展较快，其迅速发展的势头已引起业内人士的关注。例如，中国近邻印度是一个特别值得注意的潜在市场，11 亿人口的背景和中产阶级的迅速崛起，使得出国旅游需求迅速膨胀。据预测，这种膨胀速度在今后 10 ~ 20 年内仍有加快趋势，而使印度成为重要的客源产出国之一。

第二节　旅行社客源地概况

一、亚洲

亚洲旅游区多为发展中国家，30 多年来，政治形势相对稳定，经济持续高速发展，基础设施和旅游服务设施不断完善，人民生活水平迅速提高，闲暇时间不断增加，旅游宣传促销力度日益加大，为旅游业发展奠定了良好的基础。亚洲旅游区虽然现代旅游业起步较晚，但 30 多年来旅游业的发展十分迅速。亚洲旅游区国内旅游接待量和国际旅游收入在全世界所占的比重的稳步增长给人们留下了深刻的印象。同时，随着亚洲旅游区各国经济的迅速发展和居民收入水平的不断提高，中、短程国际旅游能力日益增强，出境旅游快速发展。

亚洲旅游区各国经济的多样性和互补性，促使该地区区域经济合作不断加强，并取得了喜人的成就。亚太经济合作组织（APEC）及东南亚国家联盟（ASEAN），对促进区域内经济、贸易、科技、文化、旅游等发展，都起到了积极的推动作用。例如东盟下设的东盟旅游协会，1988 年 3 月制定了联合发展旅游业的五年综合行动计划，1992 年成功地举办了"东盟旅游年"，有力地促进了亚洲旅游业的发展。

随着世界经济贸易的重心向亚太地区的扩展和亚洲旅游区各国政府对旅游业发展的高度重视，亚洲旅游业发展十分迅速。目前，亚洲旅游区无论是国际旅游接待量，还是国际旅游收入，都居世界各旅游区的第二位，而且每年旅游增长的速度都超过了世界平均水平。其中，东北亚旅游区发展最快，东南亚次之。东北亚旅游区和东南亚旅游区接待国际旅游者人数和所占市场份额，在亚洲旅游区中分别居第一位和第二位。随着全球经济重心逐渐从大西洋地区转移至太平洋地区，国际旅游市场的重心也将相应东移，亚洲旅游区将成为未来国际旅游市场的热点区域。

目前，从亚洲旅游区入境旅游市场的地区分布来看，以区域内游客、欧洲游客和北美洲游客为主。中国大陆居民出境旅游就是从新加坡、马来西亚、泰国旅游正式开始的，并以亚洲旅游区为主要出游目的地。区域内旅游目的地以中国内地、中国香港地区、中国澳门地区和东盟国家为主。亚洲旅游区各国经济的快速发展，促进了旅游资源的开发，提升了旅游服务设施水平，改善了旅游环境，加大了旅游宣传促销力度，增强了旅游市场竞争能力，国际旅游客流的重心正在向亚洲旅游区转移，亚洲将成为全球最具活力、发展最快的旅游区。在不久的将来，亚洲旅游区可望成为世界最重要的旅游客源地和旅游目的地。

【知识链接】

日本旅游市场

日本的国际旅游业始于 1893 年的"喜宾会"，已有 100 多年的历史。但 1964 年以前以入境游为主，20 世纪 60 年代中期以后出境游才超过入境游。日本的国际旅游收入在旅游经济总量中所占的比重不大，在世界排名中长期排在 30 位之后。早期日本国际旅游业的主要客源市场在欧洲，第二次世界大战后来自美国和欧洲的客源平分秋色，目前亚洲已成为日本最大的客源地，北美、欧洲次之。

日本国际旅游产品丰富多样，"基础层次""提高层次""专业层次"的产品均有，冬季冰雪、火山温泉和樱花等日本最具代表性的观赏体验性旅游和会展旅游、购物旅游、工业博物馆观光之类的城市旅游产品成为具有较强竞争能力的国际旅游品牌。不过，日本国际旅游景点高度集中，外国游客在日本的旅游活动地域高度集中在东京、神奈川、千叶、爱知、大阪、京都等少数几个城市。

二、欧洲

欧洲旅游区经济发达，工业、交通商贸、金融保险、旅游等在世界上占有举足轻重的地位，是世界旅游业最发达的地区。

欧洲旅游区中的西欧地区，是世界旅游业发展最早、最快的地区。自 19 世纪中叶起，欧洲大陆的旅游活动就非常活跃，西欧的许多国家便成为主要的旅游接待国和客源输出国。法国、瑞士、奥地利和意大利等国修建起一批旅游设施并相继建立了旅行社、旅游俱乐部和旅游联合会。然而，第二次世界大战却使正在兴起的旅游活动中断了。第二次世界大战后，特别是进入 20 世纪 60、70 年代，处于世界六大旅游区领先地位的欧洲旅游区（主要是西欧地区），因其经济发达、国民收入高、旅游资源丰富、旅游业发展历史长、出国旅游盛行，成为全世界最大的旅游客源市场，也是世界最发达的旅游市场，平均每年有 18000 多万人出国旅游，占全世界国际旅游人数的 70% 以上，其旅游收入占世界旅游收入的 50% 以上。1985 年 6 月 14 日，在卢森堡的申根城签署欧洲申根签

证协议以来，申根协议国不断增加，这使欧洲各国的入出境旅游更为方便。

欧洲旅游区是世界各国最重要的客源地，也是世界各国主要的旅游目的地，其国际旅游者主要来自欧洲内部各国，约占总人数的80%，其余多来自北美、日本；欧洲是中国主要的客源市场，其中以俄罗斯、英国、德国、法国来华人数最多，均属中国十大客源国之列，这4个国家构成欧洲旅游区客源的主体。意大利、荷兰、西班牙、瑞典、奥地利、瑞士等来华旅游人数次之，也是中国比较重要的客源市场。

【知识链接】

英国旅游市场

英国是世界旅游接待大国之一。英国的主要客源市场来自欧洲地区，其中以法国、德国、爱尔兰3国为主，这主要反映了近距离的特点；在远程客源市场中，美国是最重要的客源国，其次为加拿大、澳大利亚、新西兰等，这主要是历史文化的渊源关系。去英国旅游的目的主要为商业旅游、探访亲友和历史文化旅游，因而所去的旅游地高度集中于城市，特别是伦敦。伦敦一地占入境旅游者总数的近一半，占英国旅游外汇收入的2/3。

英国也是重要的国际旅游客源国。20世纪90年代以来，出国旅游人数居世界第四位。近年来，英国来华旅游人数持续增长。英国人出国旅游的目的80%以上是为了度假。

英国的国内旅游比较发达，是重要的国民经济部门之一。每年约有1亿人次在国内旅游，国内旅游收入在230亿美元左右。国内旅游的目的主要是海滨度假、观光和探亲访友，旅游交通方式主要是汽车和火车。

三、北美洲

北美旅游业发达。长期以来，无论是接待国际游客量，还是国际旅游收入，均在世界各旅游区居第二位。美国、加拿大、墨西哥均是15大国际旅游接待国和国际旅游收入国之一。美国、加拿大均为15个最大国际旅游消费支出国之一。

【知识链接】

旅游市场

美国经济实力雄厚，科学技术先进，旅游交通便利，服务设施完善，管理水平较高，旅游资源丰富，客源市场稳定，旅游业发达。

　　美国旅游资源丰富多样。自然旅游资源千姿百态。黄石公园、大峡谷、猛犸洞穴、夏威夷火山国家公园和尼亚加拉瀑布、华基基海滩等迷人的山色、湖光、悬崖、峡谷、瀑布、海滩，可为人们提供观光、度假、疗养等各种旅游活动。人文旅游资源丰富多彩，古今名胜、文化艺术、游乐园、博物馆、繁华都市遍布全国。纽约自由女神像的庄严、大都会艺术博物馆的豪华、影城好莱坞的浪漫、迪士尼的欢乐、纽约的繁华和少数民族的民俗风情等深深地吸引着游人。美国已成为世界最发达的旅游国，是世界最大的国际旅游客源地和接待地，在全部旅游收入中，有约70%来自国内旅游，国内旅游仍是旅游业的主要收入来源。美国的国际旅游收入、国际旅游接待量和国际旅游消费水平均居世界前列。美国公民主要旅游目的国是加拿大、墨西哥及西欧、东北亚、东南亚、北非一些国家，主要旅游客源国是加拿大、墨西哥、日本、法国、德国、英国、西班牙、葡萄牙、意大利、荷兰、韩国、澳大利亚等。

　　入境方式以飞机为主。中国公民赴美国旅游的人数也在逐年增加。美国已形成以下三大都市旅游带的发展格局：以纽约为中心的波士顿—华盛顿大都市旅游带（分布于美国东北部大西洋沿岸平原）、以芝加哥为中心的芝加哥—匹兹堡都市旅游带（分布于美国中部五大湖沿岸地区）、以洛杉矶为中心的圣迭戈—旧金山城市群（分布于美国西南部太平洋沿岸）。三大都市旅游带具有发展国际联系的区位优势，具有发达的区域性基础设施网络，一般都拥有大的港口，沿长轴呈带状拓展。

第三节　游客偏好及分析

一、游客偏好的概念

　　关于旅游偏好的概念，学术界观点不一。本书所界定的旅游偏好是属于旅游体验动力机制中的动力要素之一，它是旅游者的一种心理活动，是旅游行为开始之前对具体旅游体验目标的预期倾向，代表着旅游者对旅游体验对象物的喜好程度。因此，旅游偏好与旅游态度是两个不同的范畴，但是它具有与态度一样的持久性和普遍适用性，它不仅仅局限于具体的旅游产品，还包括对各种抽象的、感性的旅游因素的喜好程度。

　　旅游偏好是直接规定具体旅游行为的动力范畴，与旅游行为息息相关，对旅游行为具有强势的、定向的和即时的影响。旅游偏好在旅游动机的基础上进一步分解，它又是

旅游动机的实践性工具。旅游动机在个体意识中还是比较模糊的，而旅游偏好在个体意识中便是十分清晰的。因此，如果想从操作性的层面了解影响旅游体验行为的心理动力，旅游偏好是最理想的层次。

旅游偏好对旅游行为的影响是通过旅游决策这一过程体现的。潜在旅游者往往根据以往经验和已知信息形成对各种旅游因素的偏好。当然，由于偏好和购买行为之间存在时空间隔，因此偏好能否导致最终的实际行为，还取决于各种内外部因素的综合影响。

二、游客偏好分析

（一）旅游人偏好

旅游人泛指从事旅游领域工作或相关专业知识学习研究的群体。在此特指主修商业管理、旅游管理、宾馆饭店管理、休闲娱乐等专业知识的各类学生，偏爱从事旅行社工作的人员和旅游企业管理者等。

1. 学生偏好

旅游领域涉及的专业知识很广，如旅游管理、宾馆管理、商业管理、饭店管理和烹饪、休闲娱乐管理等。凯米斯（Kimss，2007）等人指出：中国台湾和韩国本科生毕业后对以上专业知识偏好相似，最喜爱宾馆管理，饭店管理和烹饪次之；中国大陆本科生毕业后最喜爱旅游管理，宾馆管理次之。美国是以上三地本科生和研究生毕业后出国留学最喜爱的国家，瑞士次之。中国大陆硕士研究生对商业管理专业偏好程度最高，旅游管理专业次之；韩国硕士研究生对商业管理专业偏好程度最低；中国台湾硕士研究生最喜爱的三个专业是宾馆管理、休闲娱乐和商业管理。

旅行社处于客源地与旅游地之间，扮演着中间人的角色，把旅游线路销售给游客。职业中学生毕业后非常喜爱从事旅行社工作，尤其是女性，这与旅行社雇员中女性偏多现实相吻合。

2. 家族式旅游企业家偏好

家族式旅游企业最早出现于欧美等国。由于缺乏相应理论指导，大约 90 % 的企业在成长初期就破产了。盖兹（Getz，2005）等人系统分析了家族式旅游企业成长和经营，企业家、家族成员及企业的发展和演变，并指出企业家常把个人或家庭偏好置于企业成长和利润最大化之上。

（二）各类型旅游地的游客偏好

1. 度假旅游地的游客体验偏好

度假型旅游地是当前发展势头最强劲的旅游地，包括海滨度假地、温泉度假地、森林度假地等类型。旅游者在此类旅游地旅游的主要动机是健康动机，其次是自然动机和关系动机，他们希望能通过此类旅游而松弛精神、恢复身心健康，同时也体验另一种生活方式的氛围。此类旅游地比其他类型旅游地往往更富有情趣。游客度假旅游的地点和活动范围相对固定，且在旅游地的逗留时间较长，一般为 1～2 周，且往往与假期和假日旅游联系密切。度假旅游者对旅游地的娱乐活动、文化活动、文体设施、旅游服务等要求较高。旅游地的体验模式往往受旅游者文化修养和社会阶层等因素影响，优秀的旅游地能吸引游客重游，甚至有些游客几乎每年都到同一目的地度假旅游。

根据以上游客体验偏好，度假型旅游地的规划策划应该注意以下几点：首先，休闲性。此类旅游地强调休息调养、追求消遣。旅游者来此的目的一般是放松心情、修身健体、消闲娱乐，且停留时间比较长。因此，旅游地的规划和项目策划都应为旅游者营造一种轻松闲适的氛围。其次，体验性。旅游者的度假旅游应该是深入感受另一种生存或生活方式的过程，因此旅游地应当呈现出主题性的"氛围情境"，让游客融入情境之中。最后，舒适性。由于旅游者在度假期间一般会逗留较长时间，所以对旅游地的设施设备及服务质量都会有很高要求，不会抱着凑合一下的心理。因此，度假旅游地应具备较好的可进入性，各项设施设备应齐全、卫生，品质好，让游客获得很好的享受，服务人员应受过统一的培训，服务及时、到位，使游客心情舒畅。

2. 专项旅游地的游客体验偏好

专项旅游地应提供给游客深度体验和学习探索的机会。游客来此类旅游地的主要动机是声望动机，希望通过专项旅游赢得赞誉、实现自我，其次为文化动机和自然动机。专项旅游地又包括主题旅游地（如朝圣旅游地、购物旅游地）、生态旅游地和特种旅游地（如探险旅游地、攀岩旅游地）等，游客在这些旅游地展开学习、探索、深度体验、超越自我等活动。这类型旅游地往往针对小众市场，引导了现代旅游市场的个性化、专业化发展趋势。

专项旅游地的规划策划应注重以下两点：第一，主题性。主题性是专项旅游地的灵魂，旅游地为旅游者提供的旅游形式应针对某一具体目标或特定内容而设计，以适宜旅游者求知、求新、求乐的特殊旅游动机，体现旅游地的专业性。第二，深度性。专项旅游地的规划策划一定要讲求深刻、专业，对旅游主题的设计不能仅仅停留在浅表层次，而应尽量引起旅游者的精神升华，真正让旅游者有所学、有所悟、有所感。

【复习思考题】

1. 简述中国最近几年客源市场的基本情况。

2. 简述亚洲客源地的基本概况。

3. 旅行社在设计产品和线路时是否需要考虑客源地的特征及资源差异化？

4. 游客偏好的类型有哪些？各有什么特点？

☞ **【案例分析】**

暑期旅游"偏好"出境和清凉

一年一度的暑期旅游旺季如约而至。日前，记者从多家旅行社了解到，暑期出境方向主打"亲子名校"主题的欧美线路7、8月团期，以及日韩、新马泰及东南亚海岛7月份团期较受市民追捧。

进入盛夏之际，海滨游、亲水游受到市民追捧。据悉，暑期国内的热门旅游线路主要集中在能够避暑、纳凉、戏水的地区，海南三亚、广西桂林、福建厦门、山东青岛、宁波、舟山等线路最为热门。不过，一般国内游的预订提前期都比较短，所以多数国内长线方向尚未进入预订高峰期，但热门方向咨询量明显升温，线路价格也出现10% ~ 15%不等的上涨。

分析题：

1. 从案例中可以看出旅客的哪些偏好？
2. 根据游客的体验偏好特征，你认为旅行社还应该对产品设计做哪些调整？

第三章

旅行社产品开发

旅行社产品，不仅是旅游活动的主要对象，而且是旅行社存在和发展的基础，旅行社产品的开发及其类型、数量和质量，直接关系到旅行社的生存发展和企业目标的实现。

【学习目标】

通过本章学习，学生要正确认识和理解旅行社产品的概念，掌握旅行社产品的构成和特点，熟悉旅行社产品开发的设计原则及其影响因素，掌握旅行社产品开发的主要流程。

【导入案例】

点菜式选行程选导游

"我对跟团的信心不大，自由行又费脑筋，如果可以自己安排时间和行程，让旅行社来帮忙订房订票等烦琐的事情，行吗?"

越来越多的游客向旅行社提出"点菜吃饭"的要求，比如住几星级、什么位置的酒店、玩什么景点、在哪个景区要住多长时间等。这也促使旅游行业从"吃大锅饭"的年代走向"点菜吃饭"的细分时代。

"点菜式"旅游最大的特点就是像去超市一样简单方便。旅行社将以往所有的旅游产品全部列出来，将其分成机票、酒店、景点、餐饮几个部分，再将这几个部分进行自由组合，可以有"机票＋酒店"，或者"机票＋酒店＋景点"，或者"机票＋酒店＋景

点＋餐饮"等多种旅游模式，旅游者可根据自身的需求选择不同的旅游模式。也可以选择一些半自由行的产品，旅行社会为你安排有一到两天空余时间的行程，时间自行安排，你可以 DIY 线路，由旅行社配合你的需要提供相应的酒店、景点等信息。

如今这种点菜式的旅游越来越受宠，甚至有旅行社针对团体及小包团出游，推出了导游"点菜式"服务，广州的游客可以尝试像点菜一样自选导游，喜欢哪个"点"哪个。

有的旅行社将导游分为知识型、保姆型及活泼型三种。知识型导游为良师益友型，适合以求知为主要出游目的的市民；保姆型导游热情细心，善于悉心照顾老人家、小孩，特别适合家庭出游的市民；活泼型导游的特点是活泼幽默，能增加团友间的开心交流。

有业内人士认为，带薪休假的实行，一些有钱却没有时间的人将会成为"点菜式"旅游的追捧者。

第一节　旅行社产品概述

一、旅行社产品的概念

（一）旅行社产品的定义

旅游活动是一种综合性的经济社会活动，其要满足旅游者物质、精神等多方面需求，从而要求旅行社产品的内涵也必须是丰富多样的。从旅游经营者角度看，旅行社产品是旅行社为了满足旅游者在空间移动过程中的需要，在购买旅游供应商的产品并进行开发后，提供给旅游者的各种服务的总和。从旅游者的角度看，旅行社产品是旅游者花费了一定的时间、费用和精力所获得的一段旅游经历和感受。这个经历和感受包括旅游者在购买旅行社产品后，从离开居住地开始，到达旅游目的地旅游，直到旅游结束又回到居住地的全部过程中，所接触的各种事物和所接受的各种服务的整个经历、体验和感受。综上所述，我们认为，旅行社产品是指旅行社为满足旅游者的旅游需要而向旅游者提供的各种有偿服务，包括各种形式的包价旅游服务和单项旅游服务等。

（二）旅行社产品的构成

1. 旅游吸引物

从广义来讲，旅游吸引物是指能够吸引旅游者到来，并引发其旅游情趣的任何事物和现象。从狭义来讲，即从旅行社产品的角度来看，只有那些能够被旅行社开发和利用，并且能够被组合到旅行社产品构成中的事物和现象，才能被看作旅游吸引物。

旅游吸引物是旅行社产品生产的重要原材料，其数量、质量和吸引力是产品能否畅销的先决条件，也是旅游者是否选择该产品的决定因素。旅游吸引物的存在形式，既可以是物质实体，也可以是某个事件，还可能是一种自然现象或社会现象。

旅游吸引物按属性可划分为自然吸引物、人文吸引物、特产吸引物和社会吸引物等四大类。自然吸引物，是指自然界一切能够被旅游利用的资源，如气候、森林、草原、山地、河流、湖泊、海洋、温泉、火山、动植物等自然风景资源；人文吸引物，是指一切能够被旅游利用的社会历史与文化资源，如文物古迹、文化艺术、城乡风光、民族风情及建设成就等人文旅游资源；特产吸引物，是指一切具有地方特色，能够为旅游所利用的土特产品、风味佳肴、旅游工艺品等；社会吸引物，主要指各种具有影响的节庆活动、体育赛事、会展商务活动等。

2. **旅游生活服务**

旅游生活服务是指旅行社产品中所包含的住宿、交通、餐饮及多项服务内容。这些服务是旅游者为顺利完成其旅游活动所必需的。旅游者在选择旅行社产品时，不仅要考虑产品中所包含的旅游吸引物是否能够有助于实现他们的旅游目的，还会衡量旅游过程中的旅游生活服务能否满足他们的需要。旅行社的产品应该至少包含一部分旅游生活服务项目，也有许多产品（如全包价产品）是包括了以上的全部旅游生活服务内容。旅游生活服务的质量对于旅行社产品的质量具有重要的影响。

3. **导游服务**

导游服务包括导游讲解服务和旅行生活服务，是旅行社产品的核心内容。导游讲解服务包括旅行社的导游员在旅游活动期间为旅游者提供的旅游景点现场导游讲解、沿途讲解及座谈、访问时的翻译等内容。旅行生活服务则主要指导游员在为旅游者提供的迎接、送行、旅途生活照料、安全服务、旅游客源地与旅游目的地之间及旅游目的地范围内各个旅游城市之间的上下站联络等服务。由于导游员与旅游者的接触最直接和最频繁，旅游者往往通过导游员的服务来切身感受旅行社的服务质量，所以，导游服务质量的高低往往成为旅游者评价旅行社产品的关键因素。

【知识链接】

产品的构成

现代市场营销理论认为，任何产品都是由三个部分所组成的，即产品的核心部分、形式部分和延伸部分。核心部分，是指产品满足消费者需求的基本效用和核心价值；形式部分，是指构成产品的实体和外形，包括款式、质量、商标、包装等；延伸部分，是指随着产品销售和使用而给消费者带来的附加利益。

二、旅行社产品的特点

旅行社产品作为一种以服务为主的综合性产品，其既不同于一般工农业生产的物质产品，也不同于一般服务行业所提供的服务性产品，而是与这两类产品既有联系，又有区别的特殊产品，其基本特征主要表现为以下几方面。

（一）综合性

旅游活动是一种综合性的经济社会活动，其要满足旅游者物质、精神等多方面需求，从而要求旅行社产品的内涵也必须是丰富多样的。旅行社产品的综合性首先表现在它是由旅游吸引物、交通设施、旅游接待设施及多种旅游服务组成的综合性产品，既包括有形的物质产品、无形的服务，也包括一些非劳动产品。旅行社产品的综合性还表现在它的生产要依靠众多部门和行业的共同参与和配合，除了直接向旅游者提供服务的旅行社、酒店、景区等，还有间接提供服务的其他部门。

（二）无形性

在支付费用之前，旅游者不能看见旅行社产品实体，也不能亲手检查它们。虽然顾客可以检查产品的有形部分，如酒店的客房和其他设施，但是酒店的服务、氛围等无形部分是难以体验的，顾客只能相信旅游目的地和旅游公司将会兑现承诺。如果旅程开始后，旅游者感觉不愉快也不能退掉已经消费的那部分产品。由于旅游产品在出现缺陷的情况下也无法退换，所以旅游经营商宣传资料的准确性在销售过程中显得尤为重要。一旦旅游者的旅行结束，这种产品就不复存在，只有回忆能留存在旅游结束后的日子里，旅游者可以向亲友展示的有形实物只有照片和旅游纪念品。旅游者获得的是在旅行过程中所感受和体验的快乐、放松等无形收益。

（三）同一性

旅行社产品具有生产与消费的高度同一性，即旅游者必须进入旅游目的地后，旅行社产品才开始生产，旅游消费也同时进行。一旦旅游者离开旅游目的地，则旅游生产与消费也立即终止。因此，旅行社产品的同一性决定了旅游产品不仅不能储存，而且一旦旅游消费结束则旅游生产也就自然停止。

（四）依赖性

旅行社产品对于公共物品具有较强的依赖性。一是旅行社产品中的旅游吸引物，如自然景观和人文景观，大多属于公共物品，具有一定程度的消费非竞争性；二是旅行社产品构成中的基础设施主要是以服务社会各个行业而存在的公共物品，旅行社产品在其组成过程中只是部分地利用或暂时性利用。如果没有这些可供旅游者观赏的自然、人文景观和良好的基础设施条件，旅行社产品的生产和供给就会十分困难，因而旅行社产品对公共物品具有较强的依赖性。

（五）敏感性

旅行社产品是种风险性较大的产品，易受各种因素的影响而发生变动。首先，旅行社产品是一种综合性产品，涉及众多部门和诸多要素，一旦其中任何一个部门和因素发生变化，都可能直接或间接影响旅行社产品的生产和消费的顺利实现。其次，旅行社产品又是一种外向型产品，贸易壁垒、汇率变动、客源国、接待国政治、经济的变化，都会影响客源的变化。此外，各种自然灾害、疾病流行、环境污染等因素，都会影响旅行社产品的销售和价值的实现。因此，旅行社产品具有敏感性的突出特点。

三、旅行社产品的类型

为了满足不同消费者的各种需求，旅行社需要开发不同类型的产品。按照不同的划分标准，旅行社产品可以划分为以下种类。

（一）按游客的组织方式划分

按照游客的组织方式，旅行社产品可以分为团体旅游产品和散客旅游产品。

1. 团体旅游产品

团体旅游产品由 10 人或 10 人以上的旅游者组成，旅行社统一安排旅游行程，包括旅游线路、交通工具、食宿和收费标准等。由于游客数量多，所以费用会比单独出游略低，尤其是进行远距离的旅游时，团体旅游产品更受欢迎。

2. 散客旅游产品

散客旅游产品则是由旅游者自行安排旅游行程，零星现付各项旅游费用的旅游形式。散客旅游在付款方式和行程选择等方面更加灵活，可选择性强。

【知识链接】

散客接待量

对于一个国家或地区来说，散客接待量的多少是衡量该旅游目的地发展程度的重要标志之一。散客接待量越大，说明该旅游目的地越成熟，发展水平越高。这是因为旅游目的地的旅游接待设施越完善，越能为散客提供便利与完备的旅游接待条件，也因此会吸引更多的散客前往该目的地。因此，在旅游发达国家和地区，散客旅游者的接待量通常大大超过团体旅游者的接待量。

（二）按产品内容划分

按照产品所包含内容的不同，可以将旅行社产品划分为全包价旅游产品、半包价旅

游产品、小包价旅游产品、零包价旅游产品和单项旅游产品等。

1. 全包价旅游产品

包价旅游产品的概念来自西方，在英文文献中，包价旅游被称为 Package Tour 或 Inclusive Tour，意思是将旅游活动过程中的项目或内容组合在一起的"一揽子"旅游。在欧美国家，旅游经营商的主要业务就是组织包价旅游活动，经过事先的组织和计划，将至少两种旅游过程中所需要的旅游服务组合在一起，形成整体产品，并以一个总价格一次性出售给消费者，这种产品就是包价旅游产品。

全包价旅游产品是指旅游者在旅游活动开始前就将食、住、行、游、购、娱等旅游服务全部委托给一家旅行社，并一次性预付全部或部分旅游费用，由旅行社根据旅行合同的约定为旅游者安排旅游行程。对于旅游者来说，全包价旅游产品的价格较为优惠，并由旅行社提供了全部的旅游服务，使旅游者在旅途中不用担心各种烦琐的手续；但同时旅游者要服从既定的旅游行程，不得不放弃自己的个性需求。对旅行社而言，全包价旅游产品的预订周期较长，易于操作，而且大批量购买可以降低经营成本。

2. 半包价旅游产品

半包价旅游产品是相对于全包价旅游产品而言的，与全包价旅游产品相比，半包价旅游产品扣除了中餐和晚餐部分。这类产品满足了旅游者在用餐方面的不同需求，并且降低了旅行社产品的直观价格。

3. 小包价旅游产品

小包价旅游产品是指旅游者可以根据本人需求有选择地购买全包价旅游产品中的几项服务。小包价旅游产品包括可选择部分和非选择部分，非选择部分有住宿、早餐、机场（车站、码头）至饭店的接送服务和城市间交通费等，这部分费用需要提前支付；可选择部分包括导游服务、正餐、风味餐、文艺节目欣赏、浏览参观等，旅游者可根据兴趣、时间和经济情况自由选择，费用可以预付也可以现付。这种方式因其经济性和灵活性而备受海外旅游者推崇。

4. 零包价旅游产品

零包价旅游产品是指旅行社组织旅游者前往和离开旅游目的地，在目的地的活动则由旅游者自行安排。在零包价旅游产品中，旅行社只提供客源地和目的地之间的交通服务和代办签证服务，旅游者可以享受团体折扣的机票价格，并可以随意安排自己在目的地的旅游活动。

5. 单项旅游产品

单项旅游产品也称单项服务或委托代办业务，是旅行社为散客提供的各种按单项计价的服务，旅游者可根据需要选择其中的一项或多项。旅行社提供的主要单项委托服务包括代办预订房间、代售交通客票、导游服务、代办旅游签证、代办旅游保险、代客向海关办理申报、检验手续等。

随着我国旅游业的快速发展，不仅入境散客接待量在快速增长，而且中国公民以散客形式进行国内旅游和出境旅游的人数也越来越多，因此"自由行"这种旅游方式越来越受到旅游者的青睐。所谓"自由行"是一种自助旅游的方式，指由旅游者根据自己的旅游需求，自行编排旅游线路、制定行程、无须旅行社导游陪伴，按照自我意愿自主进行的旅游活动。为方便起见，自由行游客出游前可根据自己的需要，由旅行社代办一项或几项单项服务，例如最常见的是由旅行社代订往返飞机票与酒店房间，即"飞机 + 酒店"模式。如果是出境旅游，旅游者一般会委托旅行社代办签证。自由行摆脱了团体包价旅游的种种限制，让游客在旅途中有更大的自由度，正受到越来越多中国旅游者的喜爱，因此我国大多数旅行社都在提供自由行产品。

（三）按游客出游目的划分

根据游客出游目的的不同，旅行社产品可以分为观光旅游产品、度假旅游产品、商务旅游产品和专项旅游产品。

1. 观光旅游产品

观光旅游产品是旅行社产品的基本形式，也是最早出现、最为常见的旅行社产品之一。观光旅游产品是指旅行社组织旅游者参观和游览旅游目的地的自然风光、名胜古迹和风土人情的产品形式。根据游览内容的不同，观光旅游产品可以分为自然观光旅游产品和人文观光旅游产品。自然观光产品的游览内容包括地文景观、水域风光、气候天象和生物景观等自然旅游资源；人文观光产品的游览内容包括文物古迹、城乡风貌、文化艺术和民俗风情等人文旅游资源。

2. 度假旅游产品

为缓解日益繁重的工作压力、暂时逃避枯燥的生活环境，越来越多的旅游者选择了度假旅游产品，以期在休闲、舒适的环境中放松身心。度假旅游者一般选择风景优美的旅游地，旅游消费水平高，对旅游设施的要求也会高于观光旅游者。度假旅游者在目的地停留的时间较长，重游率也较高。

3. 商务旅游产品

与纯粹的旅游活动不同，商务旅游产品附属于特定的商务活动，是商务旅游者结束了在旅游目的地的商务或公务活动后，到附近的旅游景点参观游览的一种旅游产品。一般来说，与前两类旅游产品相比，这类旅游产品的游历时间比较短，受经济发展程度的影响大，而与季节和气候等因素的关系不明显，旅游目的地多集中在一些经济或政治中心的大中型城市。商务旅游者以贸易合作、商务洽谈、会议展览和科学文化交流等为主要目的，由于接受所在企事业单位提供的津贴或补助，所以其消费水平往往比较高，对价格不太敏感。

4. 专项旅游产品

除了观光、度假和商务旅游产品外，还有以探亲访友、宗教朝圣和修学为主要目的的专项旅游产品。探亲访友旅游产品的客源较为稳定，但是消费水平不高；修学旅游产品的主要参与者为青少年，主要集中在寒暑假进行；而宗教旅游产品则对旅游目的地和

时间都有很强的选择性，多在重要的宗教节日期间集中前往宗教圣地。

第二节　旅行社产品开发的原则

一、旅行社产品开发的影响因素

旅行社产品的类型和形态是多种多样的，但无论哪种产品的开发，都是以服务为主体内容，由食、住、行、游、购、娱各种要素构成的"组合产品"。因此，旅行社产品的开发会受到资源禀赋、旅游需求和旅行社自身条件等多种因素的制约和影响。

（一）资源禀赋

旅游目的地资源禀赋是指一个国家或地区拥有相关资源的状况，与旅行社产品开发相关的资源因素主要包括自然资源、人文资源、旅游设施、旅游服务和可进入性等。

（二）旅游需求

旅游需求是指旅游消费者在一定时间和一定价格水平下愿意并能够购买的旅游产品的数量。旅游需求不仅与人们的消费水平有直接关系，而且也反映出旅游者的消费趋势。因此旅游需求影响和决定着旅行社产品开发的方向。

（三）旅行社自身条件

旅行社在开发产品时，还应立足于自身实力，企业目标、人力、财力、在市场上的知名度和美誉度等都是需要考虑的因素。

二、旅行社产品开发的基本原则

（一）市场导向原则

旅行社产品的设计必须以市场为导向，从旅游者的需求出发设计符合市场趋势的产品。没有旅游市场需求的产品开发，不仅不能形成有吸引力的旅游产品，而且还会造成旅游资源的不良开发和对生态环境的破坏。随着社会经济的发展，旅游需求也在不断变化。

坚持市场导向原则，要根据社会经济发展及对外开发的实际状况，正确进行市场定位，以确定客源市场的主体和重点，明确产品开发的针对性，提高旅行社产品开发的经济效益。同时还要根据市场定位，调查和分析市场需求和供给，把握目标市场的需求特点、规模、档次、水平及变化规律和趋势，从而开发出适销对路、具有竞争力的产品。

（二）差异化原则

旅行社产品是一种以旅游资源为基础，对构成旅游活动的食、住、行、游、购、娱等各种要素进行组合的产品，而旅游资源公共物品的属性以及我国旅行社产品在知识产权保护上的缺失，造成旅行社产品的普遍雷同性。旅行社产品在短时间内很容易被模仿和复制，许多旅行社在看到市场畅销产品时都希望"搭便车"。如何在高度雷同的市场中保持自身产品的鲜明形象是旅行社产品在设计中要解决的一个重要问题。

旅行社遵循差异化原则，在具体产品开发设计中，可以有多种体现。首先，旅行社可以选择与其他旅行社的产品有差异、与自家旅行社前期产品有差异、增加产品附加值等方法来体现差异性。其次，具体到一个产品的构成因素中，差异化原则也可以在许多地方发挥，如线路编排、内容项目、价格等。

（三）合理化原则

旅行社提供的产品大多是旅游线路，旅游线路设计的合理与否直接关系到游客的旅游体验。旅行社产品设计的合理化原则主要体现在以下几个方面。

1. 不走回头路

在一条旅游线路中，尽量避免走重复线路，比起费用来，对游客来说，多去一个新的目的地，比原路返回吸引力更大。

2. 目的地选择适量

每一条线路在哪几个城市停留，游览哪些景点，数量的选择要合适。如果选择节点太少，旅程就会乏味；如果太多，游客精力消耗太大，则会影响游客兴致。

3. 节点间距离适中

线路节点的距离太远，既增加了旅游者的花费支出，造成产品价格提高，同时也让旅游者舟车劳顿，降低产品的吸引力；一般来说，城市间交通所消耗的时间，不应超过全部旅程时间的1/3。

4. 顺序科学

就游览顺序而言，应该将游客预期比较高的几个景点穿插在旅游线路中，形成高潮迭起、有张有弛的游览氛围。

5. 行程最短

行程最短即节点之间的交通时间最短。这对提高旅游者的满意度有很大的作用。

6. 特色各异

在产品设计过程中，设计人员除了应该把各个旅游节点最精彩、最有吸引力的地方组合在一起之外，还要考虑每个节点的特色，突出节点之间的差异。

（四）时效性原则

旅游活动与自然景观、气候条件等目的地的客观环境密切相关，时效性原则在旅行社产品中就显得至关重要。当旅游者在选择一个旅游目的地时，他的心愿是要看到目的地最美丽的季节和最动人的景色。因此，旅行社在产品设计时，必须考虑产品投放的最佳时段。否则旅游者非但欣赏不到美景，反而有可能身心疲惫。如：8月的海南正值酷

热难耐的夏季，在这一时间出游会大大消耗旅游者的体力，不能取得最佳的旅游体验；柬埔寨雨季来临的时候，气候湿热，阴雨绵绵，旅游者体验也将会大打折扣。

（五）经济性原则

旅行社的产品设计还应遵循经济性原则：一方面，作为以营利为目的的企业，旅行社产品必须能为旅行社带来一定的经济效益；另一方面，旅行社产品的价格应该符合目标市场的消费水平，不能超过旅游者的经济承受能力。旅行社产品中的景点数量不能无限制地增加，饭店等级也不能无限制地提高。旅行社产品的设计应在保证旅游活动顺利进行、旅游体验得到满足的前提下加强成本控制、降低各种消耗，使旅游者以最低的花费完成旅行。

第三节　旅行社产品开发的流程

旅行社产品开发一般要经过市场调查、产品策划创意、产品制作和市场试销四个环节。

一、市场调查

市场调查是任何产品开发的起点，市场调查的目的是了解和分析与特定目标市场相关的关键因素和环境。与其他产品相比，旅行社产品具有特殊性，同时更容易受到不断变化的环境因素的影响，而市场调查可以在一定程度上减少这些不确定性对于旅行社的不利影响。通过市场调查，可以较好地对目标市场的规模、社会和人品统计要素、经济环境以及竞争状况作出判断。

（一）市场调查内容

1. 外部环境趋势调查

影响旅行社产品开发与设计的外部因素包括社会、政治和经济状况等。旅行社对外部环境进行分析与预测的目的是为了明确现在与未来的发展趋势，找出现在与潜在的问题，以确定未来的发展目标。

旅游客源地和目的地的人品特点、生活方式和风俗习惯等社会因素是产品开发的大背景，旅行社在开发产品时需要充分尊重当地习俗，了解在特定社会环境下，旅游者真正需要什么样的产品。

旅行社应当充分了解国内与国外政治与法律状况可能带来的影响，国内外的政治状况、战争、相关政策和法律规定以及外交关系等政治因素也会影响旅游者对旅游目的地的选择。经济环境对旅行社的产品决策会有直接的影响，例如通货膨胀、汇率、利率的变化都会直接影响旅行社产品的价格，并由此影响到旅行社产品的组合。

在影响旅行社的外部因素中，竞争因素则是最重要的因素之一。旅行社必须明确自己的竞争对手是谁、在哪里、他们的主要产品是什么、他们提供什么样的服务、他们的产品价格如何以及他们的市场份额如何等。旅行社只有在熟知所在地行业竞争状况的基础上，才能作出有竞争力的开发计划。

2. 目标市场消费趋势调查

目标市场消费趋势是旅行社进行产品决策的重要依据。消费趋势调查的主要内容包括目标市场旅游者对目的地的偏好、交通工具与住宿设施的选择、假期的长短及度假的方式等。

不同旅游者或相同旅游者在不同时期对于目的地的选择会很不相同，一般会受到旅游时尚、旅游者的消费能力以及旅游目的地设施状况的影响。在过去20多年中，欧美旅游者在选择度假方式时，大多喜欢"三S"产品，如加勒比海、地中海包价旅游等。但是，随着个性化消费趋势的兴起，文化旅游、特种兴趣旅游和参与性旅游等已成为人们喜爱的度假方式。

（二）市场调查方法

问卷调查是市场调查中最常用的一种方式。通过科学的设计，这种方法可以很好地反映出顾客的有关偏好，可以为旅行社迅速提供大量的实用信息。

另一种常用的调查方法是由旅行社各部门员工提供的第一手资料。不同部门的员工在不同程度上是各类问题的专家，如旅行社安排在境外旅游目的地的海外代表就非常了解出境游客对旅行社产品的反映；地区经理或预订人员则会掌握很多市场分析数据，并根据自己的专业知识和以往的经验对数据进行分析与解释。

还有一种方法就是对旅行社以往的产品销售数据进行分析，在分析的基础上，对未来产品的生产与销售趋势进行预测。

此外，各种专业杂志、协会刊物以及各类组织提供的信息与评价，也是旅行社进行产品决策的重要工具。

二、产品创意与策划

（一）寻求创意

新产品开发过程是从寻求创意开始的；创意就是开发新产品的设想。虽然并不是所有的设想或创意都可变成产品，但寻求尽可能多的创意却可为开发新产品提供更多的机会。因此，企业都非常重视创意的发掘。旅行社新产品创意的主要途径有：

1. 投诉问题分析法

旅游消费者是产品信息的最好来源，而产品若被旅游者投诉或表示不满则说明了产品肯定存在着问题，需要改进。分析这些投诉或不满，经过综合整理，最后就可转化为创意。

2. 内部人员会议法

召集旅行社相关人员如导游员、组团部工作人员等围绕某个问题各抒己见，从中激发灵感，激发创意。

3. 旅游中间、代理商提供法

旅游中间商、代理商与旅游消费者直接接触，他们最了解旅游消费者的行为与心理，同时对竞争对手的经营也比较了解，源于他们的创意往往是最佳的。

4. "头脑风暴"法

头脑风暴法就是把不同岗位、不同职务、不同部门甚至完全不相关的行业的专家或人员召集起来，如媒体工作人员、政府工作人员等，大家聚在一起，围绕着一个主题发表意见，在思想的相互碰撞中，寻求新产品设计的灵感。头脑风暴法要求主持者具备高度的会议把握能力，与会者不允许相互之间的批评，更多只是表达自己的观点。而产品设计者的任务是通过听取他人的发言，采纳对产品设计有价值的建议。

（二）甄别创意

产品设计人员取得足够创意之后，要对这些创意加以评估，研究其可行性，并挑选出可行性较高的创意，这就是甄别创意。甄别创意的目的就是淘汰那些不可行或可行性较低的创意，使旅行社有限的资源集中于成功机会较大的创意上。甄别创意要考虑两个因素：一是该创意是否与旅游企业的战略发展目标相适应，主要表现是利润目标、销售目标、旅游形象目标等几个方面；二是旅游企业有无足够的能力开发这种创意，这些能力表现为资金能力、旅游开发所需要的技术能力、资源供给能力、旅游市场营销能力等。

（三）形成产品概念

经过甄别后保留下来的产品创意还要进一步发展成为产品概念。在这里，首先需要明确产品创意、产品概念和产品形象之间的区别。产品创意是指旅行社从本企业角度考虑的能够向市场提供的产品的构想。所谓产品概念，是指企业从消费者的角度对这种创意所作的详尽的描述。而产品形象，则是消费者对某种现实产品或潜在产品所形成的特定形象。

旅行社必须依据旅游者对产品形象的要求，把产品创意发展为具体的产品概念，并进行产品概念试验，即用文字、图画描述等手段将产品概念展示在目标顾客面前，并观察他们的反应。

三、产品制作

在旅行社产品的基本策划创意作出后，产品就进入具体的制作、线路编排阶段。产品的策划创意，只是一个粗略的、轮廓化的产品速写，而产品制作则是让产品具体和鲜活起来。一个好的产品，只有经过一个细密的制作过程，才能把它最美好的一面展示给消费者。

（一）资讯准备

资讯准备的内容主要包括：第一，目的地的基本情况，如目的地主要城市、气候、经济、人口、社会发展状况，主要旅游景点及特色、风俗习惯等；第二，目的地历史文化传统，尤其是对于那些历史悠久、文化灿烂的国家和地区，历史文化传统相关资料的准备尤为重要；第三，目的地相关评价资料，报刊上发表的各类文章、作家游记和介绍目的地的文章、媒体报道等，对了解或丰富目的地知识也会有所帮助。

资讯准备的资料收集有二手资料收集和实地考察两种形式。

1. 二手资料收集

是指从出版物、网站、杂志、报纸、市场调查机构、其他旅行社等获取相关旅游产品信息。需要注意的是，在对资料进行采集和整理之前，需要对所涉及的内容进行再核实和确认。参考或借鉴其他旅行社的成型产品，是目前许多旅行社常采用的方式。

2. 实地考察

对于设计新的产品，尤其是涉及一个新的国家、新的线路、新的特色的旅游产品，实地考察不是可有可无，而是必须有的。实地考察可以校正对产品原有的认识偏差，在考察中发现的问题，是坐在办公室里无论如何也预测不到的。旅行社应选派合适的实地考察人员，只有让熟悉市场、掌握产品制作规律的专业人员从事这项工作，才能为旅行社的产品成功提供切实的保证。在考察期间，考察人员要从旅行社专业产品制作人员和变通旅游者的双重角度审视周围的一切。

从旅行社的角度看，考察人员必须以专业的眼光，对考察期间的所见所闻进行观察、记录、分析，从客观的角度去发现问题和提出问题；还应对考察中发现的问题及解决措施进行评价，并认真做好记录。每日考察结束后，应对当日的考察情况进行一次全面整理和总结。对餐食质量、景点特色及路况等涉及旅游行程的各类细节内容，均应进行翔实记录。

从旅游者的角度看，考察过程中，要求考察人员也能从一名初次探访的游客的角度，进行观察和体验。与从旅行社专业考察出发点恰好相反，要求考察人员在一种对美的欣赏和感受中去热情洋溢地感受旅游目的地，并将各种感受的细节捕捉和记录下来。

实地考察归来后考察人员要提交考察报告，即考察工作总结。考察报告应包含这次考察的详细记录，包括产品构思、详细日程、考察笔记及相关的全部材料。在实行地考察的评价表中应包括城市评价、交通状况评价、用餐评价、接待社情况评价、景点评价等。

（二）线路编排

线路编排像工厂中的总路线装配，产品主题及名称、交通状况、城市、景点内容等各类纷杂的资料，都需要在这一步骤中巧妙地组合，这是一种理性的组合，经过合理编排的线路，才能变成一个完整成型的产品，走上市场，与旅游者见面。在线路编排中，

要注意线路编排的有效合理、游客行程的舒适、主题突出等问题。

（三）制定市场营销战略

产品线路编排完成后，旅行社的有关人员需要制定市场营销战略，同时还需拟定一个将新产品投放市场的初步市场营销战略报告书。这个报告书应包括三个部分：

第一，描述目标市场的规模、结构、行为、产品在目标市场上的定位，开始几年的销售额、市场占有率、利润目标等。

第二，略述新产品的计划价格、分销战略以及市场营销预算。

第三，阐述计划长期销售额和目标利润以及不同时期的市场营销组合。

四、市场试销

如果旅行社管理决策者对某种新产品开发试验结果感到满意，就可以着手用品牌名称、包装和初步市场营销方案把这种新产品推上真正的旅游消费者舞台进行实验。市场试销的目的在于了解消费者和经销商对推销、使用和再购买这种新产品的实际情况以及市场大小，然后再酌情采取适当政策。市场试销的规模决定于两个方面：一是投资费用和风险大小；二是市场试销费用和时间。投资费用和风险越高的新产品，试销的规模应越大一些；反之，投资费用和风险较低的新产品，试销就可小些。从市场试销费用和时间来讲，所需市场试销费用越多，时间越长的新产品，市场试销规模应越小一些；反之，则可大一些。一般来说，市场试销费用不宜在新产品开发投资总额中占太大比例。

经过市场试销，旅行社的决策者已经占有了足够的信息资料。如果决定向市场推出产品，则要根据市场销售反馈的信息对新产品加以改进、完善，再以最佳市场组合形式将产品正式推向市场。

【复习思考题】

1. 旅行社产品的内涵是什么？
2. 旅行社产品具有什么特点？
3. 旅行社产品开发应遵循哪些原则？
4. 影响旅行社产品开发的因素主要有哪些？
5. 旅行社产品开发的主要流程包括哪些？

【案例分析】

泰国"海底婚礼"线路产品的开发

几年前，一个"海底婚礼"的出境旅游产品曾享誉京城。由于创意新、把握准、适销对路，该产品一经推出，就引起了满堂彩。产品与北京电视台的王牌节目《今晚我们相识》联手，创造了新婚旅游的辉煌历史。时至今日，尚没有另外一个新的新婚旅游产品在影响方面超过它。许多当年参加过"海底婚礼"的游客，对当年的情景依旧记忆犹新。

"海底婚礼"产品的正式推出，是从真实有效的市场需求调查开始的。

据国家有关部门的统计，每年全国的结婚登记人数为700多万对。从北京婚姻登记处公布的数据看，北京作为全国最大的城市之一，一年的结婚人数约为8万对。有了对新婚人数的理性分析，就可以对新婚旅游的容量进行一个估测，以避免多重产品的同时投放。

出国度蜜月虽然是许多年轻人的心愿，但在目的地选择上却会有很大的盲目性。旅行社如果考虑将泰国作为蜜月旅游目的地，就要首先对泰国线路的优势，有一个全面的认识：

——价格较低，适合新人收入不高的状况；

——线路成熟，多年开展的泰国旅游，使泰国对中国游客的特点很熟悉；

——安全，中国游客在泰国无安全担忧；

——文化背景差异不大；

——泰国人友善礼貌。

旅行社在对市场进行了细致的调查分析之后，确定了"海底婚礼"浪漫、新奇、温馨、热烈的主题。就是处处围绕着主题开始制作产品，不放过每一个细小的环节。事先拟定的"海底婚礼"产品操作程式，是确保这项产品能够丝丝入扣、完美准确地实施的关键。这份"程式"文件对产品的具体实施过程和细节，都进行了周密的考虑。包括出发前说明会、领队选派、下榻饭店、用餐标准、婚宴安排、海底婚礼仪式、礼品准备等具体环节都分项细致列出，从而对保证该团的品质和各项工作到位，均起到了"有法可依"的作用。如，在对客人参与部分的"特殊要求"中，程式规定：海底婚礼是一个特殊、难忘的旅游结婚形式，只有客人的参与，才会让客人真正感到毕生难忘。由于海底婚礼主要仪式的举行是在水下，情侣之间的讲话是听不到的，所以，要求新人要事先准备好届时用以表达爱慕的方式。这种准备可以是在水中互赠信物或交换婚戒、水中展示人体造型等富有特色的形式。

为避免参加者因为陌生而对"海底婚礼"产生恐惧，旅行社对游客的介绍也十分详细。

到水下的时候，新人们要带一种专用的头盔，由潜水员负责指导，在听取了水下注意事项介绍后，新人就可以尝试着由船尾通向海底的铁梯慢慢走入海底了。

新人们在海底漫步，身旁跟随着一连串不停向上涌动的气泡。远远望去，似乎是新人在相互倾吐着衷肠、吟咏着婚礼的咏叹调。

为体现产品的浪漫、新奇主题，"海底婚礼"产品还在许多地方都有精心设计。

在异国他乡，新人也许会对泰国传统的酸辣饮食不习惯，主办者为客人安排的中、

西式早餐及中式自助午、晚餐，会最大限度地给客人一个"到家了"的感觉。

"海底婚礼"广告的总体思路是：新婚旅游的目的地主要由女性来确定。女性喜欢浪漫，而浪漫情调最直接的体现是色彩。于是，"海底婚礼"产品的广告语就句句带有浪漫色彩。如，"绿色的海水，银色的沙滩，成千上万条五颜六色的彩纹鱼都是你的伴郎和伴娘……"，为产品渲染了极致浪漫的色彩。

"海底婚礼"举行的当晚，在泰国芭雅饭店格调高雅、温馨的氛围中，瓦格纳的婚礼进行曲奏响了，一对对身着中式、西式婚纱的新人的出现，把这场在异国他乡举办的特殊婚宴装点得分外妖娆……

（资料来源：国家旅游局人事劳动教育司．旅行社经营管理．北京：旅游教育出版社，2006.）

分析题：

1. 旅行社产品开发包括哪些主要环节？
2. 结合相关理论，分析该产品获得成功的原因有哪些。

旅行社营销管理

旅行社作为最具典型性的旅游企业，其业务的特殊性决定了营销管理必将成为其经营管理的核心。旅行社营销管理的核心内容包含选择目标市场、制定产品价格、选择产品销售渠道、促销等多个环节。

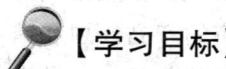

【学习目标】

通过本章学习，学生应明确旅行社的市场细分和目标市场选择的依据和策略，了解旅行社销售渠道管理的内容，熟悉旅行社产品价格的构成及其制定方法和策略，掌握旅行社的主要促销方法和特点。

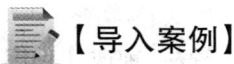

【导入案例】

"夕阳红"产品领跑淡季旅游市场

随着春节长假的结束，旅游市场也步入传统淡季，而此时正是拥有更多闲暇时间的老年人亲近大自然、感受春天气息的好时节，老年人成为节后旅游市场上的主力军。此时，各旅行社纷纷推出了针对老年人的旅游产品，"夕阳红"也成为三四月份旅游市场比较强劲的增长点。

"退休了，出门旅游到处走走"，这是当下许多老年朋友的普遍心愿。而参加旅游团，尤其是选择参加旅行社组织的专门"夕阳红"团，更是很多老年人的期待。如何开发好老年旅游市场，抢占这个目前尚未大规模开发却又极具市场潜力的"银发产业"，既是旅游业界存在的一个亟待解决的问题，同时也是更好地体现旅游业服务于社会、旅

游业自身获得良好经济效益的有效途径。

在旅游市场上，"夕阳红"属于一种针对专属人群的特殊类型产品。目前仅仅靠概念、名称包装出来的老年游产品已经难以博得追求经济、务实的老年游客的青睐，必须从出发、游览、住宿、餐饮等各个环节上，延伸服务内容，将老年关怀深切融入产品之中。

老年游产品不同于常规旅游产品，在目的地选择上，老年游的产品要兼顾自然风光与历史文化的融合；在行程安排上，应该做到内容丰富而节奏舒缓；在交通工具的选择上，应尽量减少游客的舟车劳顿。

目前市场上的老年游产品纷纷打出亲情牌，细化服务成为各旅行社比拼的重点。有的旅行社推出的"夕阳红"团，每个团队都为其配备丰富带团经验的、有亲和力的领队，每个团队还配备热水壶、血压计、伞具等，有的旅行社甚至还为"夕阳红"团队配备一名随行医生，方便老年游客的出行。

第一节　旅行社目标市场的管理

任何一个企业都不可能凭自身的力量满足整个市场的所有需求，这不仅是因为企业的自身条件的限制，而且从企业的经济效益上看也未必是最合理的。因此，企业必须对整体市场进行细分，选定其中的一个或几个作为目标市场，并制定相应的产品计划和销售策略，以发挥自己的经营优势。因此，旅行社目标市场的管理主要有两部分：一是市场细分，二是围绕目标市场进行决策。

一、旅行社的市场细分

（一）旅行社市场细分的含义

旅行社的市场细分是指旅行社将属于某一整体客源市场的旅游者，按一种或几种因素进行分类并形成不同特点的各个子市场的活动。旅行社的市场细分是由旅游需求的多元化以及市场经济内在矛盾引起的。旅游者需求存在的差异性和类似性，决定了组成市场的各个部分既可按类似性进行聚合，又可按差异性进行细分。对于旅行社的市场细分，我们可以从以下三个方面把握：

1. 旅行社不同的细分市场具有不同的消费特征

旅行社不同的细分市场代表不同的旅游消费者组群，各个组群的旅游消费者在旅游需求上具有明显的差别，这是旅行社市场细分的核心与关键。例如，客源市场按其经济条件与消费等级来细分，可分为经济等级客源、标准等级客源和豪华等级客源市场。这样细分市场的经济意义在于明确不同经济条件的旅游消费者对产品质量及产品价格要求的差异。

2. 旅行社同一细分市场具有基本相同的消费特征

在同一细分市场内的消费者群体，在一个或几个方面具有相同的消费特征，即使有差异也是微乎其微的。

3. 旅行社的市场细分是分解与聚合的统一

旅行社的市场细分不是简单地将一个整体客源市场加以分解，完整的市场细分是市场分解与市场聚合的统一。市场的分解是将客源上具有不同消费需求的旅游者群体按细分因素加以归类；而聚合的过程是将对旅行社产品特征最容易作出反应的旅游者群体集合成群，并一直聚合到足以实现旅行社目标利润所需的市场规模为止。

（二）旅行社市场细分的作用

1. 有利于旅行社确定经营方针

旅行社的经营总方针是旅行社经营战略和策略决策的集中体现，它概括了旅行社当前与未来经营行为的基本特征。旅行社经营总方针的核心问题是想为哪些旅游者提供什么样的产品，即旅行社的服务方向和服务重点的确定是借助于市场细分来实现的。只有通过科学的市场细分，旅行社才能从众多的细分市场中选择适合本企业的服务对象和经营方向，才能根据细分市场的基本情况来确定旅行社经营的总方针。

2. 有利于旅行社寻找最佳的市场机会

在旅行社的经营过程中，不同旅游形式的市场需求量存在差异，旅行社对不同旅游者需求的满足程度同样存在着一定的差异。由于旅游需求差异的客观存在，任何一家旅行社在市场上的优势都只是在某一方面的相对优势。旅游市场存在大量的市场机会，但这些市场机会能否成为旅行社最佳的市场机会则取决于旅行社资源的潜力、市场的适应性和市场的选择性。

3. 有利于旅行社制定市场竞争策略

市场细分的结果可以为旅行社选定目标市场奠定基础，从而可以有效地、集中地在局部将人力、物力、财力、技术和信息等资源投放到某个或某几个细分市场中，取得局部市场上的优势，最终在竞争中以小胜大、以弱胜强。

（三）旅行社市场细分的要求

由于旅行社的市场细分是一个发现市场机会和寻找目标市场的过程，所以在市场细分过程中，旅行社对客源市场每一部分的需求都应给予注意，同时又要确保每一细分市场都具有经营价值。一般来讲，旅行社的市场细分应符合如下三个要求：

1. 细分市场要具有可衡量性

细分市场时，用来划分细分市场的各个因素及标准必须是可以衡量的，也就是说，细分市场的旅游者对旅游产品的需求偏好具有明显的特征，而且这些特征是可以通过一定尺度来测定的。只有这样，细分出来的市场才能具有明显的区别。

2. 细分市场要具有适度规模

一个细分市场是否具有经营价值，主要取决于这个市场的规模、消费水平以及旅行

社的经营能力。在市场细分过程中，旅行社要根据经营能力来确定细分市场的规模。市场规模过大，旅行社不能有效地集中营销力量开展营销活动；市场规模过小，不利于旅行社发挥企业资源的优势，扩大经营规模。

3. 细分市场要具有发展潜力

旅行社选择的目标市场不仅能为企业当前创造利益，而且还能为旅行社的未来发展带来长远利益。要做到这一点，细分市场不但要具有相当的规模，而且还要有一定的发展潜力。因此，旅行社进行市场细分时，必须考虑所选择市场的市场状况和需求发展的阶段。如果旅行社选择的细分市场处于成熟阶段，不具有发挥潜力，旅行社的经营风险将会随着时间的推移而增加，不利于旅行社的长期发展。

（四）旅行社市场细分的标准

市场细分是按照一定的标准来进行的。市场细分就是以旅游消费者的特点来细分市场的项目。旅游消费者市场细分的标准很多，一般常用的细分标准有人口因素、经济因素、地理因素与心理因素。

1. 人口因素

人口是构成旅游消费市场的基本因素之一。人口因素的具体细分项目有年龄、性别、文化程度、职业、民族、宗教、家庭构成等。

2. 经济因素

这主要指旅游消费者的家庭与个人的可支配收入的水平。市场上的消费需求是以消费者的货币支付能力为前提的。人们的消费需求会随收入的高低呈等级型差异。货币收入不同，人们的消费结构及购买商品的习惯、爱好、行为等都不同。

3. 地理因素

这主要是指按照旅游消费者所处的区域以及地理环境、气候特点、人口密度、城市乡村等项目细分市场。处在不同地理位置上的消费者，在购买习惯、购买力水平、购买方式等方面都有很大的差别。

4. 心理因素

在收入水平、所处地理位置基本相同的条件下，有许多旅游消费者却有着截然不同的需求特点，这主要是心理因素在起作用。因此，心理因素也是市场细分的一个重要标准。心理因素包括消费者购买动机、购买习惯、生活方式、性格、追求的利益等内容。

旅游市场细分的变量还有很多，通过市场细分，寻找市场空隙，是保持旅行社竞争优势的重要手段。

二、旅行社的目标市场

经过市场细分后，旅行社应该通过对细分市场的需求特征、旅行社自身的资源和能力以及竞争对手的销售策略的分析比较，进行目标市场的决策。

（一）旅行社目标市场及其选择

1. 旅行社目标市场

旅行社的目标市场，是指旅行社准备用其产品和服务来满足现实或潜在的旅游消费需求而开拓的特定市场，或者说，是旅行社准备在其中从事经营活动的一个或几个特定的市场细分。

选择目标市场是现代旅行社经营管理的重要内容。从旅游需求的角度看，旅行社要想获得最大的经济效益，就要把满足旅游者需求放在首位。但是，旅游者的旅游需求是千差万别的，旅行社本身也要受企业资源、规模大小和管理能力的制约，不可能满足所有旅游者的需求。因此，旅行社需要根据企业的资源状况，扬长避短，选择主要目标市场。

一般来说，目标市场由三部分组成：第一位市场、第二位市场和机会市场。第一位市场的客源占本旅行社客源总数 50% 以上，具有压倒一切的优势地位。第二位市场的客源仅次于第一位市场，一般占旅行社总客源的 20% 左右，机会市场目前处于无足轻重的地位，但有迹象表明，随着市场发展它有可能会很快发展成重要的目标市场。

2. 旅行社目标市场选择的依据

一个好的目标市场应该具备以下条件：第一，该市场应有一定的购买力，能取得一定的销售额和利润；第二，该市场不但有尚未满足的需求，而且有一定的发展潜力；第三，本企业有开拓市场的能力，该市场也尚未被竞争者完全占领或控制。

从纷乱复杂的市场中，选择合乎入选条件及测度指标的子市场作为目标市场，通常需要考虑以下因素：

（1）具有一定的市场规模与发展潜力。市场规模与发展潜力，主要是指细分市场的现实客源量与未来客源量。旅行社目标市场的客源规模与发展潜力对旅行社经营效益具有重大影响。旅行社市场规模的大小有两个数字可做评价的标准，即人口总数和出游率。目标市场的人口数是影响客源量的重要因素，在人口较多的国家，即使出游率较低，客源量也是相当大的。如印度人均国民生产总值虽然较低，出游率不高，但因其有 9 亿多人口，近年来出国旅游的人数还是相当可观的。西欧的卢森堡，虽然人均国民生产总值较高，居民出游率高达 80% 左右，但人口较少，不足百万，不能构成大的目标市场。

（2）国民可自由支配收入的水平。可支配收入是维持和扩大旅游者绝对数量的决定性因素之一，不具备购买力的市场尽管有潜在的需求也不能作为目标市场。人均国民生产总值与居民可自由支配收入之间存在着密切的关系，较高的人均国民生产总值常常体现着较多的居民可自由支配收入。在我国，还可参照居民存款余额这一指标来进行测定。如广东、北京、上海等地居民储蓄存款额普遍高于全国其他地区，其出游者也较其他地区多。

（3）国际贸易状况。目标市场的外汇储备量是影响游客出游率、出游量的重要因

素。经济发达、国力强盛的国家，一般都有较多的贸易顺差，该国外汇储备多，进而使该国货币坚挺或升值，从而增加国民出游。例如，20世纪80年代日本外贸顺差巨大，为了避免与别国在贸易上产生摩擦，日本政府积极鼓励国民出境旅游。1987年6月2日日本运输省发表"5年海外旅行倍增计划"，使得出国游人数由此前的年550万人，猛增至1000多万人。有关方面还采取方便国民出游的措施积极引导，如国外购物回国可减税等。相反，一国如贸易逆差，外汇储备减少，货币贬值，则会影响国民的出游。如1997年5月爆发的金融危机影响到俄罗斯，使卢布大幅度贬值。俄政府为解决危机，提出增加收入，减少外汇流失，实行紧缩政策，这对国民的出境游产生了巨大影响。

（4）带薪假期的长短。外出旅行除需要财力外，还需要一定的时间。从目前国际旅游市场的情况看，绝大多数旅游者是利用带薪假期出游的。因而，旅游客源地居民带薪假期的长短成为重要的影响目标市场客源的因素。例如，我国的十一和春节长假，极大地带动了国内和境外旅游市场的发展。世界一些经济发达国家一般都拥有较长的带薪假期，如瑞典、美国都在30天以上，德国、法国、日本、新加坡、新西兰州等国均在20天以上。

（5）与旅游目的地的距离。与旅游目的地的距离，是指旅游客源地与旅游目的地之间的空间距离。距离的远近直接影响旅游的两个基本条件：费用和时间。在国际旅游中，远程国际旅游的国际交通费，占国际旅游者总开支的20%～30%。因而，从目前世界旅游情况看，周边国家来的游客量一般远大于远距离国家的游客量，因为距离近，省时、省力、省钱。如欧洲国家的国民在周边国家旅游的人数占出国旅游者总数的80%。日本出境游的游客中，70%在东亚和东南亚等周边地区，只有30%左右的旅游者选择欧美国家。

（6）对旅游目的地的了解程度。旅游者往往对自己了解的国家出游率高。据观察，世界主要客源国的旅游者选择目的地的一般规律是：首先选择本区域内比较了解和感兴趣的国家与地区，如日本选择中国、韩国和东南亚各国；英国选择西班牙、法国、意大利等国。其次选择区域外比较了解和感兴趣的国家和地区，如法国选择法语国家，英国选择英联邦国家、印度、新西兰等前殖民地国家，等等。

（二）旅游目标市场策略

由于旅行社选择的目标市场不同，所以进占目标市场的策略也就不一样。概括起来，旅游目标市场策略有以下三种：无差异性目标市场策略、差异性目标市场策略和密集性目标市场策略。

1. 无差异性目标市场策略

无差异性目标市场策略，就是旅行社把整个客源市场作为目标市场来经营的一种营销策略。如果客源市场对产品的要求不存在实质性的或有经济意义的差别时，旅行社一般可采用无差异的目标市场策略。旅行社无差异的目标市场策略适用于如下三种情况：

（1）整个客源市场的需求虽有差别，但需求的相似程度较高。

（2）客源市场的需求虽有实质性的差异，但各个需求差别群体的经济规模较小，不足以使旅行社通过某个细分市场的经营取得效益。

（3）旅行社的竞争程度较低，客源市场的需求强烈。

采取这种策略的优点是：大批量采购和销售，平均成本比较低。由于不需要细分市场，也可以节约大量的市场调研、开发和广告宣传等费用。

采用这种策略的缺点是：旅行社产品和营销的针对性不强，不易发挥竞争优势，特别是当其他旅行社也采用这一策略时，市场竞争必然激烈。某些市场部分消费者的需求就得不到满足，容易使旅行社失去市场机会。

这种策略只适用于旅游消费者具有共同需求特征的同质性产品市场。

2. 差异性目标市场策略

差异性目标市场策略又称为细分化市场策略，是指旅行社针对不同细分市场的需求，设计不同的旅游产品，采取不同的组合营销手段的策略。旅行社差异的目标市场策略适用于以下三种情况：

（1）客源市场的需求存在明显的差异。

（2）按细分因素与细分标准划分的各类客源市场都具有一定的经营价值。

（3）旅行社的规模较大，且产品经营能力足以占领更多的细分市场。

采取这种策略的优点是：可以有针对性地满足不同旅游消费者的需求，采用多元化、小批量，机动灵活地经营。这种策略易适应市场需求的发展变化，风险分散，有利于提高市场占有率，增强竞争能力。

这种策略的缺点是：增加企业的产品品种，要求运用多种销售渠道和推销方法，生产成本和销售费用必然大量增加。因此，在决定采取此种策略以前，要对细分出的市场进行认真评价，以确保每一细分市场有一定容量。此外，实施这一战略要受到旅行社财力和资源的限制，特别是一些实力薄弱的小旅行社，将无力采取这一策略。

3. 密集性目标市场策略

密集性目标市场策略又叫集中性策略，就是旅行社以一个或少数几个细分市场为目标市场，集中旅行社营销力量，实行专门化销售。采取这种目标市场策略的旅行社，追求的不是在较大市场上占领小份额，而是在较小的市场上占领较大份额。这种策略主要适用两种情况：

（1）细分市场具有明显的实质性差异时。

（2）旅行社的规模较小，且经营能力有限。

采取这种策略的优点是：这种策略特别适合资金实力薄弱的中小旅行社。这些企业要在市场竞争中站稳脚跟，就必须学会寻求对自己有利的生存环境。如果能避开旅行社企业竞争激烈的市场，选择一两个能够发挥自己技术、资源优势的小市场，往往容易成功。

采取这种策略的缺点是：经营者承担的风险较大。如果目标市场的需求突然发生变

化，或是市场上出现更有力的竞争者，旅行社就可能陷入困境。因此，一些实行这一策略的旅行社往往把经营目标分散于几个市场，以取得回旋余地。

（三）旅游目标市场策略的选择

上述三种目标市场策略，各有利弊。旅行社目标市场策略选择时，必须从本旅行社的特点和条件出发。

1. 资源条件

如果旅行社资源条件好，资金实力雄厚，市场营销管理能力较强，即可根据产品不同性质选择差异性市场策略或无差异性市场策略。反之，如果旅行社资源力量有限，则应选择密集性市场策略。

2. 产品条件

在选择目标市场策略时，首先要看旅行社生产经营的是同质产品还是异质产品。对某些产品，所有旅游消费者具有大体相同的需求特征，这些产品尽管有质量上的差别，但旅游消费者并不过分挑选，竞争焦点一般集中在价格上，对这种产品适合采取无差异性目标市场策略。对旅游消费者需求差异较大的产品，则适合差异性目标市场策略。

3. 市场情况

如果市场上所有旅游消费者在同一时期偏好相同，购买数量相当，并且对营销刺激的反应相同，则为同质市场。在此情况下，旅行社可以采取无差异性市场策略。反之，则应采取差异性市场策略或密集性市场策略。

4. 产品的生命周期

旅行社新产品在市场开拓期和成长初期，可采用无差异性市场策略。待产品进入成熟期后，市场竞争加剧，同类产品增加，再用无差异性营销就难以奏效，这时改用差异性目标市场策略或密集性市场策略效果更佳。

5. 竞争状况

如果竞争对手较少，实力较弱，旅行社可考虑采取无差异性市场策略。此外，还应尽量避免同竞争对手采取相同的市场策略，以防止加剧竞争，两败俱伤。

第二节　旅行社价格管理

价格是旅行社营销组合决策中最为灵活的营销因素。一方面，旅游者不但通过旅游价格对旅游产品的价值进行评估，只有价格适当的产品才能真正满足旅游者的需要，而且通过旅游价格可以对旅游产品的质量和象征价值进行判断。另一方面，旅行社只有制定适当的旅游价格才能吸引旅游者购买，实现企业的营销目标。

一、旅行社产品定价的影响因素

旅行社产品价格是旅游市场供求关系的反映，影响市场供求关系的因素也是影响旅行社产品定价的因素。其中旅行社内部对供给产生影响的主要有企业战略、营销目标、成本、产品特点以及价格策略等；企业外部对供给产生影响的因素主要有竞争者的供给和政府的价格限制等。影响需求方面的因素也是外部因素，主要是指目标市场的特征。

（一）企业内部因素

1. 旅行社战略

从企业战略角度来看，旅行社要占有新的市场份额或者开拓新市场，不但要确立产品定位，而且必须随之调整或确立新的价格以适应市场要求。因为产品定位的目的在于向目标市场传递一种产品形象，价格又是产品形象的重要代表，所以产品定位战略深刻地影响着价格决策。另外，企业的发展战略必然要求一定的营销战略辅助，这也间接影响着旅游价格决策。

2. 营销目标

旅行社的营销目标集中表现为营业额、接待人数、接待天数等指标。为了达到长期或短期的营销目标，企业需要调整价格来适应不断变化的需求。

3. 成本因素

一方面，成本是产品价格的底线，是影响旅游定价的最直接的因素；另一方面，成本构成也影响着旅游定价及价格调整。所谓成本构成是指固定成本和变动成本之间的比例关系，不同成本构成的旅行社应该依据自身特点制定不同的价格策略。

4. 产品特点

不同产品的特点对价格决策产生不同的影响。比如，旅行社的单项服务产品如航空机座、餐饮、客房服务等，与旅行社的包价旅游产品在定价上就存在着很大差异。对单项服务产品而言，其配套发展程度、替代性服务的发展、旅游者的购买时间等都会直接影响其定价。而包价旅游产品则会因为其包括的单项产品的多少以及综合程度的高低，直接影响营销人员对价格变动的控制能力。

5. 非价格竞争策略

非价格竞争策略是旅游市场竞争中常用的营销策略，即企业通过各种方式使企业避免卷入削价竞争而保持良好的利润水平和市场优势。比如，通过提高服务质量，用高质量服务使企业保持相对较高的价格，并在竞争中保持优势。

（二）企业外部因素

1. 目标市场因素

目标市场对旅游产品有两个方面的要求：一是产品和服务应满足旅游者的某些旅游

需求；二是必须制定适当的价格，让旅游者具有相应的支付能力。因此，目标市场的价格要求是旅行社产品定价的主要依据之一。目标市场的价格要求一般有一个幅度，价格过低可能会使旅游者对产品质量产生怀疑，价格过高则旅游者可能没有支付能力。另外，目标市场对旅游产品需求还存在着很大的季节性，也需要旅行社通过调整价格来进行需求管理。

2. 竞争状况

竞争状况不同，会形成不同的市场竞争关系，供求关系的变化必然导致价格的波动，所以，竞争因素是旅行社制定价格时必须考虑的因素。旅行社在短时间内对产品价格进行调整大多是由竞争因素引起的。

3. 政府及法律因素

政府的政策及法律是旅行社不可控制的外部环境因素。旅行社的定价必须符合政府相关法律和政策的要求，否则就会受到相应的惩处。比如，为了保护旅游者的利益，通过法律限制某些从不正当竞争中牟取暴利的行为，政府可能制定最高限价，而为了保护旅行社利益，政府又可能制定最低限价。

4. 汇率及其波动因素

旅行社的出入境旅游产品价格，还会受到汇率及其波动因素的影响。汇率的变动不仅直接导致旅行社产品的实际价格变化，从而引起该产品市场需求的波动，进而影响该产品的销售，还会因为旅行社产品中包含外汇成本的比例不同而直接影响产品的成本。当然，汇率的变化也会间接影响其他市场因素而造成对旅行社其他产品价格的影响。

二、旅行社产品定价目标

旅行社产品的定价目标是指旅行社通过特定水平的价格判断或调整，所要达到的预期目的。它是旅行社市场营销目标体系中的具体目标之一，它的确定不仅要服从于旅行社营销总目标，还要与其他营销目标相协调，而且，一定时期内旅行社的定价目标还有主要目标和附属目标之分。旅行社产品的定价目标大致有以下几种。

（一）追求盈利最大化

旅行社盈利最大化取决于合理价格所推动的产品销售规模，因而追求盈利最大化的定价目标并不意味着旅行社要制定产品的最高单价。在这种目标之下，旅行社决定产品售价时主要考虑按照何种价格销售可以获得最大的利润，而对市场竞争的效果、在顾客中产生的影响考虑较少。所以，当旅行社及其产品在市场上享有较高的声誉，在竞争中处于有利地位时，追求利益最大化的定价是可行的。然而市场供求关系和竞争状况总会变化，产品也会不断更新，任何企业都难以长期保持其绝对的垄断优势。因此，更多情况下，旅行社应该把追求盈利最大化作为一个长期定价目标，同时选择一个适应特定环境的短期目标来制定价格。

（二）提高市场占有率

市场占有率是旅行社经营状况和产品竞争状况的综合反映。较高的市场占有率不仅可以保证旅行社产品的销路，还便于旅行社掌握旅游需求变化，有利于旅行社形成长期控制市场和价格的垄断率，并为提高旅行社盈利率提供可靠保证。提高旅行社市场占有率比短期高盈利意义更为深远，因此，提高市场占有率通常是旅行社普遍采用的定价目标。

（三）实现预期的投资回收率

投资回收率反映旅行社的投资效益。旅行社对所投入的资金，都期望在预期时间内收回。为此，定价时一般在总成本费用之外加上一定比例的预期盈利。在产品成本费用不变的情况下，价格高低就取决于旅行社确定的投资回收率的大小。简而言之，在这种定价目标下，投资回收率的确定与价格水平直接相关。

（四）实现销售增长率

在其他条件不变的情况下，销售增长率的提高与市场份额的扩大是一致的。因此，追求一定的销售增长率也是旅行社的重要目标之一，特别是在新产品进入市场后的一段时期内。

（五）适应价格竞争

价格竞争是市场竞争的重要方面。处在激烈市场竞争环境中的旅行社经常采用适应价格方面的竞争作为定价目标。实力雄厚的大旅行社可以利用价格竞争排挤竞争者，借以提高市场占有率，而实力弱小的旅行社常常追寻主导的竞争者价格或者以此价格为基础作出抉择。

（六）保持营业

保持营业通常是旅行社处于不利环境中，为保持旅行社能够继续营业，而实行的一种缓兵之计。当旅行社受到成本上涨、供应不足、新产品加速替代等方面的冲击时，产品难以按正常价格出售。为了不倒闭，旅行社往往推行大幅度折扣，以保本价，甚至亏本价格出售产品以求收回资金，维持营业，并争取到开发新产品的时间，重新问鼎市场。这种定价目标只能作为特定时期内的过渡性目标。

（七）稳定价格，维持企业形象

良好的企业形象是旅行社无形的资源与财富，是旅行社成功运用营销组合取得的消费者信赖，是长期积累的结果。旅游市场供求变化比较大，但是旅行社可以为了维护企业信誉，采取稳定价格的做法，给旅游消费者以实力雄厚、靠得住的感觉。

三、旅行社产品定价方法

旅行社产品定价方法是旅行社实现其定价目标的具体方法。由于产品价格的高低主要受成本费用、市场需求和竞争状况等因素的影响，依据旅行社定价时的不同侧重，可以将其归纳为成本导向定价、需求导向定价和竞争导向定价等三大类定价方法。

（一）成本导向定价

成本导向定价包含成本加成定价法和目标收益定价法两种。在我国，采用较多的是成本加成定价法。所谓成本加成定价法是指在单位产品总成本基础上加上一定比例的加成率形成销售价格的定价方法。其计算公式为：

单位产品售价 = 单位产品成本 × （1 + 加成率）

在国内，旅行社采用成本加成定价法来制定产品售价的情况是比较多的。成本加成定价法之所以受到旅行社企业的欢迎，主要是因为：首先是本方法不仅计算简单、简便易行，而且保证性（保证旅行社产品一定的销售利润）很强；其次是我国旅行社大多侧重于团体包价旅游的产品形态，这种形态的产品其成本比较容易核算，而且相对稳定。但是，这种定价方法忽视了市场竞争和供求状况的影响，缺乏灵活性，因此，不一定能够被消费者接受。

（二）需求导向定价

需求导向定价是以旅游消费者的需求强度以及对价格的承受能力作为定价依据，是伴随营销观念更新而产生的一种新型定价方法。具体有理解价值定价法和需求差别定价法。

1. 理解价值定价法

理解价值定价法也称为察觉价值定价法，是以旅游消费者对旅行社产品价值的感受以及理解程度作为定价的基本依据。从营销的角度讲，消费者对产品价值的理解不同，会形成不同的价格限度，这个限度就是消费者宁愿付出费用而不愿失去这次购买机会的价格，如果价格刚好定在这一限度内，消费者就会顺利购买。旅行社据此提出一个可销价格，进而估算在此价格水平下产品的销售量、成本以及盈利状况，最后确定实际价格。这种定价方法的最大优点是产品价格的市场适应性强，不足之处在于理解价值的准确测算比较困难。

当然，为了加深消费者对产品价值的理解程度，从而提高其愿意支付的价格限度，旅行社定价时首先要搞好产品的市场定位，来分开本公司产品与市场上同类产品的差距，突出产品特征，并综合运用各种营销手段，加深旅游消费者对产品的印象，使消费者感到购买这些产品能够获取更多的相对利益，从而提高他们接受价格的限度。

2. 需求差别定价法

需求差别定价法是以不同时间、地点以及不同旅游消费者的需求强度差异为定价依据，针对每种差异决定在基础价格上是加价还是减价。主要有因地而异、因季节时间而异和因顾客而异等三种形式。需要特别说明的是，需求差异定价不是任何情况下都可以使用的。实行差异定价必须具备以下条件：

（1）市场能够根据需求强度的不同进行细分；

（2）细分后的各分市场在一定时期内相对独立，互不干扰；

（3）高价市场中不能有低价竞争者；

（4）价格差异适度，不会引起消费者的反感。

（三）竞争导向定价

竞争导向定价是以旅游市场上相互竞争的同类产品价格为定价基本依据，并随竞争状况的变化而确定和调整价格水平。主要有随行就市定价法、主动竞争定价法和密封投标定价法。

1. 随行就市定价法

随行就市定价法是竞争导向定价中最流行的一种方法。其定价原则是使本旅行社产品的价格与竞争对手的平均价格保持一致。这种定价的目的在于：

（1）平均价格水平常常被人们认为是"合理价格"，很容易被市场接受；

（2）试图与竞争者和平相处，避免激烈竞争产生的风险；

（3）一般能为旅行社带来合理、适度的盈利。这种定价方法适用于一些比较成熟的大众旅游线路，比如国内的"海南环岛游"、出境的"新马泰游"等。

2. 主动竞争定价法

主动竞争定价法与随行就市定价法相反，它是根据本旅行社产品的实际情况以及与竞争对手产品的差异状况来确定价格，因为价格有可能高于、低于或者与市场价格一致。一般适用于实力雄厚或者产品独特的旅行社。

3. 密封投标定价法

密封投标定价法是投标旅行社根据对竞争对手报价的估计而确定的价格。这种定价方法主要用于投标交易方式，比如承揽大型旅游活动或者集团购买等。

四、旅行社产品定价策略

在根据适当的定价方法确定了基本价格以后，旅行社针对不同的消费心理、销售条件、销售数量以及销售方式，运用灵活的价格策略，在基本价格的基础之上，作出最终的价格决策。定价策略既是针对具体情况将定价的科学性与艺术性相结合的体现，也是旅行社价格策略取得成功的重要手段。旅行社产品定价策略主要有新产品定价策略、心理定价策略和折扣定价策略。

（一）新产品定价策略

新产品定价是旅行社定价策略非常关键的环节，它直接关系到新产品能否顺利进入

市场、占领市场并取得满意的经营效益。旅行社在推出新产品时,有撇脂定价(Market-skimming Pricing)策略、渗透定价策略以及满意定价策略可供选择。

1. 撇脂定价策略 (market-skimming pricing)

"撇脂定价(Market-skimming Pricing)法"又称高价法或吸脂定价(Skimming Prices),实质上就是高价策略,即旅行社以高价投放新产品,售价远远高于成本,目的在于力求短期内补偿全部固定成本,并迅速获取利益。销售对象主要是那些收入水平较高,且容易接受新事物的消费者。当竞争产品投入市场后,随即降低价格以进一步拓宽市场。撇脂定价策略的优点是旅行社能够迅速实现预期盈利目标,掌握市场竞争及新产品开发的主动权。其不足之处在于高价会抑制需求,使销路不易扩大,而且高价极易吸引竞争者加入诱发竞争,从而缩短旅行社新产品的高额利润时期。

就旅行社产品而言,由于构成产品的设施设备、交通、餐饮以及旅游景观等旅游服务要素易于模仿,所以,推产品推出后竞争者很容易跟进投入市场,故一般不宜普遍采用这种策略。在旅行社产品具有垄断性经营、需求缺乏弹性或者接待能力有限的情况下,可以考虑采用撇脂定价策略。

2. 渗透定价策略

渗透定价策略实质上就是低价策略,即旅行社以低价投放新产品,使产品在市场上广泛渗透,从而提高旅行社产品的市场占有率,然后随市场份额的提高调整价格,降低成本,实现盈利目标。渗透定价的优点是能够迅速打开新产品的销路,有利于提高市场占有率,树立良好的旅行社企业形象,同时,低价薄利不易诱发竞争,便于旅行社长期占领市场。不足之处在于本利回收期较长,价格变动余地小,难以应付在短期内骤然出现的竞争或需求的变化。

采用这种策略时,应该注意所面对的旅游者必须是价格敏感型的,对相应产品的需求弹性大,从而带来更多的需求。此外,旅行社必须具备大批量接待能力,使平均成本下降,从而实现规模效益。

3. 满意定价策略

这种定价策略介于"撇脂定价"与"渗透定价"两种方法之间,价格水平始终同时兼顾旅行社以及旅游消费者的利益,使各方面顺利接受。满意定价策略的优点是价格比较稳定,在正常情况下盈利目标可以按期实现。不足之处在于比较保守,不适用于需求复杂多变或竞争激烈的市场环境。

(二)心理定价策略

心理定价策略是依据旅游消费者购买时的心理来制定价格。主要有整数定价、尾数定价、声望定价和系类定价等策略。

1. 整数定价

整数定价策略即采用合零凑整方法,制定整数价格。比如,将价格定为1000元而不是999元,这样使价格上升到较高一级档次,借以满足消费者的高消费心理。消费者会感到消费这种产品与其地位、身份、家庭等协调一致，从而迅速作出购买决策。

2. 尾数定价

尾数定价策略即保留价格尾数，采用零头标价。比如，将价格定为998元，而不是1000元，使价格保留在较低一级档次，尾数定价一方面给人以便宜感，另一方面又因标价精确给人以信赖感。尾数定价容易满足消费者求实的消费心理，使之感到产品物美价廉。

3. 声望定价

由于价格档次常常被当作产品质量最直观的反映，针对人们"价高质必优"的心理，对在消费者心目中享有声望具有信誉的产品制定较高价格，不但能够显示产品特色，增强产品吸引力，而且能够产生扩大销路的积极效果。

4. 系类定价

旅行社的产品并非只是一种单一的产品，而往往存在一系列功能相近但档次不同的产品，从而形成一条产品线，比如，同一旅游线路的豪华等、标准等以及经济等产品。针对消费者比较价格的心理，将同类产品的价格有意识地分档拉开，形成价格系类，使消费者在比较价格中能够迅速找到各自习惯的档次，得到"选购的满足"。

（三）折扣定价策略

折扣定价策略是指旅行社在已经确定的旅游产品基本价格基础上，根据不同交易方式、数量、时间及条件，给予适当折扣而形成实际售价的一类定价技巧，实行一定幅度的降价策略，旅行社常用的折扣策略有以下几种：

1. 数量折扣

数量折扣是根据购买数量或金额的多少给予不同的价格折扣，一般情况是购买数量或金额越多，折扣越大。数量折扣又分为非累计数量折扣和累计数量折扣两种形式。前者是对一次购买超过规定数量或金额给予的价格优惠，目的在于鼓励消费者增大购买量，便于企业组织大批量销售。后者是对一定时间内累计购买超过规定数量或金额给予的价格优惠，目的在于鼓励顾客与企业建立长期固定的业务关系，减少企业的经营风险。

2. 季节折扣

季节折扣是指旅行社在淡季时给予产品购买者的折扣优惠。在淡季，很多旅行社会遭遇客源不足。为吸引旅游者，增加消费，旅行社往往会制定低于旺季时的价格以刺激旅游消费者的消费欲望。当然，季节折扣的最低优惠幅度不能低于旅游产品和服务的成本。

3. 交易折扣

交易折扣又称功能性折扣，即旅行社依据各类中间商在市场营销中担负的不同职能，给予不同的价格折扣，目的在于利用折扣刺激各类中间商的积极性。因此，这种策略主要适用于中间商。

第三节　旅行社销售渠道管理

一、旅游产品的销售渠道

旅游产品的销售渠道是指旅游产品的生产者将产品提供给最终消费者的途径，又称分销渠道。旅游产品的销售渠道是一个内涵较为宽泛的概念，它不仅包括旅游企业借助于旅游中间商向顾客出售其产品的间接销售途径和旅游企业依靠自己的力量在其生产地点以外的其他地方向旅游者出售其产品的直接方式，也包括旅游企业在其生产现场直接向来访旅游者出售其产品和服务的传统渠道。当然，也可以把旅游产品的销售渠道形象地理解为旅游产品生产者将产品提供给最终消费者所经过的路径，其中涉及参与这一过程的一系列独立组织，旅行社本身就是其中的重要成员。

二、旅行社的销售渠道类型

（一）直接销售渠道

直接销售渠道是旅行社将其产品直接销售给旅游者的一种销售方式。这种销售渠道又称为零环节销售渠道，即在产品从旅行社向旅游者转移过程中不存在任何中间环节。旅行社的直接销售渠道主要有三种操作模式。首先是旅行社利用电话、传真、信件、互联网和人员推销等向旅游者销售产品，其次是设立销售门市部，向登门购买者直接出售产品，最后是在客源地设立分社或服务网点。旅行社的分社大多设立在经济比较发达的大城市，服务网点则多建在社区内，正是为了接近客源市场以扩大销售。

直接销售渠道是一种产销结合的销售方式，具有简便（手续简便、易于操作）、灵活、及时、附加值高、单位产品销售利润大等优点。目前我国旅行社的国内旅游业务大多数采用直接销售渠道。

（二）间接销售渠道

间接销售渠道是指旅行社通过组团旅游，中间商将旅行社产品销售给旅游者的途径。根据其选择的中间商类型以及所包含的中间商层次的多少，可以归纳为以下三种基本形式。但在实际操作运行中会因为中间商类型的交叉以及专业媒介的介入，使渠道形式变得更为复杂。

（1）旅行社—客源地零售商—消费者。

（2）旅行社—客源地批发商—零售商—消费者。

（3）旅行社—客源地经营商—消费者。

间接销售渠道具有许多明显的优点。首先具有比较广泛的影响面，旅游中间商往往在客源地区拥有销售网络或同当地的其他旅游机构保持着广泛的联系，能够对广大的潜在旅游者施加影响；其次具有较强的针对性，旅游中间商对所在地区旅游者的特点及其需求比较了解，能够有针对性地推销最适合旅游者需要的产品。其不足之处在于销售成本较高。目前，我国旅行社行业在入境旅游业务中主要采用间接销售渠道。

三、旅行社营销渠道策略

对于旅行社而言，销售渠道的类型选择其实只涉及销售渠道强度即中间层次多少的决策，而中间层次数量即销售渠道的宽度是直接影响旅游产品销售量的又一关键因素。旅行社销售渠道的宽度策略即通常所说的旅行社销售渠道策略主要有三种。

（一）广泛性销售渠道策略

广泛性销售渠道策略是指旅行社尽可能多地选择各个层次的中间商，增加销售渠道的宽度，使旅行社的销售网点范围更广、密度更大。

广泛性销售渠道策略的优点是采用间接销售方式，选择较多的批发商和零售商，既便于旅行社联系广大旅游者和潜在旅游者，又方便旅游者购买，一定程度上有利于扩大产品销量；另外，采用这种策略有利于旅行社发现理想的中间商。该策略的不足之处在于成本高，中间商的管理难度大。

（二）选择性销售渠道策略

选择性销售渠道策略是指旅行社在一定市场中只选择少数几个中间商的渠道策略。该策略的优点是有目的地集中选择少数有实力的中间商进行产品销售，一方面可以降低销售成本，另外也便于中间商管理从而掌控市场秩序。其不足之处在于如果中间商选择不当，则有可能影响相关市场的产品销售。

（三）专营性销售渠道策略

专营性销售渠道策略是指在一定时期、一定市场区域内，只选择一家中间商的渠道策略。通常情况下，该中间商不能同时代理其他竞争对手的产品。专营性销售渠道策略的优点主要表现在三个方面：一是可以提高中间商的积极性和推销效率，更好地为旅游者服务；二是旅行社与中间商联系单一，可以降低销售成本；三是双方由于利害关系紧密，能更好地相互支持和合作。其不足之处在于如果专营中间商经营失误，就可能在该地区失去一部分市场，若中间商选择不当，则可能完全失去该市场。

四、中间商的选择与管理

（一）中间商的选择

旅行社间接销售渠道应用中必然涉及中间商的选择与管理问题。正确选择中间商是建立高效率间接销售渠道的关键因素。当然，旅行社首先必须明确自己的目标市场、建

立销售网的目标、市场状况以及销售渠道策略，同时，还必须通过有效渠道去接触、了解中间商，但是，在中间商选择中最为重要的是选择中间商的标准。一般情况下，旅行社选择中间商应该重点把握以下几个标准。

1. 经济效益

旅行社选择中间商的目的在于扩大销售、增加效益，因此，经济效益应该是旅行社选择中间商的首要标准，旅行社应该选择长期成本低、利润高的中间商。当然，效益与风险是相对的。所以，旅行社应根据自己的业务特点与经济实力，在利润大小与风险高低之间进行平衡与选择。

2. 市场一致性

所谓市场一致性就是中间商的目标顾客群必须与旅行社的目标市场相吻合，而且在地理位置上应接近旅行社客源较为集中的地区，以便旅行社充分利用中间商的优势进行产品推销。

3. 商誉与能力

旅行社所选择的中间商应当有良好的信誉和较高的声誉，并具有较强的推销能力和偿付能力。讲究信誉是旅行社利益不受侵害的保证；中间商的声誉将决定消费者对它的信任程度，从而直接影响中间商的推销能力；而中间商的偿付能力是双方合作的经济保障。

4. 合作意向

旅行社选择中间商的同时，中间商也在选择旅行社，是一个相互选择的过程。中间商的合作意向是中间商选择可行性的关键因素。

（二）中间商的管理

旅行社选定中间商，与之建立起合作关系后，旅行社的间接销售渠道随之建成。在销售渠道运行过程中，还必须对中间商进行有效管理，以保证渠道的有效性。中间商的管理主要包括四方面的内容。

1. 中间商档案管理

旅行社应建立中间商档案，档案内容主要包括中间商信息和旅行社与中间商合作情况记录。通过中间商档案，旅行社能够掌握中间商的绩效与合作态势，由此可以判断进一步合作与扩大合作的可能性，并对其采取相应对策。

2. 及时沟通信息

及时向中间商提供产品以及旅行社企业信息，以及及时向中间商获得市场信息，既是保证中间商有效推销的重要手段，又是旅行社进行产品开发的重要依据。

3. 针对性地实行优惠与奖励

根据市场态势，有针对性地采用减收或免收定金、组织奖励旅游、组织中间商考察、实行领队优惠、联合促销等方式给中间商优惠和奖励，可以调动中间商的销售积极性。

4. 适时调整中间商

旅行社根据自身业务发展情况以及中间商的绩效，适时对中间商进行调整。当原有中间商质量发生变化，旅行社产品种类和档次发生变化，旅行社需扩大销售，旅行社要开辟新市场，旅行社客源结构发生变化，市场结构发生变化等情况发生后，旅行社需要作出调整中间商的决策。

第四节　旅行社促销管理

一、旅行社促销与促销组合

旅行社产品是一种主要由各种旅游服务组成的无形商品，其销售方式为预售，在购买之前无法向消费者展示商品或者用数据及其他方式确切地介绍产品的规格、质量和价值。另外旅游产品具有不可转移的特性。旅行社经营上的这些特性决定了旅行社应该比其他类型的企业更加重视与顾客进行沟通和交流。沟通的内容及方式已经成为影响旅行社营销效果的关键因素。

旅行社促销就是通过与市场进行信息沟通，来赢得顾客的注意、了解和购买兴趣，为旅行社及其产品树立良好的形象，从而促进销售。促销的过程就是信息沟通的过程。因此，促销的实质便是信息沟通。随着市场竞争日趋激烈，同类的旅游产品和服务有许多旅行社在生产经营，产品供给的现实和潜在能力大于市场需求。因此，绝大多数旅行社都面临着由于消费者可能购买别人的产品而使自己的产品无法卖出去的威胁。造成这种状况的原因之一是顾客通常不可能注意和了解每个生产者的产品，因此，促销就成为解决这一危机的重要手段。促销不仅能够提供旅游信息，沟通供需联系，刺激旅游需求，引导旅游消费，而且还能够突出产品特色，强化竞争优势，树立美好形象，稳固市场地位。

旅行社通常可以采用的促销形式包括旅游广告、销售促进、人员推销、公共关系以及现场传播等。不同促销形式有着不同的特点与沟通效果。对于旅行社来说，单一的促销方式是不够的。必须根据促销目标以及旅行社的资源状况，有计划地将上述促销形势有机结合起来，形成一个整体，以获得最佳的促销效果。所以，促销组合就是旅行社为了达到某一促销目标，而对各种促销手段或促销工具的组合运用。促销组合体现的是整体决策思想，形成的是完整的促销决策。

二、旅行社促销决策

旅行社促销决策是指旅行社在促销信息源、信息发送方式和发送渠道、信息接受者的类型、促销预算、促销组合、促销效果的测定以及促销管理等整个促销全过程中所作

决策的总和。旅行社促销决策是旅行社信息沟通手段和过程的系统化、规范化。具体地说，就是对促销对象、促销投入、促销方法、促销效果进行科学合理的选择、配置、控制与评价。旅行社促销决策主要包括确定目标沟通对象、确定沟通目标、设计信息、选择信息沟通渠道、制定促销预算、决定促销组合以及衡量促销效果七大方面的内容。

（一）确定目标沟通对象

有效的促销过程要求旅行社必须首先确定其目标沟通对象，它将极大地影响着实现有效沟通的一系列决策。目标沟通对象可能是产品和服务的潜在购买者、目前使用者，也可能是购买决策者和影响者，可能是个人，也可能是组织。总之，他们必须是对传递来的产品及其相关信息感兴趣的人或组织。比如，通常情况下，目的地旅行社的主要沟通目标是客源地中间商，而客源地旅行社主要以现实和潜在购买者为主要沟通对象。

在目标沟通对象确定之后，旅行社还必须研究目标沟通对象的需求、态度、偏好和其他特征，以此确定信息沟通目标的前提。

（二）确定沟通目标

所谓沟通目标即旅行社期望通过信息沟通使目标沟通对象作出的行为反应。当然，最终的行为反应肯定是购买，但在购买之前，消费者大多要依次经过认识—情感—行为三个阶段，相应地形成一系列的认识、情感和行为反应层次。因此，从消费者完整的购买决策过程与消费者在购买过程中所处的心理阶段角度来看，确定沟通目标就是确定如何把沟通对象从他们目前所处的购买过程的位置及相应的反应层次推向更高的准备阶段和准备购买状态，比如，如果我们已经确认沟通对象对产品处于"知晓"这一认知阶段，那么就可以把感情阶段的"喜爱"和"偏好"作为沟通的目标。

（三）设计信息

在明确了沟通目标之后，旅行社需要设计制定一个有效信息来达到既定目标。信息设计是将旅行社的意念用有说服力的、逻辑的、感情的、性格化的信息表达方式表现出来的过程。设计信息需要解决表达什么（确定信息内容）、如何表达（确定信息结构）、如何转换为信息符号进行表达（确定信息格式）以及由谁来表达（确定信息源）等四个方面的问题。设计信息的实践性、操作性很强，是差异性、特殊性以及个性极为突出的沟通决策。

（四）选择信息沟通渠道

信息沟通渠道大致可分为人员沟通和非人员沟通两种形式。前者又包括提倡者渠道、专家渠道和社会渠道；后者包括大众及选择性媒体、气氛和事件等。虽然二者在沟通意图表达、目标实现以及信息反馈上具有明显差异，但它们也不是针锋相对和相互排斥的。旅行社需要根据沟通对象、目标、信息、预算等因素进行综合决策。

（五）制定促销预算

促销预算是旅行社从事促销活动的计划支出费用，它关系着促销活动的实施以及促销活动效果的大小。可供旅行社选择的促销预算的方法多种多样，比如，销售额百分比法、利润额百分比法、目标达成法、竞争对等法和支出可能法等。由于促销过程和效果又受很多不可控因素的影响，所以不存在普适型的预算方法。旅行社应该根据各自经营的特点、产品的特点、流动资金情况、市场需求情况来制定自己的促销预算。

（六）决定促销组合

在制定了促销预算后旅行社要综合考虑促销目标、产品及市场类型、产品所处的生命周期阶段等，对促销组合作出决策。一般来说，有推动策略和拉引策略两种基本的促销组合方式。前者重视使用人员推销和销售促进，它将促销活动对准渠道成员，通过销售渠道推出产品；后者侧重广告和公共关系，它直接对最终消费者进行促销，引导他们购买产品，使消费者的需求通过各种渠道"拉引"产品。多数情况下旅行社可以把两种策略结合起来使用。

（七）促销效果测定

测定促销效果的目的在于取得反馈信息，并据此决定下一步的信息沟通方案。旅行社测定促销效果时，重点应该集中在视听率、记忆度、态度和行为等数据的测定。

三、旅行社的主要促销手段

（一）广告

1. 自办媒体广告

自办媒体广告是旅行社开展广告宣传的常用而重要的工具。旅行社自办媒体广告主要有三种方式：（1）建立户外广告。户外广告牌是一种影响力较大的自办广告媒体。它一般设置在机场、火车站、长途汽车站、码头等人流较多的公共场所、主要通道旁边以及建筑物顶部等容易被过往人群注意到的地方。（2）广告传单。旅行社的广告传单有单页传单、折叠纸传单等形式，广告传单能够较详细地介绍旅行社及其产品，传单的制作及散发的成本比较低。（3）载有企业或产品信息的纪念品。自办媒体型广告的最大优点是旅行社能够自主选择宣传对象，从而提升广告的针对性和有效性。

2. 大众传媒广告

大众传媒是旅行社开展广告宣传活动中经常利用的广告信息传播渠道。其主要形式因传播媒体不同而有四种：

（1）报纸广告。报纸是一种影响面广、费用较低和重复率高的广告媒体。

（2）杂志广告。杂志是一种以某一特定读者群为宣传对象的广告媒体。其优点是针对性强，易于保存和对象群体稳定。不足之处在于出版周期长和传播范围较小。

（3）广播广告。广播广告是一种以区域性市场为主要市场目标的广告媒体。其优点是价格低、信息传播及时，尤其是用于以农村和山区为目标市场促销。不足之处在于不能持久保持、选择性差。

（4）电视广告。电视广告具有传播范围广、信息传送及时、传播性能多样等优点，是一种影响力极强的传播媒体。其缺点是费用高、印象逝去快和缺乏选择性。

（二）直接促销

1. 人员推销

人员推销是推销人员通过与潜在旅游者或客户的直接接触，向他们推销旅行社产品、解答各种疑问、引导消费并设法实现销售的过程。旅行社人员推销的特点是具有很大的灵活性、选择性、完整性，并且具有公共关系的作用。其不足之处是成本费用比较高，传播范围比较窄。

2. 电话营销

旅行社的销售人员根据事先选定的促销对象名单，逐一给他们打电话，介绍产品信息，征求他们对产品的意见并询问其购买意愿。电话营销有两种形式。一是使用自动播音设备向对方介绍产品、联系方法、购买途径等，但不直接回答对方提出的问题；二是由推销人员在电话里向消费者介绍旅行社产品，同时回答对方提问，引导对方选购旅行的某些产品。

3. 直接邮寄

旅行社将载有企业和产品信息的旅游宣传册、旅行社产品目录、产品广告宣传单等促销材料直接邮寄给消费者。这种方式受时间和空间的限制较少，能够接触到较多的消费者，而且成本较低。但是这种方式获得的反馈率较低。

（三）公共关系

1. 新闻发布会

新闻发布会是旅行社最常用的公关手段。旅行社采取新闻发布会的形式向广大消费者或者客户介绍新产品开发、特殊旅游产品、重大旅游活动等及时且具有新闻价值的信息，从而吸引其对旅行社及其产品的注意，以提高旅行社的知名度和美誉度，并刺激他们购买旅行社产品的兴趣。

2. 软文宣传

软文宣传是指旅行社邀请新闻记者、旅游专栏作家等免费旅行，旨在使他们对旅行社产品产生浓厚兴趣和深刻印象，从而发表有关旅行社产品的介绍性文章和报道。

3. 邀请中间商实地考察

邀请中间商实地考察是指邀请中间商对旅行社的有关产品进行实地考察。它既能促进旅行社与中间商之间的合作关系，又能使中间商加深对旅行社产品的认识，有利于中间商在今后的推销活动中对旅行社的产品作更加有利的宣传。

4. 专题讲座、学术会议

旅行社可以通过举办专题讲座或者赞助学术会议的方式宣传旅行社开发的新产品，吸引公众的关注。这种方法特别适用于旅行社向公众推销新的旅游目的地。

（四）营业推广

营业推广是旅行社面向同行（旅游中间商）和旅游消费者而采取的鼓励购买或销售产品并能够在短期内见效的促销形式。其中针对旅游者的营业推广活动目的在于吸引新顾客，抓住老顾客。旅行社常用的手段主要有赠送纪念品、赠送折价券、抽奖促销以及设立俱乐部等。针对中间商的营业推广活动目的在于扩大和增加旅行社产品同顾客之间的渠道，主要手段有对中间商折让、给予推广津贴、提供宣传品和开展联合广告等。

（五）网络促销

虽然旅行社利用互联网进行促销的时间不长，但是由于互联网促销能够很好地适应旅游市场的发展，有助于增强旅行社促销效果，而且促销成本较低，因而旅行社网络促销发展非常迅速。旅行社利用网络促销除了要精心设计网页，提高访问量，加强网上交流外，更应该注重网络交易平台设计建设，以便捷的服务促进销售的实现。

【复习思考题】

1. 简述旅行社目标市场选择的依据。
2. 试述旅行社产品价格制定的方法。
3. 旅行社产品销售渠道的类型包括哪些？
4. 旅行社促销的主要方式有哪些？各有什么特点？

☞【案例分析】

微博热潮与旅行社营销

旅游微博凭借其交互性强、传播快捷、更新快等特点，已经迅速成为旅游信息传播的重要渠道和网络营销的重要手段之一。由此引发旅游业各界纷纷借助微博进行营销，将微博作为新的营销战场。携程、艺龙、同程等在线旅游企业的新浪官方微博粉丝数均已超过百万，而众多旅行社企业的微博运营尚处于摸索尝试阶段，亟待迅速发力。

1. 我国移动互联网应用及微博用户趋势分析

根据艾瑞咨询统计数据显示，智能终端和移动网民规模在快速增长，手机成为网民的第一大上网终端。

微博用户正在向移动客户端转移，移动网络的使用场景更为丰富，微博操作更为自由，未来移动端在微博领域的使用将全面超越 PC 端。而且，微博针对性强、受众数量可统计、实时、灵活、成本低等诸多优点尤其适合中小旅行社的营销渠道选择，旅行社企业应尽快将注意力转移到开发手机微博用户，对这一类人群采取有效的手段进行微博营销。

2. 旅行社企业微博营销构建

旅行社企业可以在其官网的建设和维护基础上，针对手机浏览器做一些优化。在通过官方网站进行传统的介绍和宣传的同时，构建并实施微博营销会使其在市场开拓与客源开发方面取得更好的效果。

（1）明确营销对象，做好营销规划。网上消费群体偏年轻化。80、90 后的年轻一代的消费习惯正在影响着旅游消费的形式，他们在旅行途中的所见所闻被随身携带的手机作为微博客户端随时发送出来。所以这些人是微博营销的主要目标。寻找这一类主要目标客户作为营销的第一步。可以有这样几种方式：通过标签找用户，锁定标签为"旅游""旅行""美食""自驾游""自助游""背包客""度假""休闲"等为旅行社的目标客户。

（2）提高微博内容质量，树立品牌形象。明确目标客户以后，旅行社应该进行具有针对性的宣传活动。旅行社官方微博应主要进行旅行社的形象宣传、旅游知识的普及、旅游目的地的宣传和部分产品的介绍。随着人们生活水平的提高，旅游逐渐成为大众消费支出，越来越多的年轻人喜爱旅游，并且在旅游途中发表自己的见闻和感受与广大网友分享，一个好的话题会大大吸引年轻用户的关注并转发，从而对旅行社起到很好的宣传作用及营销效果。

（3）增强与粉丝互动，唤起粉丝情感认同。微博经营者认真解答网友的疑问，回复评论，与粉丝互动从而唤起粉丝的情感认同才更重要。通过不断地与粉丝进行互动交流，让粉丝变成自己忠诚的朋友，分享转发，逐步建立起自己的品牌及良好的口碑。此外，还可以利用手机终端所带定位功能。智能手机可以在编辑微博的同时添加地理位置，旅行社可以通过这些地理位置有针对性地寻找粉丝以及与粉丝进行互动。比如精确定位景点、美食、宾馆的位置，与周围的微博使用者互动等。

（4）设计合理的发送频率和发送时间。据统计，一些成功的企业微博，每天发微博的数量为 10～15 条，其中企业的宣传信息最佳比例只有 3%～5%。所以应将旅行社的理念、营销信息渗透在微博中，这样做比单纯发送促销信息更有价值。通过研究发现刷微博的高峰值往往出现在 10：00～12：00、16：00～18：00、22：00～24：00 这三个时间段，因而这些微博的参与度相对会更高，适合发布各种活动。

（5）使用技术工具对微博进行分析和监控。微博上的各种小工具有搜索、查询、监控、量身定制分析服务等功能，能够帮助旅行社对微博进行分析和监控。通过运用这些工具，旅行社可以统计粉丝的男女比例构成、地域分布、职业分布、微博的影响力、

"互粉率"等。通过这些工具的统计数据进行分析，能够不断改进微博的信息发布质量，实现精准营销。

（资料来源：刘然，赵阳. 旅行社企业微博营销刍议［J］. 中国电子商务,2013 (8).)

分析题：

1. 信息技术的发展给旅行社传统营销方式带来了哪些影响？

2. 旅行社如何运用以微博为代表的社会化网络平台进行营销？

第 五 章

旅行社质量管理

质量是企业的生命线，对于旅行社来说，旅游产品的质量，直接影响到企业的生存和发展。由于旅行社产品涵盖了游客旅游过程中的多项需求，所以，旅行社产品与一般产品相比，质量更加难以控制和管理。因此，质量管理是旅行社经营管理的核心内容之一。

【学习目标】

通过本章学习，学生要理解旅行社产品质量、质量管理的内涵和特点，掌握 ISO 与旅行社质量管理的关系及其在旅行社中的应用，掌握旅行社质量保证体系的构成和运转方式，熟悉旅行社质量管理的具体方法。

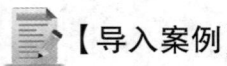【导入案例】

严格的导游管理制度

新加坡、日本和以色列实行严格的导游管理制度。

日本的导游要求具有相当高的素质，且必须经过严格的筛选。日本对导游实行全国统考的制度始于 1949 年，要通过这一考试必须过三关：外语笔试、口试及面试和综合考试（日本地理、产业、历史、经济、政治、文化）。按照日本的规定，即使考试合格，还必须参加受运输省重托的日本国际观光振兴会组织的短期培训，取得相应的都道府县知事颁发的许可证方可正式上岗服务。

新加坡和以色列的导游资格考试均由国家旅游局组织进行。根据新加坡《旅游促进局法》和《旅游导游管理和颁发执照规定》，在新加坡欲从事导游职业者，须向旅游促进局申请，接受考试，申请执照，方可营业。导游资格考试合格者编入导游员名录，不在名录上者不得担任导游工作，否则雇用者和被雇用者都要受到相应的处罚。以色列规定导游必须符合三个条件：第一，年满23周岁；第二，参加导游职业培训；第三，通过导游资格考试并经申请、推荐、审核而取得导游资格证书。

新加坡规定，导游上岗工作必须佩戴必要的证件（胸卡），旅游局随时派人到各景点检查，对不戴导游证陪团进行警告。以色列旅游部发给每个导游员统一编号的导游证和胸卡，导游在国内提供导游服务时，必须佩戴胸卡以接受旅游行政部门的监督和检查。

在新加坡，游客的意见和评价直接关系到导游的就业机会。出现对导游的服务质量投诉时，旅行社会根据情况决定是否继续聘请该导游。旅游局将收回其导游证和胸卡，取消其导游资格，并且一般不批准其重新参加导游培训和资格考试的申请。也就是说，一旦被取消资格，就意味着他将永远失去从事导游工作的机会与权利。在日本，游客的评价和意见对导游的职业生命影响极大。可以说，除各种法规监督外，游客是导游最有效的监督和考评者。

新加坡规定，每年1月15日和7月15日以前，每位注册导游要用统一印制的表格，向旅游局报告过去6个月的接团情况。同时，注册导游每三年必须参加一次导游知识考试，通过者旅游管理当局为其换发新的导游证，否则不换发新证并取消导游资格。

目前，上述三国都实行导游自行到旅行社求职制度。在新加坡，旅游局每年出版一本导游员的名录，上面列出导游的姓名、联系地址和电话、导游语种等项目。旅行社需用导游员时，则按其所提供的线索与在册导游联系。当然，在取得导游执照后，导游也可以随时与某个旅行社签订合同，带团导游，到该团旅程结束，该导游与旅行社之间的合同关系随即结束。在以色列，旅游部和导游培训学校均不负责为导游介绍职业，导游自行到旅行社求职，日本亦是如此。

（资料来源：曹华盛. 旅行社经营与管理［M］. 上海：上海人民出版社，2010.）

第一节　旅行社质量管理的概念

一、旅行社产品质量的概念

（一）旅行社产品质量的含义

旅行社产品的质量，主要表现为旅游服务在使用价值方面适合并满足旅游者的物质和精神方面需求的程度。

旅行社产品的质量包含四个方面：一是旅行社提供的信息质量，即旅行社提供的信

息是否准确、是否清楚、是否到位；二是旅行社产品设计质量，即要求旅行社设计出能满足不同层次旅游者需求的线路和节目，食、住、行、游、娱、购等项目供应标准要质价相符；三是旅行社人员的实际接待服务质量，即旅行社的门市和导游要通过礼貌、热情、周到、舒适方便和迅速及时的服务，使旅游者得到物质和精神方面的满足；四是旅行社的环境协作质量，即主要是指旅行社的业务、采购、接待和财务等部门以及景点、饭店、餐厅和车队等协作单位的综合服务质量是否让游客满意。

旅行社产品质量包括了信息、食、住、行、游、购、娱等各种服务，其质量的内涵极为丰富，包括旅游者所接触的服务人员、服务设施与设备以及服务环境等，它们都使旅游者对质量的评价产生极大的影响。

（二）旅行社产品的质量标准

尽管旅游者的主观感受能影响对产品质量的评价，但旅游产品本身也存在其客观的质量标准。这种客观标准不仅可以用来衡量服务质量的有形方面（如硬件设施、食品和饮料等），而且也可以衡量服务质量的无形方面（如服务人员的态度、导游的行为等）。

国家在服务行业推行规范化管理，便是将服务质量进行量化测定。我国国家旅游局先后颁布了旅行社的国家标准和行业标准，如《导游服务质量》《旅行社出境旅游服务质量》《旅行社国内旅游服务质量要求》《旅游汽车服务质量》《旅游（餐厅）卫生标准》等，都是旅行社服务质量的量化标准。

一般说来，旅行社产品最基本的质量标准有以下几点：

第一，提供线路合理、内容丰富、劳逸适度的旅游计划，这是保证产品质量的前提条件。

第二，保证制定旅游线路和日程能顺利实施，不耽误、删减顾客的游程。

第三，遵照预定计划保质按量地提供各项服务，如保证饭店档次、餐饮质量、车辆规格、导游水平和文娱、趣味节目等。

第四，确保旅游者人身及财产的安全，保证其合法活动不受干预和个人生活不被骚扰。

第五，各种服务人员不仅要有合格的文化素养和服务技能，还要有优秀的服务意识、高尚的职业道德和良好的服务态度，能够创造宾至如归的旅游氛围。

二、旅行社质量管理的内涵和特点

质量是企业的生命线，旅行社是以营利为主要目的的企业，其所提供的产品质量，直接关系到旅行社的生死存亡。因此，质量管理是旅行社经营与管理的重要内容之一。

（一）旅行社质量管理的内涵

旅行社质量管理是指旅行社为了保证和提高产品质量，综合运用一整套质量管理的体系、思想和方法进行的系统管理的活动。具体而言，是旅行社领导重视，各个部门和全体员工同心协力，把服务技术、经营管理、数理统计等方法和职业思想教育结合起来，建立从市场调查、产品设计、制定标准、计划执行到过程控制、检验、销售、服务及信息反馈等产品生产销售全过程的质量保证体系。

（二）旅行社质量管理的特点

1. 系统性

由于旅行社的产品质量是对旅游者全过程服务工作的综合反映，涉及旅行社内外的各个部门的工作质量，包括饭店、餐馆、交通、景点、娱乐、保险等协作单位的每一个服务人员的工作质量，因此对管理的要求也就必然是全面的、系统的。旅行社必须按广义的产品质量含义实施全方位的直接或间接管理，才能保证旅行社的产品质量。所以，旅行社应对其所提供的旅行产品实施系统管理。

2. 阶段性

旅行社产品的形成、使用和反馈过程分别对应于旅游者的游前、游中和游后阶段，在不同阶段，质量管理的重点是不一样的。

（1）游前阶段。质量管理的重点是旅游产品设计、宣传、销售和门市接待，对收集信息、设计包装、经营决策、操作实施和门市接待环节实施质量控制，防止缺乏吸引力和质价不符产品的设计和销售。同时，旅行社通过积极的宣传，服务人员主动热情的接待和耐心详细的介绍，使游客心悦诚服地进行选购。

（2）游中阶段。质量管理的重点是导游服务质量和协作单位的环境工作质量。其一，在游览过程中，导游是旅游团队的灵魂和核心。此时，旅行社必须对导游人员的服务态度、服务水平、语言、仪表和职业道德等方面实施标准化、程序化和规范化管理，使旅游者通过导游人员的服务而对旅行社产生信任和好感。一方面，旅行社应根据不同的旅游者因人而异，扬长避短地选择合适的导游团队；另一方面，旅行社还应及时收集旅游者对导游人员服务质量的信息反馈，以监督、调查和提高导游人员的服务质量，使旅游者通过对导游人员的服务，对旅行社产生信任和认同。其二，环境质量的管理，主要是对旅行社的各协作单位（如饭店、餐厅和车队等）的服务质量实施管理监督。如保证饭店、餐馆、交通、景点、娱乐、保险等协作单位的工作质量，旅行社必须选择质量、信誉度高的单位作为合作伙伴，在长期合作过程中，协作单位有责任和义务按约提供旅游者满意的服务。

（3）游后阶段。质量管理的重点是做好旅行社产品质量的检查和评定工作，提供售后服务与处理旅游者投诉。当旅游产品转化为旅游者的使用价值或效用时，很可能会发生一些意想不到的质量问题，这就要通过质量管理人员的电话或上门回访，及时、认真、虚心地听取旅游者反映感受和意见，总结经验，以便进一步提高服务质量。这也是一种尊重和信任旅游者，并通过严格的质量检查，获得准确的质量信息的有效途径。

游前、游中、游后三个阶段是一个不可分割的完整的质量过程，要求旅行社企业要有预防为主、防检结合、不断提高的意识和行动。

3. 科学性

旅行质量管理须采用现代管理科学成果和方法，通过对收集到的原始数据进行科学处理与统计分析，才能有效地解决旅行社经营与管理过程中存在的质量问题。质量管理中可使用的科学方法包括市场调查、数理统计、系统工程、运筹学等，这些科学方法的运用为质量管理的科学性提供了保证。科学的质量管理可把产品在设计、生产过程中可能出现的质量问题消灭于萌芽状态，最大限度地避免质量问题的产生。

4. 参与性

旅行社产品质量最终如何，关键在于全体员工提高服务质量的积极性，做好服务工作绝不仅仅是面向旅游者身居第一线的导游人员的事。虽然他们是服务的"前方"，处于直接服务现场，起着关键作用，但是，如果没有"后方"的支持，即间接服务的后勤部门细致、协调的工作作为保证，前方的导游接待人员的优质服务就得不到保障。实践证明，旅行社仅由少数人参与质量监督和管理，不能从根本上解决服务质量问题，只有当旅行社全体员工都从自己所在的岗位出发，参与质量管理的过程中时，旅行社的服务质量才能有保证。由于旅行社产品质量形成的全过程涉及旅行社的每个部门、每个岗位的工作，所以，全体员工都来参加质量管理是保证产品质量所必需的条件。总之，对旅行社而言，每个购买旅行社产品的旅游者，可能来自不同国家或地区，属于不同的社会阶层，受过不同的教育，有着不同的文化渊源，生活习惯、兴趣爱好各不相同。对同一种旅游产品，旅游者会有不同的评价。即使同一个旅游者，跨进同一个旅行社，在不同场合也很可能产生不同的服务需要。此外，旅行社接待人员也会影响到服务质量，因为他们也有情绪波动的时候，而情绪的好坏对旅游接待的效果影响很大。由于对旅游服务质量难以进行量化测定，所以，服务质量的好坏在很大程度上受旅游者主观感受的影响，这就要求旅行社要重视研究旅行者的不同需求，有针对性地提供服务，满足其个性化的需求。

第二节　ISO 9000 与旅行社质量管理

众所周知，ISO 9000 质量体系主要是通过制度标准来保证服务质量的方法。在制造业中已被广泛的运用，而旅行社业运用 ISO 9000 质量体系还在起步阶段。随着中国加入世界贸易组织，中国的旅行社业进入国际市场，旅行社迅速接纳 ISO 9000 系列标准，运用 ISO 9000 质量标准对企业进行系统化、程序化、标准化的管理已刻不容缓。

一、ISO 9000 与旅行社质量管理

ISO 9000 系列标准提供了一个国际通用的质量体系标准，提出了质量体系应包括的要素，为质量管理提供了指南。ISO 9000 系列标准从根本上改变了过去传统的做法，对

企业产品的设计、开发、生产、安装、服务和管理全过程实现标准化质量检验，这是对产品质量检验的新突破。

（一）旅行社申请 ISO 9000 标准认证注册的意义

ISO 9000 系列标准的意义，不只是提供质量保证的一种质量体系标准，而是企业管理系统化、程序化、标准化的一整套科学管理模式。旅行社申请 ISO 9000 标准认证注册的意义在于：

1. 提高旅行社的质量信誉，有利于开拓市场

旅行社获得了认证机构颁发的 ISO 9000 体系证书和发布的注册名录，就向公众证明了旅行社有能力按规定的质量要求提供产品，具有一定质量保证能力。它在质量信誉方面比起未认证的旅行社有极大的优势，有利于吸引客源，开拓市场。

2. 指导消费者选择放心旅行社

目前，我国许多旅行社作业很不规范，ISO 9000 提供了基本的质量保证体系，它是旅行社现阶段改善质量品质的一种选择方式，给获得认证的企业带来信誉上的优势，成为一张无形贸易护照。对于消费者来说，选择经过 ISO 9000 认证的旅行社，就好比多一道保险，使其利益能得到保障。

3. 促进旅行社按照国际标准建立和完善质量体系

ISO 9000 系列标准的目的是让申请认证的每个组织都建立起一个文件化有效运作的管理体制，以提高自身的质量管理水平。旅行社企业要想申请获得认证，必须在认证前，以系列标准指导企业内部的质量管理，并规范现有的质量体系。认证后，还要接受监督，对内部产品、过程以及体系质量进行不断的自我"诊断"，及时发现问题并改正。因此，申请 ISO 9000 标准认证，能促进旅行社建立有效运作的管理体制，提高自身质量管理水平。

4. 有利于保护消费者的利益

ISO 9000 质量保证标准中指出，标准规定的目的，在于防止从设计到服务的所有阶段出现不及格，以增强客户的购物信心。旅行社企业按照标准管理，保证提供的旅行社产品合乎旅游者的要求，从而使旅游者的利益得到保证。

（二）ISO 9000 族标准中的质量管理原则

2000 版 ISO 9000 族标准中规定了质量管理的 8 项原则，对于系统地建立质量管理理念、理解 ISO 9000 族标准的内涵、提高质量管理水平具有重要的意义。

1. 以顾客为中心

企业依存于它们的顾客，因此企业应理解顾客当前和未来的需求，满足顾客要求，并力争超过顾客的期望。

2. 领导的作用

企业领导应该建立一个统一的宗旨和目标，并创造一种能使员工充分参与企业目标

活动的内部环境。

3. 全员参与

企业的各级员工都是企业的一员，只有他们的充分参与才能用他们的才干为企业带来收益。

4. 过程的概念

将相关的资源和活动作为过程来进行管理，可以更有效地达到预期目的。

5. 系统管理的概念

针对既定的目标，识别、理解并管理一个由相互联系的过程所组成的系统称为体系，有助于提高企业的有效性和效率。

6. 以事实为决策的依据

有效的决策是建立在对数据和信息进行合乎逻辑的直观分析的基础上的。

7. 互利的供方关系

企业和供方（向企业提供产品的提供方）之间保持互利的关系，可增进双方创造价值的能力。

8. 持续改进

持续改进是企业的永恒目标。

二、ISO 9000 在旅行社产品设计中的应用

ISO 9000 主要是一种通过制度标准来保证服务质量的方法。旅行社产品主要是一系列服务，其表现形式是旅游线路与旅游历程。在产品设计阶段，把"品质"设计到产品中去，是保证产品质量的关键。ISO 9000 标准 4.4 条款规定了设计控制要素，从产品的策划、设计、开发中的技术接口，到设计输入、输出及设计评审，对检验、确认和更改都逐条作出了程序控制的规定。旅行社产品设计的过程要符合程序编制计划。

首先，要确认旅游产品设计者的资格。由于旅行社产品设计的过程是一个团体合作的过程，要有与之相关的各方专业代表参加，所以，在设计产品时，要确认旅游产品设计者是否具备资格。参与旅游产品设计的人员应由三部分人组成：一是精通市场，熟悉产品内容，有产品设计能力和经验的人；二是接待一线，熟悉顾客需求的人；三是具有美工设计水平的专业设计人员。

其次，明确设计内容，旅行社产品设计主要有三个方面的内容：即交通、住宿与游览。要通过调查研究，广泛搜集有关资料，明确设计过程中每个阶段的任务与责任，旅行社与这三个方面的合作伙伴要有合同依据，并作出时间安排。

最后，设计产品的具体计划内容，采取评审通过的方法，对产品进行设计确定，完成整个设计的过程。

旅行社的产品设计主要包括以下三个方面的工作。

（一）设计输入

在 ISO 9000 标准 4.4.4 节中对于设计输入有明确的规定：对不完整的、含糊不清的或有矛盾的情况，应在产品设计之前与责任部门共同解决。例如，旅行社具体选择哪家酒店、航空公司的产品，由谁来控制产品中的承诺，合同前提如何，产品是否完全兑现，都要有控制文件。

设计输入的要求要列入设计任务书，它是开展设计工作的依据，也是验证评定的依据，因此必须形成文件。事实上 ISO 9000 就是试图以实现程序文件化，并使其得以遵循的方式保证质量。而不做设计任务书，就会造成无检验评审依据。因此，要求设计任务书由总经理下达，但在下达设计任务书之前必须由总经理召集专家讨论，下达准确的设计指令。如在产品设计上提出固定与一家航空公司合作，选取特殊的指定酒店，统一集中客源流量等做法推出某些线路。这里涉及的产品环节有航空公司和酒店。这两个因素在设计产品前必须具备合同条件。这些因素确定后，作为设计输入，在设计评审中对航空公司和酒店是否能够满足顾客的要求作出评价。对涉及意外保险、民航法令、旅游法规上的要求也要在产品中注明。如该产品的售价是否已包括保险，保险范围如何，民航航班推迟或由于不可抗拒原因引起飞机延误或取消时应对顾客负什么责任；要对预付定金作出规定，由于顾客原因取消旅行是否退还定金以及退还多少也要说明。这些都是设计输入的基本要素。

（二）设计输出

设计输出包括了所有设计成果，如产品说明、产品设计草案等。设计输出要对照设计输入的因素进行检查，落实输出是否能满足设计输入的需要。

（三）设计评审、验证及确认

设计评审由产品的提供方负责，由有关的职能部门人员组成。如产品涉及某些法规限制，要请有关被认可的法规制定单位或外部机构参加评审。整个设计评审的记录应妥善保存。评审的目的是评价设计结果是否达到质量要求；验证是检查设计的程序是否正确；确认是对产品最终能否满足使用要求作出最终的判断和确认。

旅行社产生交易的三要素是产品对路、价格合理、质量保证。我国旅行社行业的产品设计目前普遍存在不规范性。如产品由某一人负责设计，设计初稿完成后交主管领导审阅一下，一经领导签字就形成正式产品。在整个的设计过程中既没有设计任务书，也没有由专门人才组成的正式评审组。这样设计出来的产品很可能货不对路，或者产品存在着不可兑换性，构成事故隐患，或者一旦出现事故，难以查清责任者和实行赔偿。为了使产品适销对路，保证服务质量，旅行社产品设计有必要规范、细致、可量化和易监控。

三、ISO 9000 与旅行社的市场营销

旅行社业务运作的核心是营销。旅行社在营销过程中的质量控制，以过程控制为纲

要，具体涉及营销过程中的合同评审、文件和资料控制、采购、不合格品的控制、纠正和预防措施、质量记录控制及培训等。其核心是保证营销整个过程都处于受控状态。可控是保证服务质量的最好办法。

（一）市场销售

在制订市场销售计划前，要开展大量的市场调研和信息收集工作，对所涉及的重大业务与技术接口（指公司与公司、部门与部门间的衔接），要有严格的合同约束。根据 ISO 9001 标准 4.4 节的要求，销售计划要详细阐明所开展的活动、活动的目标、活动执行人员的资格，要提供相关的技术和质量保证措施。市场销售有多种方式可供旅行社选择，ISO 9001 特别强调记录的重要性，要求对销售过程做详细而完整的记录。

（二）市场销售人员素质要求

ISO 9001 标准 4.18 节对人员培训作出了规定，它要求所有对质量有影响的员工都应进行培训，对关键人员应进行资格考核，并记入质量检查档案。对员工要严格挑选，以保证其有资格、有能力保证产品与服务的质量。

（三）客户管理制度

客户管理的目的是为了强化企业形象，淡化员工个人对客户的垄断，避免由于旅行社业务骨干跳槽而导致客户流失，影响服务质量。旅行社可通过两人担当制、加强自动化作业等手段来完成业务接洽，以降低由于业务骨干跳槽而带来的人为因素的影响。

第三节　旅行社质量管理的实施

一、明确旅行社服务质量的评价准则

服务质量评价的方法始终是 20 年来服务质量研究的核心内容。旅行社服务质量的评价可以采取以下五项准则：

准则 1，可触摸性。服务场所，服务设施设备，服务人员通过通信设备与顾客联系的能力。

准则 2，可靠性。服务系统可靠、准确地履行服务承诺的能力。

准则 3，互动性。服务系统及时了解顾客的需求并能够迅速作出反应的能力。

准则 4，保证性。服务机构的员工在知识、礼仪方面能够对顾客产生信赖的能力。

准则 5，感情交流性。服务系统对顾客个性化需求的关心和注意程度。

以上五项准则可以划分为两大部分，准则 1 为第一部分，主要是指服务机构的硬件环境给顾客的总体印象，统称为服务环境。准则 2～准则 5 主要是与服务系统人员有关

的因素，如服务水平、服务态度等人为因素。为了能够从顾客满意的角度测量服务质量，根据上述五项基本准则，给出评价服务质量的指标体系（见表5－1）。

表5－1　服务质量评价指标体系及评分标准

序号	指标名称	细分指标	顾客评分	权重
1	有形要素指标（30%）	设备的先进程度		10%
		员工姿态与仪表		10%
		设备与服务水平的匹配程度		10%
2	可靠性指标（20%）	履行承诺的程度		8%
		对顾客需求的态度		7%
		按照服务标准提供服务的程度		5%
3	服务互动（10%）	对顾客要求的反应速度		10%
4	服务保证（25%）	员工的可信赖程度		10%
		员工具备回答顾客问题的能力		8%
		员工乐意帮助顾客的主动性		7%
5	感情交流性（15%）	员工对顾客个性化需求的关注程度		5%
		营业时间方便所有顾客的程度		5%
		员工了解顾客具体需求的能力		5%

　　服务质量评价体系是一个参考性框架，具体使用中可以根据实际工作需要进行调整，如指标数量的多少和具体含义、指标的权数分配及评分标准等。使用中由顾客给服务机构打分，完全满意的项目给最高分数10分，完全不满意的项目给予0分，在完全满意和完全不满意之间则根据满意程度给予1~9分。将每项指标得分与对应的权数相乘，然后求和即得到顾客对服务机构服务质量的评价，满分100分。值得指出的是，表5－1给出的评价指标体系是在SERVQUAL质量评价问卷基础上设计的。

　　SERVQUAL（是Service Quality的缩写，是以服务质量差距模型为基础的调查顾客满意程度的有效工具，最早由帕拉苏拉曼、齐赛尔和贝利等提出）的问卷调查表由两部分内容组成：一部分是调查顾客对某一类服务的期望，另一部分调查顾客对具体服务企业的实际感受。两部分所调查的项目基本相同，各有22项指标。实际的评价过程要求顾客按照服务期望和服务感受进行两次打分，评分采用7分制，7分表示完全同意，1分表示完全不同意，2~6分表示同意的不同程度。表5－1对评价指标和评价过程进行了简化，将评价指标缩减为13项，增加了各个评价指标的权重，并将两次评价改为一次评价，使之更符合国内管理的需要。无论是顾客提出对服务质量的期望，还是根据自己

的实际感受对服务质量进行评价打分,客观上都包含比较判断的因素,尤其是对服务质量的评价打分,本身就是将服务期望与实际感受进行比较后给出的判断,因此只进行一次评价是可行的。

当旅行社知道顾客们如何评估服务时,他们就能朝着更加有利的方向去影响这些评估。然而服务质量评价方法之争至今仍未平息,这一方面是由他们固有的缺陷所造成的:过多强调服务过程,而忽视了服务结果,并忽视了关键事件对整体质量评价的影响作用;没有考虑服务成本,而服务成本是影响价值的重要因素之一。另一方面,顾客感知的质量与顾客满意一样,都属于一种心理状态,而心理和态度的变化是非常复杂和微妙的,我们还没有找到有效地度量指标来加以衡量。而现有的顾客感知服务质量模型中,我们无法找到与情绪相关的要素。

摆在我们面前的关键问题是如何根据我国的具体情况,结合旅行社行业的特性,对已有的方法作出有益的修正或补充。尽管现有的方法还存在不足,但将 SERVQUAL 作为服务质量评价的基本框架,并依据旅行社行业的特性和不同的服务类型加以必要修正的思路显然是可行的。

二、建立质量保证管理体系

(一) 质量保证管理体系

质量保证简称 QA,是指为使人们确信某一产品,过程式服务质量满足规定的质量要求所必需的有计划、有系统的全部活动。质量保证的实质是旅行社对旅游者的"可能损失"的一种补偿,体现了旅行社产品质量水平和对旅游者负责的精神。

为了实现质量保证目标,旅行社应该建立质量保证体系。质量保证体系又称质量管理网,是指旅行社以保证和提高产品质量为目标,运用系统原理和方法,贯彻全面质量控制(TQC)基本思想,设置专门的组织机构,配备专业人员,把旅行社质量管理的各个阶段、各部门、各环节的质量管理活动严密地组织起来,形成一个权责明确、相互协调、相互促进的质量管理有机整体。

建立健全质量保证体系,可以使质量工作制度化、程序化、标准化;有利于加强全面质量管理;有助于保证旅行社质量目标的实现。质量保证体系是旅行社获得长期稳定的社会效益和优质高产的积极效益的组织与制度保证。

(二) 质量保证体系的构成

根据 ISO 9000 标准,质量体系由管理职责、人员和物质资源、质量体系结构三个相互关联、相互配合的部分组成。

1. 旅游服务质量管理职责

简言之,管理职责就是制定使顾客满意的服务方针,并使质量方针在质量体系的有效运行中得以实施。

（1）质量方针。质量方针绝对不是一句空洞的标语口号。按照国际标准化原则，它必须有具体内容和标准文件，其中主要应包括以下几个方面。

①服务等级。等级的定义是：对功能相同的产品或服务，按照适合于不同需要的特征而进行分类或分级的标志。旅行社推出两项旅游产品，即使路线、景点完全相同，但城市间交通工具不同，住酒店星级高低有别，餐饮中有无风味安排、旅游汽车是否豪华，都会使产品价值完全不同。因此，旅游企业根据各自不同的功能、成本、水平来实事求是地确定自己的服务等级。

②企业形象和声誉。这也就是旅游企业的 CIS 战略。质量方针的贯彻，具体而言，就是确立企业识别系统。国际上众多著名的企业，从识别标志到服务行为，都高度一致，清晰醒目，这无疑对它们的市场形象起到了极有利的推广作用。

③质量措施。方针目标的实现需要依靠切实可行或行之有效的措施。没有措施的目标是虚无空洞的，也是无法实现的。我国很多服务企业也制定了许多"工作守则""员工须知""服务公约"和"岗位职责制"，但为什么服务质量并不见明显的提高呢？其原因就是在于这些制度缺乏措施保证。旅行社在建立质量保证体系时，应注意制定完善而详细的质量措施，特别要注意下面两点：一是要将质量目标尽可能地细分；二是对质量措施确立定性和定量标准，逐一落实。

④全员岗位职责。企业质量目标是由企业每一位员工岗位的工作质量构成的。日本"全面质量管理"（TQC）成功的主要原因之一就是全员参与，如今 ISO 更进一步明确了把企业的质量目标分解到岗位，落实到人。

（2）质量目标。质量方针一旦确定，旅游企业的管理者就需要将总体的方针转化为具体的服务质量工作。在这个转化过程中，必须明确以下 5 点。

①尽可能定量化，用数据来反映质量标准；确实难以定量的，也应有明确的、易于判别的定性标准。

②与实物产品的质量管理一样，贯彻以"预防为主"的原则。从预防和控制出发，尽最大努力防止企业缺点造成旅游者的不满。例如导游质量，若不事先把关，等到流程结束后被客人投诉，再进行解决为时已晚。

③不同等级的服务是以人力、物力和财力的消耗为代价的，按照现代企业管理的原则，不存在不计成本的"提高无限服务"，因此，要追求服务效果和服务成本的统一。优化配置旅游服务质量成本。

④任何员工的服务质量，在客人面前都表现为旅游企业的整体质量。

⑤服务质量不能与社会隔绝，不能以牺牲环境、公共利益为代价，如噪声、高温、废水、垃圾等都需要有效控制和合理处理。

（3）质量职责和权限。为了确保质量目标的实现，旅游企业的全体员工都应该明确职责和权限。旅游企业应专门指定一位高层领导者亲自抓服务质量，以确保旅游服务质量体系的建立、审核，以及为了改进而进行的持续的测量与评审。

但 ISO 9004 – 2《服务业指南》又强调指出，这些专门指定负责抓质量的人员并"不是创造质量的人，他们仅仅是创造质量体系的一部分。质量体系的范围包括全部职能，并需要服务组织内的全体人员参与、承担义务，并有效合作，以实现持续的质量改进。"

2. 人员与物资管理

我国旅游业管理的通俗表述是"软件"和"硬件"。在现代技术高度发达的社会里，服务必须由人和物综合提供，但两者并非"平起平坐"。在国际标准中，把人的因素以及员工激励放在首位，其意义就在于一个旅游企业的服务质量必须通过每一个员工来保证。

与人力资源相对应的是物质资源。物质资源进入服务领域，充分说明现代服务质量已绝对不可能通过纯粹消耗体力的简单劳动所能达到。近些年来，计算机系统走进旅游行业，以使旅游行业服务与高科技密不可分，按 ISO 9004 – 2《服务业指南》的阐述，物质资源包括：服务用的设备和储存品；运作必需的诸如设备、运输和信息系统；质量评定用的设施、仪器仪表和计算机软件；运作和技术文件。

档次越高的企业和场所，对物质资源的要求就越高，依赖性也越大，其服务质量在很大程度上需要通过设施设备来实现；反之亦然。任何旅游服务质量都需要人员和设施设备来共同实现。一方面，人的服务态度是设施设备永远无法替代的；另一方面，现代化设备设施的服务的高效、舒适和准确又是人力所无法企及的。任何旅游企业都必须根据企业的实际情况，把设施设备有效地结合起来，相得益彰，最充分地发挥各种服务功能。

3. 服务质量体系结构

从总体上分析，服务质量由结构、职责、程序和资源四个部分组成，而在建立这一体系的过程中，均与服务质量环、质量文件体系和内部质量审核三大内容紧密关联。

（1）建立服务质量环。服务质量体系是一个不断反馈循环的、按程序进行的动态系统。它是顺次按市场开发、设计和服务提供三个过程而形成的服务质量环。

服务质量环是指从识别顾客需要到评判这些需要达到满足（含满足的程度）的各个阶段中，影响质量的各种具有内在联系的质量管理活动相互作用的概念模式。它为旅游管理者提供了一种规律性的逻辑思路和可以遵循的原理。

（2）建立质量文件体系。服务质量体系的基础是一整套的完整的质量体系。它包括质量守则、质量计划、程序、质量记录和文件控制 5 项内容。

（3）内容质量审核。旅游服务质量的内部审核分四个方面进行：

①验证服务质量体系的实际情况和有效性；

②是否坚持遵守服务规范，服务规范体系指服务项目；

③是否遵守服务提供规范，它是指提供服务的方法和手段，如旅行社应对在旅途中生病的旅行者"陪同治疗"的服务规范；

④是否坚持遵守服务质量控制规范。

对于以上各项评审者需要有明确的定量或定性的检验标准，由有能力的且与评审无关的人员执行，将各种服务质量情况规范化地记录归档。产生结论后，需形成正式文件、上报企业高层管理者。

三、保证质量体系的运转——PDCA 循环

PDCA 循环是质量保证体系的运转方式，是全面质量管理中各项工作都要遵循的工作方法。PDCA 循环又被称为"戴明环（Deming-wheel）"（见图 5 - 1），由美国质量管理专家戴明首先提出而得名。

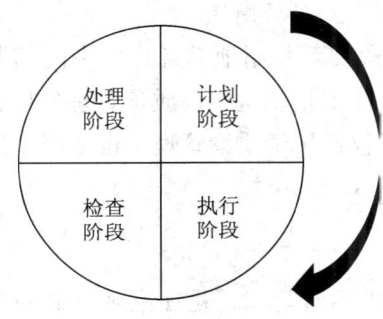

图 5 - 1　PDCA 循环图

（一）PDCA 循环的内容

戴明指出有效的质量改进是一个必要的循环过程，具体归纳为计划（Plan）、执行（Do）、检查（Check）、处理（Action）四个阶段。

1. P 阶段——计划

这个阶段的主要工作内容是经过分析研究确定管理目标、项目和拟定相应措施，这一阶段又分为四个工作步骤：

（1）找出存在的质量问题分析原因；

（2）逐项分析影响质量的各种因素；

（3）找出影响质量的关键因素；

（4）收集分析必要的数据制订方案，选择确定最佳的解决方案并付诸实践。

制订计划时必须明确：为什么要制订这一措施和计划，预期达到什么目标，在哪里执行这一计划，由谁来执行，何时完成以及怎样执行。国外称之为做计划必须考虑的5W（Why，What，Where，Who，When）。

2. D 阶段——实施

首先，在小范围内执行计划或以实验的方式来验证是否能达到所提出的改进目的。此计划的关键是收集数据，培训所有参与者，使用质量改进的方法和技术，描述改进过

程并成立项目团队来操作全过程。

3. C 阶段——检查

这一阶段主要是根据效益指标对项目进行评估,确定所进行的改进是否成功,总结从中学到的经验。

4. A 阶段——处理

这一阶段的主要工作内容是总结经验并纳入有关标准或规定,巩固成绩,防止问题再度出现,并将本次循环中遗留的问题查明原因,转入下一循环来解决。这一阶段有两个工作步骤:

(1)进行标准化处理,总结经验教训纳入标准;

(2)整理遗留问题,转入下一循环解决。

PDCA 工作循环的四个阶段周而复始地循环,原来的问题解决了又出现新问题,矛盾不断产生不断解决,如此循环不止。这就是质量管理的前进过程,质量管理体系的运作方式。这种管理循环理论不仅适用于质量管理,也适用于其他管理活动。

(二) PDCA 循环的特点

1. 科学性

PDCA 循环符合管理过程的运转规律,是在准确可靠的数据资料基础上采用数理统计方法,通过分析和处理工作过程中的问题而运转的。因此,PDCA 是一种科学的管理循环理论。

2. 系统性

在 PDCA 循环过程中环环相扣,把前后各项工作紧密结合起来,形成一个系统。在质量保证体系中,整个旅行社的质量保证体系构成一个大环,而各部门又都有自己的质量控制循环,直至落实到生产班组及个人。每一循环是下一循环的根据,下一循环是上一循环的组成和保证。在质量保证体系中就体现出大环套小环、小环保大环、一环扣一环,都朝着质量目标方向转动,形成相互促进、共同提高的良性循环。

3. 彻底性

PDCA 环转动一次,必须解决一定的问题、提高一步,遗留问题和新出现的问题在下一循环加以解决;再转动一次,再提高一步。循环不止,不断提高。

第四节　旅行社质量管理的基本方法

一、旅行社对外开展质量管理的方法

由于旅行社服务工作本身的特殊性和旅游过程中的不可预见性因素十分复杂,以一种手段和方法无法实现完全意义上的质量管理。所以,对旅行社质量实施完全控制应采

取多种手段和方法，这样才能取得较好的质量管理效果。

（一）遵守规定和标准，强调规范化和个性化相结合的服务

导游服务，目前已颁布了两个质量标准对导游服务工作加以规范，一个是国家技术监督局在 1995 年 12 月颁布、1996 年 6 月 1 日实施的《导游服务质量》标准；另一个是国家旅游局于 1997 年 3 月 13 日发布、1997 年 7 月 1 日正式实施的《旅行社国内旅游服务质量要求》。前者是国家标准，后者是行业标准。这两个标准都规定了导游服务的质量要求，是指导中国导游工作的权威性文件，也是导游人员向旅游者提供服务的工作指南。旅行社应以上述两个标准为指导，具体编制本旅行社导游人员的操作规定，制定服务规范，为旅游者提供规范化服务。在强调规范化、标准化服务的同时，还要求服务人员在服务过程中，力求做到规范化服务与个性化服务相结合。

事实上，世界上一些口碑好的旅行社，在实施规范化服务的同时，都十分注重推行"个性化服务"和"人情化服务"。所谓个性化服务是指在保证旅行社整体战略和利益的前提下，授予员工一定的灵活处置权，允许他们在实际服务中随机应变，满足顾客的特殊需要，提供相应的特色服务，使顾客在接受服务的同时，产生愉悦的心情，从而达到心理、生理、物质上的满足。

总之，旅行社应遵守质量标准、明确操作规程与岗位责任，并通过与奖惩制度相结合使之得以贯彻。个性化服务是以标准化为前提的，标准化服务又以个性化为归宿。现在许多旅行社提出了"服务项目个性化、服务过程标准化"竞争战略，就中国旅行社目前的进展情况而言，其方向的把握应以标准化为主，个性化为辅。

【知识链接】

香港对导游人员的小费、回扣、奖金的管理办法

香港旅行社很重视对导游的管理，对导游的管理非常严格。第一，导游人员需填写各景点参观、商场购物人数等确认表，并凭此表报销或领取奖金。第二，给导游制定了结算报账表，即导游报账表，这样能及时将导游借支、公司退佣、代收及代支汇总后清算财务。第三，回扣由旅行社统一收取，再将部分反馈给导游。这样就避免"肥"了导游，"瘦"了旅行社。旅行社拿到回扣后，统一调配，分给前方和后方人员，这样体现了再分配的原则。第四，香港是允许客人付小费的，并规定每人每天付多少，明码标价。这样导游一带团就会获得一笔可观的小费收入。

（二）完善合同制度，保证产品质量

旅行社对于需要向有关旅游供应单位采购的食、住、行、游、购、娱等部分产品的

服务质量问题，往往不能直接控制。但是，这部分服务又是旅行社所出售的旅游产品的重要组成部分，旅行社必须通过某些途径和措施来加以规范和控制。为此，旅行社要采取完善合同的办法来保证其所提供产品的服务质量。这就要求旅行社在事前应严格选择并定期检查、更换旅游服务供应商，并通过双方签订合同约束供应商保证服务质量。在与旅游服务供应商签订合同时，应在合同中明确有关服务的质量标准，以及达不到标准的奖惩办法。

（三）积极规避风险，防范质量事故的发生

旅行社应对企业无法控制而又可能经常发生的质量问题早做预防，并尽力避开。如某景区（点）交通运力紧张、客房供应不足、传染病流行、气候恶劣等，旅行社应早做准备，要么提前做好交通工具和客房预订准备工作，要么只有避开不安排游客到这些地区，以减少不必要的质量事故的发生。

（四）做好事故善后补救工作

对于已经发生了的质量事故，旅行社应努力做好善后补救工作，尽可能减少其负面影响。如某一旅游者被撞伤，事故如果已经发生了，导游人员就应沉着面对，一方面组织人员抢救伤者，或包扎处置，或急送医院。另一方面，要尽快调整被打乱的行程，稳定其他旅游者的情绪，将影响和损失降到最低点。旅行社人员还要详细记录相关情况，总结经验与教训。

二、旅行社对内开展质量管理的办法

目前国内有些旅行社为了追求短期最大利润，往往置旅游者利益于不顾，欺骗消费者或提供不合格产品，使旅游者权益受损。为了更好地开展全面质量管理工作，有效地进行质量控制和保证，必须采用科学的质量管理方法。

美国运通公司的一份调查表明：一个旅游者如果有一次不愉快的旅行经历，他会将其告诉身边的 12 个人；如果有一次愉快的旅行经历，他却只会告诉 3 个人。与留住一名现有顾客相比，得到一名新顾客将花费五倍多的时间和金钱。"质量是金"，此言非虚，但我国目前相当一部分旅行社却忽视质量管理工作，甚至完全没有质量意识。在这样的情况下去与进入我国的外资旅行社竞争，结果可想而知。因此，目前我国旅行社的当务之急是从战略上重视质量工作，从战术上采取切实措施扎扎实实地搞好质量管理。旅行社进行质量管理的主要措施和方法如下：

（一）设立专门的质量管理机构

为了使质量保证能有效地行使职能，必须组建专职的质量管理部门，该部门直接由旅行社总经理领导；为使质检工作客观公正，质检人员不能从各个部门中抽调来临时担任，而应配置专人质量管理的领导小组、质量管理员，从上到下形成一套完整严密的质

量管理组织系统，使质量保证体系卓有成效地运转。

此外，需要制订明确的质量计划，质量计划的制订应形成一套质量计划体系，既要有综合计划，又要有分项计划；既要制订长远质量计划，又要有近期计划；并且按执行进度，有检查、有分析、有改进措施，以期实现预期质量目标。

（二）建立质量信息循环反馈系统

为使旅行社运营过程中出现的质量问题能得到及时解决与处置，旅行社应建立质量信息循环反馈系统。

首先由业务部向门市部工作人员及导游人员指派业务，根据指派的业务，门市部工作人员和导游人员向旅游者提供服务；然后由质量管理部门根据游客的反映对旅行社服务质量进行评估，将评估结果分别反馈给相关人员和业务部，并将质检情况上报和存档；最后由旅行社总经理向业务部发出指令，一次质量信息循环完成。因此通过质量信息循环反馈系统，可及时发现和解决质量问题。

旅行社的质量信息是保证旅游产品高质量的基础。旅行社在实行质量管理的同时，如果能够正确而及时地进行质量信息的收集、处理、传输、存储和决策反馈，那么旅行社产品的质量管理就会达到较高的水平。旅行社质量信息的反馈，一般从这样几个渠道获得：

第一，行业组织、主管部门向旅行社企业提供的质量改进信息。

第二，服务人员在工作中，及时发现服务规范、标准同旅游者满意度存在的差异，主动提出，旅行社积极改进。

第三，旅游者提供的反馈信息。这种反馈在旅行社企业质量信息中所占比重最大，因此，旅行社应广泛征求旅游者的意见，及时发现问题不断改进和完善服务工作。

（三）正确及时处理游客投诉

一般来说，旅游者的意见集中反映在三个方面：一是对旅行社设计安排的旅游线路、日程安排和节目内容的意见。对此旅行社可通过调整更换线路、日程和节目内容的方式来解决，以满足旅游者的需求。二是对住宿、餐饮、交通等方面的意见。这涉及相关部门，旅行社可通过向有关单位反映与交涉，或另择供应商，或改进采购来解决。三是对旅行社接待工作和接待人员的意见。这要求旅行社通过加强自身的质量管理、完善质量监督制度来解决。

服务人员或导游应该有敏锐的观察力，及时察觉游客的不满，了解游客投诉的心理，如要求尊重的心理、要求发泄的心理、要求补偿的心理、要求提供帮助的心理等。服务人员或导游能够耐心地倾听游客投诉，诚恳主动地当场解决游客的不满或问题是游客最需要的，可以有效地减少游客的抱怨和遗憾，甚至可以给游客带来美好的体验。

抱怨的顾客往往是忠实的顾客。旅行社应该建立便捷的投诉途径，如旅行社可采用发放"评议意见表"、召开游客座谈会、设置"评议意见箱"、公布旅游服务质量投诉电

话等办法，依靠旅游者进行质量监督和评议，让旅游者参与监督旅行社服务质量的执行情况。

为保证顾客的反映问题能及时解决和监督员工严格按规范操作服务，旅行社应切实重视旅游者的投诉，坚决杜绝服务过程中违反规程的事件发生，如私带亲友、索要回扣与消费、私自增加旅游自费项目并自行收费等，做到投诉有人管，及时处理并给予答复，即使游客的投诉不正确，也应该作出客观的解释。

（四）定期编写质量报告

1. 编制质量周报

由旅行社质检部门每周根据旅行社各个部门的业务运作情况，编制质量周报，重点报告一周来旅行社接待的各种类型旅游团队的接待服务情况，注重反映游客的意见和建议。对其中正确而可行的意见和建议，旅行社应该积极采纳，并以此作为提高旅行社服务质量的重要途径；同时考虑对提出好的意见和建议的游客给予适当的奖励，以示旅行社千方百计提高服务质量和以顾客为上帝的诚意和决心。

2. 定期编写质量报告

旅行社质检部门应根据通过各种途径收集的质量情况定期撰写质量报表，用接团总数、质优团数所占比例、质差团数所占比例等数量指标，对旅行社质量情况进行量化分析，使旅行社上至总经理下到普通员工，都对旅行社整体服务质量有一个标准的了解和把握。对管理层而言，可以将质量报告作为采取质量措施及奖惩部门和员工的重要依据；而对各部门和普通员工来说，质量报告为他们以后的工作指明了努力的方向，工作做得好的，以后应该继续发扬，工作做得不好的，应该及时纠正。

（五）开展 QC 小组活动

QC 小组又称质量管理小组，是旅行社员工为实现本部门预定质量目标，针对本部门的质量问题，运用质量管理的科学方法与专业技术，自由组合、主动参与质量管理活动而形成的团队。根据国外旅行社的质量管理经验，开展 QC 小组活动有利于传播现代旅行社管理思想，有利于产品创优与创新，有利于旅行社全员增强质量意识，促进旅行社精神文明建设。

（六）建立质量档案和规章制度

1. 建立质量档案

旅行社应建立质量档案，记录旅行社各个部门及员工特别是导游人员和门市部门工作人员的工作质量，并对协作单位的工作质量建档。尽管建立质量档案工作量很大，但有重要的意义。因为质量档案是旅行社采取质量措施的重要依据，特别是对旅行社选择协作单位有重要的参考价值。

2. 建立规章制度

旅行社应建立相关的规章制度，以必要的制度来保证服务质量的实现，特别是服务态度等，其质量很难用数量指标来衡量，更应该以规章制度来明确其职守。对于任何劳动，既要提高每个从业人员的自觉性，同时也必须有必要的规章制度。以适当的强制性与自觉性相结合，才能保证各个环节的服务活动和谐一致，真正做到全员参加质量管理。

 【复习思考题】

1. 什么是旅行社产品的质量？

2. 旅行社质量管理的内涵和特点是什么？

3. ISO 9000 在旅行社产品设计和市场营销中如何运用？

4. PDCA 循环是怎样保证质量体系运转的？

5. 旅行社质量管理的具体方法有哪些？

☞ 【案例分析】

上海春秋国际旅行社的质量管理

上海春秋国际旅行社（以下简称春秋国旅）是我国旅行社行业的龙头企业，经过多年的实践总结出一套严格的质量管理体系，主要内容如下：

1. 配置专人

春秋国旅为了保证服务质量专门设立了 TQC 部（全面质量管理部），配置了 10 名工作人员。为了使 TQC 部能够反映顾客对旅行社服务质量的评估，工作人员由从未涉足过旅游工作的外行来担任。

2. 质量信息循环反馈

春秋国旅建立了质量信息循环反馈系统，如图 5-2 所示，使质量问题能够得到及时处理。

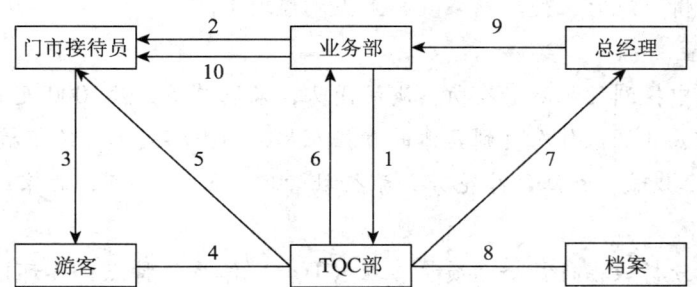

1. 提供信息；2. 指派任务；3. 服务游客；4. 质量评估；5. 反馈员工；
6. 质检反馈；7. 质检上报；8. 质检存档；9. 指令；10. 任务再指派

图 5-2　质量信息循环反馈系统

3. 每团必访

春秋国旅在采取发放"质量反馈书"、召开游客座谈会、预先景点暗访等质量征询方法的同时，坚持在所组团队的客人回来以后和所接团队的客人离开之前与旅游者开展面对面的质量访谈。这种方法虽然工作量大、开支大，但是信息反馈率高，几乎可以达到百分之百，而且通过这种方法可以发现服务过程中存在的小问题，解决了小问题就可以避免大问题的发生。

4. 编制质量周报

TQC部将面对面质量访谈的结果按照国内部、入境部、出境部、商务部等部门分类，每周编制"质量周报"，反映每团游客的意见和建议。对"游客存在不满、有批评意见"的团队，要编成一团一报的专报。

5. 按人建档

TQC部在按照团队和接待社建立质量档案的同时，还特别为每位导游员建立了接待质量档案，记录每次导游服务的情况。

6. 每月兑现

根据TQC部的质量周报对每个部门的接待质量评分，分数直接与部门的奖金挂钩。

7. 质量报告

TQC部针对导游人员和接待社的服务情况定期编制质量报告，内容包括带团总数、总平均分数、优质团数、优质团数所占比例、差团数、差团数所占比例等六项。

8. 按分定级

导游部根据TQC部提供的导游全年的总平均分，在每年年底根据分数的高低给导游定级，定级时要参考导游员带团的天数。导游带团的津贴根据上年度确定的级别拉开差距，对导游的津贴，该社主张"高薪养廉"的办法，一方面严格要求导游，另一方面给予导游较高的津贴。

9. 投诉必应

TQC部必须在24小时内应答游客的投诉，对于特别复杂的情况也可以另有约定。应答应该做到热情、及时，处理结果直接上报总经理室。

10. 差团处置

对质量周报中提到的旅游者有所不满的团队，采取差团罚款1000元的做法，以示惩戒。从部门经理、计调操作人员到具体的责任人都必须严格处理，绝不搞"下不为例"。

（资料来源：戴斌，杜江，乔花芳. 旅行社管理［M］. 3版. 北京：高等教育出版社，2010.）

分析题：试分析该旅行社全面质量管理（TQC）体系的特点，各部门、各环节的主要职责。

第 六 章

旅行社出境业务

 **本章导读**

随着国家改革开放政策的实施和国民收入的提高，我国出境旅游蓬勃发展，成为旅行社的主要业务内容。

 【学习目标】

通过本章学习，学生应了解出境旅游的概念和主要类型，了解中国出境旅游发展的特点和趋势；熟悉出境旅游业务的运作流程和旅行社出境业务的服务管理；掌握海外领队业务的工作内容和工作流程，掌握我国出境旅游管理的相关法规制度。在实践技能上，提高出境旅游业务的实操能力，能够较熟练开展领队工作。

【导入案例】

2015 年上半年出入境旅游总人数 1.27 亿人次，同比增长 9.8%

中国旅游研究院日前发布的数据显示，2015 年上半年，我国入出境旅游总人数 1.27 亿人次，同比增长 9.8%。其中入境旅游人数 6510 万人次，同比增长 4.5%，超过出境旅游（6190 万人次）320 万人次，保持了稳步复苏的势头。

而在此之前的连续 9 个季度里，我国入境游人数同比和环比均呈现下降态势，与蓬勃发展、屡创新高的出境游市场形成鲜明对比。统计数据显示，自 2012 年起，我国入境游人数连续下跌，跌幅分别为 2.5%、2.2% 和 0.45%，而出境游人数的增幅则分别为 16.7%、18% 和 16%。

第一节 出境旅游概述

始于 1983 年 11 月的中国公民自费出境旅游活动，随着国家改革开放政策的实施和国民收入的提高，呈现出良好的发展势头。近年来，随着人民生活水平的日益提高和改革开放进程的加快，公民出境旅游人数迅速增长，国家批准的出境旅游目的地国家（地区）也在不断增多，我国已成为世界重要的客源输出国，位居亚洲首位。我国的出境旅游经历了一个从无到有、从"出境探亲游"到"公民自费出国游"的逐步市场化的发展过程。同时，旅游消费者也对旅行社出境旅游的管理、业务运作水平提出了更高的要求。

一、出境旅游的概念

旅游活动中，通常将一个国家的居民跨越国境到另一个国家的旅游活动称之为出境旅游。广义的出境旅游是指一国公民跨越国境到另外一个国家或地区进行的旅游消费活动，包括公务旅行、商务旅行和观光旅游等。旅行社出境旅游是指旅游者参加组团社组织的前往旅游目的地国家或地区的旅行和游览活动。

二、出境旅游的类型

根据不同的标准，可以把出境旅游划分为不同的类型，主要有以下几种分类的方法：

（一）按旅游目的地的不同划分

按旅游目的地的不同，出境旅游由港澳台旅游、边境旅游和出国旅游三大部分组成。港澳台旅游，是指组织内地居民以旅游团的方式前往香港、澳门和台湾地区旅游的活动。边境旅游，是指组织和接待我国及毗邻国家的公民、集体从指定的边境口岸出入境，在双方政府商定的区域和期限内进行的旅游活动。出国旅游，是指前往经国家批准的中国公民自费出国旅游目的地国家旅游的活动。

1. 港澳台旅游

它指的是中国公民到香港、澳门和台湾地区的旅游活动。这样的旅游活动是根据公众的需求先从地方开始逐渐扩大到全国各地的。早在香港回归之前的 1983 年 11 月，广东省作为试点率先开放本省居民赴香港特区旅游探亲市场，1984 年国务院批准开放内地居民赴港澳地区的探亲旅游市场，由指定的旅行社正式开展"港澳探亲游"业务，但以境外亲友支付所有旅游费用作为一个先决条件。随着需求的增加和旅游方式的改变，赴港澳台地区旅游的人数在不断增加。

2. 边境旅游

一般地说，它指的是中国边境地区的居民到相邻国家的边境城市所做的短期旅游活动。具体地说，它是指经批准的旅行社组织和接待我国及毗邻国家的公民、集体从指定的边境口岸出入境，在双方政府商定的区域和期限内进行的旅游活动。和港澳游一样，边境旅游活动也是先从地方上开始的，所不同的是，边境旅游往往是与边境贸易和边民交往相联系，而并不是以探亲访友为主要目的的。虽然从实质上讲，边境旅游也是跨越国境的出国旅游，但和真正的出国旅游相比有几点明显的区别。其一，人员的限制。参加边境旅游的人员必须是边境地区居民，非边境地区的中国公民和第三国家的公民不得参加。其二，目的地限制。出游的目的地一般是边境地区和对方的边境城市。其三，时间限制，在境外的旅游活动为"当日往返"，即使是多日游，往往也有时间上的限制。其四，证件不同。边境旅游者不需要使用护照，也不办理正式的签证，而是双方认可的边境通行证。此外，由于与中国相邻的国家经济并不发达，边境旅游经常和边境贸易结合在一起，所以并不要求使用外币结算，经常使用人民币或易货、计账的办法进行结算，因此，开展边境旅游直接外汇流失的数量很少。经过发展，边境旅游发生了很大的变化，参加边境旅游的人员突破了边境地区居民的限制，边境旅游的目的地也不再限于对方的边境城市，越来越向其内地深入，在境外逗留的时间从"一日游"逐渐扩展到"三日游""五日游""八日游"不等。

3. 出国旅游

和港澳台旅游、边境旅游相比，出国旅游开展得稍晚一些。出国旅游应当是上述两种出境旅游形式的延伸和扩展。中国公民的自费出国旅游活动是以"新、马、泰游"为开端的。1990年10月国家有关部门发布了《关于组织我国公民赴东南亚三国旅游的暂行管理办法》（简称《管理办法》），当时的旅游目的地仅限于东南亚地区的新加坡、马来西亚和泰国三个国家，后来增加了菲律宾。与"港澳游"开始时一样，《管理办法》规定的适用范围仅为出国探亲旅游，出国旅游费用一律自理，并采取由海外亲友境外交费的办法办理，授权7个旅行社承办这项业务。1997年7月，经国务院批准，国家旅游局、公安部联合发布了《中国公民自费出国旅游管理暂行办法》，这一管理办法的出台，标志着国家开办中国公民自费出国旅游从试验阶段过渡到正式实施阶段。国家通过这个管理办法来规范中国公民自费出国旅游的行为，同时把港澳台旅游、边境旅游和出国旅游统一纳入管理的范围。

（二）按旅行社出境团队的组成划分

按国际惯例，旅行社的业务按组织形式可以分为团体旅游业务（Group）和散客旅游业务（Individual）两类，团体旅游业务是指以团体为单位。通常设有导游或领队；散客旅游业务是指以个人或少数人为单位，通常不设陪同。目前，中国的出境旅游由于有旅游目的地国家签证政策的限制及影响，所以，经营业务是以团体旅游业务为主，按产品及团队的组成分为"散客拼团"与"单独成团"两大类。拼团是指旅行社按不同季

节，针对不同目的地国家地区分别设计出各类行程线路，配合航班机位情况制定系列出团日期，旅游者根据旅行社发布的出团计划选择参团的线路产品及出团日期，报名参团的包价旅游产品；单团则是旅游者自行组成团队，旅行社根据该团队的要求设计线路行程的旅游产品。具体区分如下：

1. 散客拼团

固定出发时间，固定行程线路，固定产品内容及服务标准；需达到一定人数方可成团（根据不同线路 10 人或 16 人以上）；系列发团，航空、酒店、用车、餐饮等地接成本可提前批量购买以降低成本，旅行社为了确保团量会采取薄利多销政策，价格便宜；流水线作业，操作简便；由于销售价格是根据预定招徕人数计算确定的，在实际报名收客时，如果达不到预计人数，旅行社会蒙受损失。

2. 单独成团

按旅游者的意愿来制订出团计划，并在一定的条件下可根据旅游者意愿进行调整；产品服务量身定做，操作成本高，价格在一定程度上高于散客拼团产品；服务针对性强，运作相对复杂，要求旅行社操作人员有丰富的业务知识及经验；出团人数可能少于散客拼团，但是旅行社获利要高于拼团。

（三）按出境团队的旅游目的划分

按出境团队的旅游目的可划分休闲旅游与商务旅游两大类，具体区分如下：

1. 休闲旅游

多数旅游者持因私护照，以出境度假观光为目的，费用多为自费；出游方式以参加旅行社散客拼团为主，按旅行者个人兴趣选择产品线路，出游时间多选择在黄金周或个人假期时间段；运作时间以目的地国签证工作时间为参考，通常为 2~4 周；行程安排上突出目的地的旅游观光特色、娱乐及购物。

2. 商务旅游

旅游者持因私或因公护照，以商务/公务为目的，费用来源多为公费；行程目的地由商务/公务活动地点决定，大多为单独成团，出发时间通常在会议展览的举办期间或节假日以外的时间（通常要避开目的地国家的节假日，如圣诞、新年、复活节等）；由于前期要进行公务拜访、参加展览会议等活动的联络，以及相关费用的政治审批等环节，所以运作时间比休闲旅游要长，一般为 3~6 个月；根据不同的商务目的，分为公务考察交流与培训以及会议展览奖励旅游（即 MICE）两大类，团队人员多为同一单位或系统等行业相关的人员；与传统旅行社相比，操作商务旅游更具有优势的是专业商旅管理公司，他们强调个性与完备的服务，包括政策关注、信息采集、报表分析与旅行安全跟踪的高科技规范管理。

三、中国出境旅游发展的特点

出境旅游的发达程度是一个国家开放程度的标志，也是这个国家经济发达程度的象征，是国民生活达到一定水平之后的产物。虽然中国的出境旅游远远没有达到完全开放的程度，但其发展速度在不断提高，尤其是通过旅行社组织的出境旅游人数超过了 400 万，年增长速度超过了 70%，旅行社组织的出境旅游人数达到了出境旅游者总人数的 40%，这些都是以前从来没有出现过的新情况。从出游的目的、出境旅游者的地域分布、出境旅游的时间以及旅游目的地这几方面来看有如下特征：

第一，从出游的目的来看，中国居民因私出境旅游的主要目的是休闲度假，不过除了一般的游览观光之外，又增添了许多新的内容，例如文化、体育赛事的观摩，特别是球迷追随赛事的旅游活动，还包括其他形式的参观、度假活动。另外还有一些人因私出境旅游的目的是探亲访友，但是现在完全出于这一目的的人数比例在大大下降。

第二，从出境旅游者的地域分布来看，参与以观光游览为主要目的的自费出境旅游者主要分布在我国沿海经济发达地区以及国内的超大城市和大城市，特别是广东省、福建省、浙江省以及北京、上海、广州等城市，而边疆省区如云南、广西、黑龙江、内蒙古和辽宁等，边境旅游名列前茅。

第三，从出境旅游的时间来看，因私出境旅游的时间也多集中在十一和春节两个黄金周。特别是春节期间，中国北方居民出境旅游活动尤为火爆。部分原因是人们趋向以一种新的方式来过传统的节日，获得新感受，摆脱旧礼俗，部分原因是目前中国出境旅游的主要目的地的气候条件与中国寒冷的北方形成很大的反差。随着每年长假期的时间相对固定，出游者选择出游目的地更加明智，旅行社有了更好的预见性，一些旅行社采取包机的方法安排出境旅游活动已经形成规模，使出境旅游的时间更加集中。

第四，从中国公民出境旅游的目的地来看，以观光游览为目的的出境旅游目的地仍然局限在现在国家正式确认的国家和地区。由于距离和价格的原因，赴香港和澳门地区以及泰国的旅游者一直居领先地位。

四、中国出境旅游的发展趋势

虽然到目前为止，中国公民的出境旅游还远不成熟，但是随着国民经济实力的不断增强，加上政府各项规范净化出境旅游市场的政策出台，出境旅游的发展前景将是乐观的。

（一）旅游产品多样化发展

1. 传统产品精细化

20 世纪 90 年代初以来，陆续开放的一些旅游目的地，例如东南亚的新加坡、马来西亚、泰国和澳大利亚、新西兰等国家，接待了大量的中国旅游者。它们为了保住并不断扩大中国市场的份额，不再是简单地降低价格，而是扩大游览范围，充实内容，增加活动，使原来的产品更加精细，更具有吸引力。

2. 大众产品主题化

目前中国公民出境旅游仍然是喜欢一些大众产品，仍以"走马观花"的方式为主，但是，一些传统的旅游目的地，依据自己独特的资源，打造品牌，推出主题，使产品的吸引力更加明显、突出，市场针对性更强。

3. 长距离产品多国化

欧盟国家对中国市场有很大吸引力，但是这些国家都是中国的长距离目的地，交通是旅游花费的主要部分，于是，首次到欧洲国家旅游的人，都愿意一次多跑几个国家和城市，满足"到此一游"的愿望。因此，欧洲旅游团正式运行几个月以来，"多国游"线路很受欢迎，有的团 10～15 天内要游览 8 个国家，甚至 11 个国家，少的也要 3～4 个国家。尽管几乎是白天坐在汽车上，晚上住在旅馆里，回国后，自己拍的照片都分不清是哪个国家的，但旅游者仍然觉得"钱花所值"。即使是近距离的目的地，也开始改变了原来刚刚开放时"一岛一地"的做法，韩国、日本等国家都推出了"全景游"，尽量多游览一些城市，满足人们"多多益善"的愿望。

4. 尝试新的经历

中国是个大国，内陆省份较多，人们对大海情有独钟。因此，很多旅游目的地国家尽量在水和海上做文章，一是上岛，二是上船。韩国、日本、南非、泰国、马来西亚、新加坡和埃及等国家，都相继推出豪华游轮旅游，突出了陆地旅游与海上旅游经历的差异。应当说，这个产品推出后一直比较受欢迎，并有日益扩大的趋势。另外，受媒体等方面的影响，人们对一些特殊体验更加偏爱，例如，夏天到北欧或俄罗斯去看"白夜"，或者冬天去那里赏雪、滑雪、赏冰。韩国推出了"与明星零距离"旅游，正是满足了一些影迷、歌迷旅游者的愿望。

（二）自由行将进一步扩大

目前，中国公民越来越愿意根据自己的意愿选择旅行方式。2003 年初开始的港澳个人游虽然是中央政府的一个特殊政策安排，但市场反应非常强烈，正好符合了现代旅游的潮流，同时，这一做法也发挥了重要的示范作用。因此，"个人旅游"这个自由行的方式逐渐多了起来。一些旅行社组织的"半自由行"，团队的人数可以少到 2～5 人，旅行社只做签证和往返机票与主要城市饭店的预订，其他活动完全由旅游者个人安排等。从一定意义上讲，自由行是旅游市场走向成熟的一个标志。

从旅游产品的类型和内容来看，目前我国既有一般的观光旅游产品，也有观光度假产品。同时，随着近些年来游客个性化需求的增加，旅行社也针对不同的细分市场相应地开发了不同的出境旅游产品，以满足游客的需求。根据游客不同的经济承受能力，旅行社相继推出了高、中、低等不同价位的出境旅游产品。在时间的安排上呈现出多样性，从一日、两日到十几日不等。时间安排的多样性适应了旅游者在闲暇时间上的差异性，推动了出境旅游市场的成长和旅游消费的增加。

第二节　旅行社出境旅游服务管理

一、出境旅游服务管理程序

出境旅游服务管理的程序由服务前准备阶段的管理、接待阶段的管理和善后阶段的管理三大环节组成。

（一）服务前准备阶段的管理

服务前准备阶段的管理对于出境旅游团来说尤其重要，因为旅行社对于接待过程中出现的问题一般鞭长莫及。这一阶段的管理工作主要包括以下几个方面：

1. 制订接待计划

旅行社应根据与旅游团的协议（合同）和有关资料，制订周详的接待计划，具体内容包括：

（1）旅游团的基本情况。在旅游计划内应写明团名（编号）、人数（说明男、女、儿童的人数）、客源地区及构成、旅游线路、各国（地区）接待旅行社名称及联系方式、出境日期、入境日期、出境口岸、领队姓名、团队的特殊要求、重点人物等基本情况。

（2）日程安排。出境旅游团的日程安排应当包括以下内容：抵离城市（地区）、抵离日期、所乘的交通工具抵离班次（船次）及时刻、抵离时间、所下榻的饭店；各城市（地区）游览活动内容；每日用餐安排情况；出发当天旅游团集合时间、地点；注明境外行程内容以日程表为依据，但游览次序可能出现变动。

（3）团队名单。出境旅游团使用由国家旅游局统一印制、编号的《中国公民自费出国旅游团队名单表》（以下简称《名单表》）。组团社如实填写并经国家旅游局或省级旅游行政管理部门审验合格后，加盖审验单。《名单表》一式三联，出境时第一、二联交边防检查站检查，对没有《名单表》或实际出境人员与《名单表》登记情况不符的边防将不予放行。边检站在《名单表》上注明实际出入境人数并加盖验讫章后，留存第一联，第二联暂由领队保管，在团队入境时交给边检站检查收存，第三联由组团社在团队回国后交负责审验的旅游行政管理部门备案。出境前，必须对《名单表》认真核对，核对《名单表》上的姓名、护照号码、出生日期、出生地、护照签发地点和签发日期，做到《名单表》内容与护照内容一致。

2. 选派领队

旅行社还须根据团队性质和特点，选派工作责任心强、业务熟悉、外语熟练、知识丰富的领队。

3. 选择合适的境外接待旅行社

一个经营出境旅游业务的旅行社，通常会与海外各国（地区）的几家信誉较好的接

待社建立长期的合作关系。但是每个旅游团的性质和特点不同，所以还必须有针对性地从中选择符合团队特点、价格合理、服务质量好的接待社。必要时旅行社可以派人到国外实地考察接待社的情况。

4. 落实交通票据

落实每一转乘环节的交通票据，并帮助领队确认交通票据。

5. 与国外接待社确认活动日程

活动日程的确认起合同（协议）的作用，一经确认，双方必须遵守。接待大型旅游团，组团社可先派员实地考察后再确认。

6. 成立专门的工作组

接待大型旅游团体，为确保旅游计划顺利完成和保证接待质量，须确定境内外工作组。工作组成员的主要任务是确保旅游团的交通、食宿各环节的衔接。

7. 督促领队做好其他行前准备工作，进行必要的指导

旅行社应督促领队做好行前准备工作，提示对旅游团接待的要求。对于业务不十分熟悉的领队还必须进行必要的指导。

此外，拟订旅游者行前须知、各旅游目的地国家（地区）简介及注意事项，检查领队对证照、表单、交通票据的核对情况，也是这一阶段需要注意的环节。

（二）接待阶段的管理

1. 建立请示、汇报制度

旅行社应给予领队一定的境外活动自主权，但是对领队在境外带团过程中的权限必须作出明确的界定。

2. 与境外接待社沟通信息

相关事项必须及时沟通。

3. 建立质量反馈制度

旅行社应给每个旅游团分发《团体接待质量反馈表》，并及时回收，以此对领队的服务工作进行监督和反馈。

4. 对小费支付方式作出明确规定

在国外，大多数国家和地区都有支付小费的习惯，如果领队对境外有关服务人员不支付合理的小费，也将影响服务质量。

（三）善后阶段的管理

1. 建立接待总结制度

旅行社应建立接待总结制度，要求每个领队在每一个团队活动结束后，写出领队小结，并定期开会总结领队工作，对工作过程中出现的问题应进行分析，避免今后出现类似问题。

2. 建立回访制度

旅行社应当在团队活动结束后，进行必要的回访（电话、信函方式），并将回访情

况归类建档，以掌握领队的实际服务情况。

3. 处理好表扬和投诉

具体做法与入境团体旅游服务部分相同。

二、领队的出境旅游服务程序

领队的出境旅游服务程序主要包括服务准备、全程陪同服务、善后工作三大环节。

（一）服务准备

1. 研究并熟悉旅游团情况

（1）认真阅读旅游计划。在阅读旅游计划时，要弄清楚旅游团的团名（编号）、人数（男、女、儿童人数）、出发和回国日期、所乘坐的交通工具的班次、出入境口岸；各旅游目的地国家（地区）逗留时间、抵离航班（车、船次）及时刻、各地所下榻饭店、餐饮安排（有无不包餐情况）、活动内容、团队在行动期间有无分车情况；接待社的联络电话及联系人姓名等。

（2）熟悉旅游团成员情况。领队应将旅游团资料与名单一一核对，掌握旅游团成员的结构、地区；掌握团内重点人物情况和旅游团的特殊要求。

2. 核对旅游证件、交通票据和表格

（1）核对护照、签证。护照内容的核对包括旅游者姓名（中、英文），出生年、月、日，出生地；发照日期、签发地点；正文页与出境卡是否一致、出境卡两项是否盖章、出境卡是否有黄页、是否与前往国相符；签证的有效期、签证水印及签字是否齐全。

【知识链接】

护照简介

护照是主权国家发给本国公民出入境及至国外旅行、居留的合法身份证明和国籍证明。护照的英文叫Passport（意为通过 VI 岸的通行证）。任何国家都不允许没有护照的人进入其国境，护照是维护国家主权、保护本国公民利益和保障国际正常交往所必备的重要证件。中华人民共和国护照是发给中国公民，供其出入国境和在境外旅行、居留时证明其国籍和身份的证件。中华人民共和国护照分为外交护照（Diplomat Passport，红皮）、公务护照（Service Passport，墨绿）、普通护照和特别行政区护照。普通护照又分为因公普通护照（Passport of Public Affairs，褐色）和因私普通护照（简称"因私护照"，深红）。特别行政区护照分为我国香港特别行政区护照和我国澳门特别行政区护照。外交护照、公务护照和因公普通护照统称为"因公护照"。外交护照主要颁发给中国党、政、军高级官员，中华人民共和国全国人民代表大会、中国人民政治协商会议和各民主党派的主要领导人，外交官员、领事官员及其随行配偶、未成年子女和外交信使等。

公务护照主要颁发给中国各级政府部门县（处）级以上官员、派驻国外的外交代表机关、领事机关和驻联合国组织系统及其专门机构的工作人员及其随行配偶、未成年子女等。因公普通护照主要颁发给各级政府、社会团体的一般工作人员和国有企事业单位出国从事经济、贸易、文化、体育、卫生、科技交流等公共事务活动的人员。

因私普通护照主要颁发给因定居、探亲、访友、继承财产、自费留学、就业、旅游等私人事务出国和在国外定居的中国公民。香港特别行政区护照主要颁发给持有香港永久性居民身份证的中国公民。原则上，中国护照发给16周岁以上的中国公民，不满16周岁者，则随其父母或监护人合用一本护照，必要时，也可为16周岁以下的儿童单独发放相应的护照。

根据《中国公民自费出国旅游管理暂行办法》的规定，目前中国公民自费出国旅游主要以团体形式进行。出境团体旅游服务，主要是由组团社委派领队负责对整个旅游计划的实施过程进行监督，并由领队代表组团社负责与境外接待社接洽，担任旅游团旅游活动全过程陪同服务工作，沿途照顾旅游者并配合各地导游人员落实旅游团的食、住、行、游、购、娱各项服务，维护旅游者的正当权益，保证旅游团在境外旅游的安全和顺利。因此，出境旅游服务主要由旅行社的出境旅游管理工作和领队的全程服务工作两大部分组成。

（2）核对并确认机票。拿到机票后，首先要认真检查张数是否一致，再将机票上的姓名与护照姓名核对。核对时，应弄清楚机票是 OK 还是 OPEN 票，并进行确认。

（3）核对名单。核对《名单表》内容是否与护照内容一致，若发现有错误，立即交有关人员并进行相应的处理。核对完后，将旅游者的护照、机票按名单顺序号依次编号（写明序号、姓名、团号），以便边防检查，顺利出境。

（4）检查全团预防针注射情况。检查全团是否都进行预防注射（特别是来自传染病区的），如有未注射的，则应立即安排补注。

3．物品准备

出发前，领队必须带齐的物品包括：

（1）领队证、身份证、护照、通行证、机票及《名单表》；

（2）团队计划、自费项目表；

（3）社旗、名片、行李标签、客人胸牌；

（4）多份团队分房表；

（5）各国（地区）出入境卡、海关申报单（虽然在机场、海关能取到，但最好预先准备）；

（6）旅行包（如要求提供）；

（7）各国（地区）及本社有关部门或人员的联系电话号码、名片；

（8）领队日志本、征求意见表、航班时刻表；

（9）常用药品和随身行李物品；

（10）必要的费用等。

4. 知识准备

领队知识准备，主要包括旅游目的地国家概况知识和旅游专业知识两个方面：

（1）旅游目的地国家概况知识。领队要熟知旅游目的地国家的政治、地理、历史、文化、风俗习惯、物产等情况。

（2）旅游专业知识。领队应熟悉海关知识和旅行常识等旅游专业知识。

5. 行前说明会

（1）代表旅行社致欢迎词。欢迎词内容的要求与全陪、地陪的欢迎词一致。

（2）详细说明行程安排。领队应逐项向旅游者说明行程安排和活动内容，强调行程上的游览顺序以各地接待社安排为准，并说明自费项目属于自愿参加。

（3）提出旅行要求。要求旅游者必须要有集体观念，做到统一行动、遵守时间、团结友爱。

（4）做好提醒工作。提醒旅游者随身携带旅行证件、身份证。提醒旅游者带齐必备的生活用品。提醒旅游者在境外注意人身和财物安全。说明出入境时海关的规定。说明过关手续和程序。旅行社一般都会在所印发的通知单中详细列出，但领队仍需对上述内容作口头强调。

（5）分发行前须知。

（6）介绍目的地国家（地区）概况、风俗习惯。

（7）落实分房、交款、特殊要求事项。

（8）通知防疫注射。开说明会时，由旅行社联系检疫局人员来注射防疫针，并发给"黄皮书"，也可在出境时领取"黄皮书"。

（二）全程陪同服务

领队的全程陪同服务，从旅游团出发开始直到回到出发地散团后才结束。

1. 出发和出境

（1）提前到达集合地点。

（2）集合旅游者、清点旅游团人数。

（3）途中讲解。在去机场、车站、码头等出境关口的途中，领队要再次提醒旅游者检查有效证件是否随身携带；再次向旅游者介绍过关手续和程序，以消除旅游者的紧张情绪，保证顺利过关；强调在境外旅行期间的注意事项。

（4）旅行车到站后，领队应提醒旅游者带齐随身行李、物品。

（5）帮助旅游者办妥出境手续。领队应先集合全团旅游者，请他们按照《名单表》顺序排队，让每位旅游者手持护照、机场税票、身份证，由领队将《名单表》交给海关

检查人员，让旅游者站在 1 米线外，并带领全团依次接受边检。待全团成员通过后，须将《名单表》的第二联取回，以备回国时用。若为需经海关申报的旅游者，须让其持护照、机场税票、身份证、海关申报单，走红色通道。

（6）卫生检疫和安全检查。在接受卫生检疫和安全检查时，领队应提醒旅游者出示"黄皮书"。

（7）办理登机手续。领队持全团护照、机场税票，在机场领取登机牌，并仔细检查行李是否上锁，再办理行李托运手续并保管好行李托运卡，如所乘坐交通工具是船，则一般无须托运。

（8）途中照料。在旅行途中，领队应照料好旅游者的饮食（按规定标准）；注意旅游者的人身安全和财物安全，尤其是乘坐火车期间，在每个停靠站都应提示旅游者有关安全事项；到站后，要提醒旅游者带齐随身物品，集体离开交通工具。

2. 办理国外入境手续

到达目的地国家（地区）后，领队先将团队入境的 E/D 卡和申报单填好后，带领全团迅速办理好卫生检疫、证照查验、海关检查等入境手续，通常称"过三关"。如行程中涉及第三国旅游的，旅游者在进入香港或澳门地区时还应出示前往第三国的机票及有效签证。如果是乘坐飞机，带团出机场时，应按先过入境边检、接着取行李到海关检查的顺序办理。领队可先过移民局关卡，在关外照顾旅游团每个成员，并提醒旅游者不可到处走动，照看好自己的行李，因为在国外机场一旦走失，不易寻找全体成员。入关后，检查行李无误，并经过海关检查后，即可带团与目的地国家（地区）接待社导游人员联络，并照顾旅游者和行李上车。如系在公路上过境，领队应事先将全团证件收齐，让旅游者坐在原位上，请移民局派人上车检查。一般只核查人数，不检查行李。

3. 境外旅游服务

在境外，领队要沿途照料旅游者的登机、食宿、购物、游览等活动。

（1）每到一地后，领队应立即与当地接待社导游人员取得联络，尽量避免多余的等候，引起旅游者焦急不安情绪。

（2）清点人数、行李。上车前，领队仍应清点旅游团的人数和行李，并照顾其上车。

（3）入店服务。包括以下内容：

①在当地导游员的协助下，为旅游团安排房间，并提醒全团成员房内付费内容等注意事项。

②宣布次日的叫早、早餐、出发时间，告知旅游团成员领队的房间号和当地导游的电话。

③统一保管旅游团成员的证件。为了防止证件遗失，在境外时旅游者的证件一般由领队统一保管（尤其是老年团、儿童团）。在港澳地区期间，当地法律规定旅游者有随

时接受检查证件的义务，所以领队应灵活处理。

④检查行李是否进入客人房间，协助旅游者解决入住后的有关问题。

⑤与地方导游人员一起照顾旅游者用餐。

⑥核实、商定日程。领队每到一目的地国家（地区），都应主动与当地导游人员核实行程。如发现双方日程表上内容有出入时，应及时与接待社联系，取得一致意见；若有必要，应报组团社，请求帮助协调。商定日程时应坚持的原则是：严格按双方达成的合同办事（调整游览顺序可以，减少游览项目不行）；对客人强烈要求的项目，要努力争取，予以满足（若一时难以满足，应耐心做好解释工作）；对超计划的、当地导游推荐的自费项目，要征求全团成员的意见，客人自愿参加。

（4）监督旅游计划的实施。

（5）防止意外事故的发生。在游览过程中，领队应时刻与旅游者在一起，经常清点人数；提醒旅游者跟随全团一起行动。特别是在大型游览景区，一旦发生旅游者走失事故，很难一时找回走失者，这样既耽误时间，又给走失者造成心理的伤害。

（6）与接待社导游人员密切配合，妥善处理各种事故与问题。在境外旅游期间，一旦发生事故，无论责任在哪一方，领队先应取得当地导游人员和接待社的帮助，及时处理事故和问题，力求将损失和影响减少到最低程度。

（7）指导购物。在境外遇有购物项目时，领队既要配合当地接待社和导游人员，又要维护旅游者的利益。具体做法是：积极配合但不要大肆鼓励；避免出现购物次数过多和延长购物时间；提醒旅游者注意商品的质量和价格；适当指导，并向旅游者介绍各地最有特色的旅游商品。

（8）做好上下站联络工作。

（9）支付小费。对待小费，采取"旅游者自愿支付"的原则。一般给境外导游人员和司机的小费，都包含在团费里。

（10）抵离每一国家（地区）时，照料旅游团过关、登机。

4. 团结协作

领队应维护旅游团内部的团结，协调旅游者的关系；与接待社导游人员团结协作，使旅游活动顺利进行。

5. 妥善保管好证件和机票

一般而言，在旅游者每次用完证件后，领队要立即收齐全团证件与机票，进行妥善保管。

6. 办理国外离境手续

一般是先办理登机手续，再过边检、海关。过关时，提醒旅游者应手持护照、该国移民局所要求的出境卡和登机牌；告知旅游者航班号、登机门、登机时间；叮咛旅游者切勿因逛免税商店而误了登机时间。

7. 中国入境手续

领队把《名单表》（出境时边检已盖章）交给边检人员，让旅游者手持护照、申报

单、健康说明书（一般不必每人填写，由领队在统一名单上说明全团健康即可），在机场工作人员的指挥下接受海关人员检查。

在接受检查前，领队应提醒旅游者不得将未经检疫的水果带回内地。同时领队请旅游者填写征求意见表，并收回表格。

8. 告别

团队抵达指定的分散地点后，领队应致欢送词，并与旅游者一一告别。

（三）善后工作

1. 填写"领队小结"

领队小结应包括团队名称、人数、行程，旅游者对本次旅游活动的反映和意见，旅游者下次旅游的意向，带团得失等内容。

2. 协助旅行社领导处理团队的遗留问题

领队应在旅行社领导的指导下，认真办理旅游者的委托事宜，做好事故的善后处理工作，帮助旅游者向有关保险公司索赔等。

3. 报账、归还物品

团体旅游结束后，领队应尽早去旅行社办理结账和归还物品手续。

第三节　我国出境旅游管理

一、我国出境旅游的发展过程

由于国家政策的限制，中国出境旅游不仅出现晚，规模小，而且经营方式简单，长期以来没有系统的统计资料，政策制定的透明度低，所以对它的研究也非常有限。如果按照现在世界旅游组织所确定的定义，中国公民的出境旅游早就存在，特别是公务旅行和因其他目的的出国旅游活动，即使是在最封闭的时代里也一直没有间断过。但是，如果这种出境旅游仅指以消遣为主要目的且自己支付费用的话，这种活动则是在改革开放政策实施之后才逐渐出现的新现象。近些年来，特别是 20 世纪 90 年代以后，出境旅游开始有了长足的发展，出境旅游的人数不断增加，出境旅游的目的地不断扩大，2000 年出境旅游总人次数首次突破 1000 万大关。因此，出境旅游的发展不仅引起了中国政府、业界和广大公众的高度关注，同时，作为一个潜力巨大的市场，中国的出境旅游也越来越受到国际社会的广泛关注。纵观过去 30 多年来的实践，中国公民出境旅游的发展，从活动的形式来看，大体上是沿着"我国港澳游""边境游"和"出国旅游"的顺序逐渐发展起来的；从活动的目的来看，是从探亲访友、商贸活动到休闲观光逐渐展开的；从国家政策和管理的角度来看，经历了试验、放松到逐渐放开的过程。当然，时至今日，中国公民的出境旅游仍然处于初始阶段。

中国公民出境旅游市场十几年的发展历史，可以分为几个发展阶段。

（一）我国出境旅游业试探性发展阶段（1984—1989 年）

1984 年以前，我国出境旅游基本上以外事活动为主，在那个阶段几乎谈不上真正意义的出境旅游，年出境人数一般都在 200 万人次以下。1984 开始了"港澳游"和"边境游"。在此试探性发展阶段，我国出境旅游人数增长非常缓慢。到 1989 年出境旅游人数仅达到 300 万左右。

1983 年，广东省率先开放本省居民赴香港地区探亲，由此拉开中国出境旅游的序幕。1984 年 3 月 22 日，国务院批准了由国务院侨务办公室、港澳事务办公室和公安部联合上报的《关于拟组织归侨、侨眷和港澳台眷属赴港澳地区探亲旅行团的请示》的报告，开放内地居民赴港、澳探亲旅游。由此，中国公民自费出境旅游市场正式启动。1987 年 11 月，国家旅游局会同国家对外经济贸易部联合下发了《关于拟同意辽宁省试办丹东至新义州自费旅游事》的文件，批准了丹东市对朝鲜新义州市的一日游活动，并授权由中国国际旅行社丹东支社承办经营。从此，边境游活动作为出境旅游的一种重要形式，迅速发展起来。在 1987 年到 1997 年的 10 年间，国家旅游局会同公安部等部门，相继下发了一系列开放边境旅游的文件和相关的法规，批准了辽宁省与俄罗斯、内蒙古自治区同俄罗斯和蒙古、吉林省与朝鲜、广西壮族自治区与越南、新疆维吾尔自治区与哈萨克斯坦共和国等周边国家、云南省与缅甸和越南等边境地区的旅游活动。为了规范对于边境旅游的管理，1997 年 3 月 8 日，国务院批复了《边境旅游暂行管理办法》，并于 1997 年 10 月 15 日，由国家旅游局、公安部等单位联合发布实施。

（二）我国出境旅游业初步发展阶段（1990—1996 年）

1990 年 10 月，国家旅游局经外交、公安、侨办等部门，并经国务院批准，出台《关于组织我国公民赴东南亚三国旅游的暂行管理办法》。"新马泰"的开放，标志着中国公民以自费旅游方式出境的发展，以及我国出境旅游的真正发展。在此阶段，我国出境旅游人数从初期的每年 300 万人次左右迅速上升到 1996 年的 500 万人次。1997 年 3 月，国务院批准了国家旅游局、公安部联合制定的《中国公民自费出国旅游管理暂行办法》，该办法于同年 7 月 1 日正式发布实施。这标志着中国出国旅游业务正式开办，标志着港澳旅游、边境旅游、出国旅游形成三足鼎立的局面，我国的出境旅游市场正式形成。

（三）我国出境旅游业规范发展阶段（1997—2000 年）

1997 年颁布《中国公民自费出国旅游管理暂行办法》，同期还规定了我国公民自费出国旅游的目的地国家，这标志着中国公民出境旅游进入了一个崭新的规范发展阶段。到 2000 年年底，我国正式开放的 ADS 国家和地区达到 14 个。此阶段我国公民年出境人

数从 1997 年的 532 万人次增长到 2000 年的 1047 万人次，几乎增长了一倍，年均增长达到 25.31%；其中，因私出境旅游者开始真正迅速发展，从 1997 年的 244 万人次，增长到 2000 年的 563 万人次，增长了 1.3 倍，年均增长达到 32%。

（四）我国出境旅游业快速发展阶段（2001 年至今）

2001 年，我国正式成为世贸组织成员国，旅游业发展面临新的机遇和挑战。2002 年 7 月 1 日正式实施《中国公民出国旅游管理办法》。从 2002 年开始，我国明显加快了出境旅游目的地（ADS）的开放步伐。以 2002 年国务院颁布的行政法规《中国公民出国旅游管理办法》为标志，我国出境旅游形成了较为完整的管理制度，为今后出境旅游蓬勃发展提供了法律保障。

二、我国出境旅游政策方针

20 世纪 90 年代末期，国家旅游局提出了"大力发展入境旅游，积极发展国内旅游，适度发展出境旅游"的旅游业发展总方针。适度发展出境旅游，具体而言，就是有组织、有计划、有控制地发展出境旅游，这是我国发展出境旅游的指导方针。有组织，就是根据国内和国际的实际情况和对消费者权益的保护，中国公民出国旅游以团队形式为主，暂不开放散客旅游，要求整团出入；有计划，就是国家在对全国入境旅游的状况，包括创汇和入境人数的状况和出国旅游的市场需求等进行综合考虑的基础上，依照旅游发展的客观需要以及国家外汇管理的要求，对每年的出境旅游总量通过制订相应的计划，实行总量控制和配额管理，从而保证外汇的收大于支；有控制，主要是对经营此项业务的旅行社的经营资格、数量、配额进行控制和审批，同时，严格禁止超范围和无证照经营。

随着国家经济的发展，国家外汇储备的增加，以及公民个人生活水平的提高，出境旅游市场将进一步放开。2002 年，公安机关取消了提交境外邀请函和首次出国护照附发出境登记卡的做法，公民因私出国变得更为便利。与此同时，更多的国家被开放为中国公民出境旅游的目的地。上述因素都促进了中国公民自费出境旅游活动的发展，可以预期出境旅游市场将会迎来一个更快的发展时期。

三、中国公民出国旅游管理法规制度

为加强中国公民自费出国旅游的管理，规范出国旅游活动，保障参游人员的合法权益，根据《中国公民出境入境管理法》及其实施细则、《旅行社管理条例》及其实施细则，国家旅游局、公安部经国务院批复，于 1997 年 7 月 1 日联合发布了《中国公民自费出国旅游管理暂行办法》。为使我国出境旅游市场的管理跨入一个新的历史阶段，更好地适应入世规则，维护中国旅游业的形象，国务院第 354 号令公布了《中国公民出国旅游管理办法》，该条例自 2002 年 7 月 1 日起施行。与 1997 年发布的暂行办法相比，该条例无论是在法律效力上，还是在管理深度、广度和力度方面都有进一步提高。根据《中国公民出国旅游管理办法》（以下简称《办法》）的有关规定，中国公民出国旅游管理的部分主要内容有：

（一）中国公民只能到出国旅游目的地国家旅游

《办法》明确规定，出国旅游目的地国家由国务院旅游行政管理部门会同国务院有关部门提出，报国务院批准后，由国家旅游局公布。任何单位和个人不得组织中国公民到国务院旅游行政管理部门公布的出国旅游目的地国家以外的国家旅游。

随着我国社会经济的发展和人民生活水平的提高，出国旅游已成为中国人的新追求，中国广阔的旅游客源市场及游客巨大的消费潜力，使得很多国家都想成为中国公民出国旅游的目的地。为此，我国政府十分重视出国旅游目的地的审批工作。

一般来说，作为开放中国公民出国旅游目的地的条件应当包括：

——是我国的客源国，有利于旅游双方合作与交流；

——政治上对我国友好，开展国民外交符合我国对外政策；

——旅游资源有吸引力，具备适合我国旅游者的接待服务设施；

——对我国旅游者在政治、法律等方面没有歧视性、限制性、报复性政策；

——旅游者有安全保障，具有良好的可进入性。

《办法》的第二条规定，组织中国公民到国务院旅游行政管理部门公布的出国旅游目的地国家以外的国家进行涉及体育活动、文化活动等临时性专项旅游的，须经国务院旅游行政管理部门批准。

（二）旅行社经营出国旅游应具备的条件

经营出国旅游是一项涉外性很强的旅行社业务，关系到对出国旅游公民合法权益的有效保护、国家对外汇的管理以及中国旅游业在国际上的形象，因此要求经营出国旅游业务的经营主体应具有较高的经营管理水平和良好的信誉。国家对其设置必要的资格和条件限制是必需的。

根据《旅行社条例》规定，旅行社经营出国旅游业务，应同时具备两个条件：第一，旅行社取得经营许可满两年；第二，未因侵害旅游者合法权益受到行政机关罚款以上处罚。随着旅行社相互之间竞争的加剧，面对出国旅游业务的较高利润，有些旅行社不惜违章操作，在没有取得出国旅游业务经营资格的情况下，以商务、考察、培训等名义，变相经营出国旅游活动，严重扰乱了我国出境旅游市场秩序。为此，《办法》第四条明确规定，未经国务院旅游行政管理部门批准取得出国旅游业务资格的，任何单位和个人不得擅自经营或以商务、考察、培训等方式变相经营出国旅游业务。凡是具备前述两个条件的旅行社，都可以向有关旅游行政管理部门提出经营出国旅游业务的申请。

（三）出国旅游人数的控制

《办法》第六条规定，国务院旅游行政管理部门根据上年度全国入境旅游的业绩、

出国旅游目的地的增加情况和出国旅游的发展趋势，在每年的 2 月底以前确定本年度组织出国旅游的人数安排总量，并下达省、自治区、直辖市旅游行政管理部门。省、自治区、直辖市旅游行政管理部门根据本行政区域内各组团社上年度经营入境旅游的业绩、经营能力、服务质量，按照公平、公正、公开的原则，在每年的 3 月底以前核定各组团社本年度组织出国旅游的人数安排。《办法》同时规定，国务院旅游行政管理部门应当对省、自治区、直辖市旅游行政管理部门核定组团社年度出国旅游人数安排及组团社组织公民出国旅游的情况进行监督。也就是说，为了达到对出国旅游人数总量控制的目的，对于每年度出国旅游的人数，由国务院旅游行政管理部门确定总量，然后分配下达到各省、自治区、直辖市旅游行政管理部门；各省、自治区、直辖市旅游行政管理部门再分配到各旅行社，同时接受国务院旅游行政管理部门在出国旅游人数安排方面的监督。

（四）中国公民出国旅游团队名单表

为了贯彻出国旅游人数总量控制原则，《办法》第七条、第八条规定了《公民出国旅游团队名单表》制度。

（五）经营出国旅游的旅行社的义务及承担的责任

出国旅游属于特种经营业务。为规范出境旅游市场，保护旅游者的合法权益，《办法》对经营出国旅游的旅行社（以下简称组团社）设定了一系列义务及相应承担的责任。

——组团社应当为旅游者办理前往国签证等出境手续。

——组团社应当为旅游团队安排专职领队。领队应当经省、自治区、直辖市旅游行政管理部门考核合格，取得领队证。领队在带团时，应当佩戴领队证，并遵守本办法及国务院旅游行政管理部门的有关规定。

——组团社应当维护旅游者的合法权益。组团社向旅游者提供的出国旅游服务信息必须真实可靠，不得作虚假宣传，报价不得低于成本价。

——组团社经营出国旅游业务，应当与旅游者订立书面旅游合同。旅游合同应当包括旅游起止时间、行程路线、价格、食宿、交通以及违约责任等内容。旅游合同由组团社和旅游者各持一份。

——组团社应当按照旅游合同约定的条件，为旅游者提供服务。组团社应当保证所提供的服务符合保障旅游者人身、财产安全的要求；对可能危及旅游者人身安全的情况，应当向旅游者作出真实说明和明确警示，并采取有效措施，防止危害的发生。

——组团社组织旅游者出国旅游，应当选择在目的地国家依法设立并具有良好信誉的旅行社（以下简称境外接待社），并与之订立书面合同后，方可委托其承担接待工作。

——组团社及其旅游团队领队应当要求境外接待社按照约定的团队活动计划安排旅

游活动，并要求其不得组织旅游者参与涉及色情、赌博、毒品内容的活动或者危险性活动，不得擅自改变行程、减少旅游项目，不得强迫或者变相强迫旅游者参加额外付费项目。境外接待社违反组团社及其旅游团队领队根据前款规定提出的要求时，组团社及其旅游团队领队应当予以制止。

——因组团社或者其委托的境外接待社违约，使旅游者合法权益受到损害的，组团社应当依法对旅游者承担赔偿责任。

（六）旅游团队领队的义务

旅游者在参加出国团队旅游过程中，无论是在旅程安排及相关手续的办理上还是在语言、习俗等方面都会遇到诸多不便。因而，团队的领队人员十分重要，在某种程度上，领队就是整个团队的组织者和指挥者。为此，为保障我国参游人员的合法权益，《办法》的第十七条、第十八条、第十九条、第二十条规定了旅游团队领队必须履行的职责或不得为的行为。

——旅游团队领队应当向旅游者介绍旅游目的地国家的相关法律、风俗习惯以及其他有关注意事项，并尊重旅游者的人格尊严、宗教信仰、民族风俗和生活习惯。

——旅游团队领队在带领旅游者旅行、游览过程中，应当就可能危及旅游者人身安全的情况，向旅游者作出真实说明和明确表示，并按照组团社的要求采取有效措施，防止危害的发生。

——旅游团队在境外遇到特殊困难和安全问题时，领队应当及时向组团社和中国驻所在国家使领馆报告；组团社应当及时向旅游行政管理部门和公安机关报告。

——旅游团队领队不得与境外接待社、导游及为旅游者提供商品或者服务的其他经营者串通欺骗、胁迫旅游者消费，不得向境外接待社、导游及其他为旅游者提供商品或者服务的经营者索要回扣、提成或者收受其财物。

（七）旅游者的义务

旅游者出国旅游，所领略到的是不同于我国的风景、民俗、宗教等自然风光和人文景观，而且旅游目的地国家的法律也完全不同于我国的法律。为此，《办法》规定了旅游者必须履行的义务。

——旅游者应当遵守旅游目的地国家的法律，尊重当地的风俗习惯，并服从旅游团队领队的统一管理。

——严禁旅游者在境外滞留不归。旅游者在境外滞留不归的，旅游团队领队应当及时向组团社和中国驻所在国家使领馆报告，组团社应当及时向公安机关和旅游行政管理部门报告。有关部门处理有关事项时，组团社有义务予以协助。

——旅游者对组团社或者旅游团队领队违反本《办法》规定的行为，有权向旅游行政管理部门投诉。

【复习思考题】

1. 出境旅游的发展特点有哪些?

2. 请用个人观点分析出境旅游的发展趋势。

3. 结合我国出境旅游发展的实际情况说说我国应该如何实现对出境旅游的规范和管理。

4. 如何成为一个出境旅游的优秀领队?

 【案例分析】

2009 年 8 月,某旅行社在获得出境旅游业务经营权后,为尽快开展出境旅游业务,竟与香港一家信誉不甚良好的旅行社建立了业务联系。同年 9 月,该国际旅行社组织了一个 23 人赴新、马、泰三国旅游团,委托该香港旅行社接待,因时间仓促,未与该香港旅行社签订书面协议。该旅游团在顺利完成新加坡、泰国两国旅程后,在马来西亚入境时,由于当地接待社导游疏忽,未办妥入境手续,致使该旅游团被作为"非法入境"而滞留两天,未完成马来西亚段旅行而直接返回香港。该旅游团回国后,遂向旅游行政管理部门投诉,要求退还旅行费用并赔偿损失。经查,该旅游团投诉事实属实,而该国际旅行社则辩称,违约损害旅游者的事实均发生在境外,应由境外旅行社承担赔偿责任。

分析题:

1. 本案例中损害赔偿责任应由哪方承担?

2. 根据《中国公民出国旅游管理办法》的规定,本案例中某国际旅行社违反了哪些规定,存在哪些方面的错误?

第七章

旅行社入境业务

我国旅游最初是由接待入境旅游而发展起来的，为我国旅游业迅猛发展奠定了基础。本章主要阐述了我国入境旅游市场发展的整体现状、发展趋势及存在的问题，解析了入境旅游产品开发、外联销售及接待的业务流程和规范要求，介绍了入境手续的相关程序。

 【学习目标】

通过本章学习，学生应熟悉入境旅游的理论知识，并能进行相关业务操作。

【导入案例】

云南入境旅游基础线路按区划分，形成互补优势

云南是仅次于北京、上海、西安、桂林，排名第五位的中国入境旅游目的地。其入境旅游基础线路基本划分为六大旅游区，形成优势互补，有一定的发展合力。具体区划如下：

1. 滇中"大昆明国际旅游区"

以昆明为中心的云南中部昆明市、玉溪市和楚雄州地区，充分利用滇中良好的区位条件及旅游资源优势，以发展生态旅游、民族风情旅游、乡村旅游为基础，康体娱乐、商务会展、高尔夫、自驾车等为重点的休闲度假旅游产品。

2. 滇西南"澜沧江—湄公河国际旅游区"

云南西南部的西双版纳州、普洱市（原思茅市）、临沧市等地，突出热带雨林、民

族风情和边境旅游精品。

3. 滇西北"香格里拉生态旅游区"

云南西北部的大理州、丽江市、迪庆州、怒江州地区，以世界自然、文化遗产为重点，历史文化名城和民族风情、自然景观为特色的旅游产品。

4. 滇西"火山热海边境旅游区"

云南西部的保山市和德宏州地区，以腾冲火山、热海、温泉（SPA）的休闲度假产品，充分发挥边地文化和边境区位的优势，突出生态旅游为特色的健康旅游产品。

5. 滇东南"喀斯特山水文化旅游区"

滇东南的红河、文山两州以及昆明、曲靖两市的部分邻近地区，依托罗平、元阳梯田、彩色沙林、普者黑等旅游品牌，突出喀斯特山水景观、农业田园、中原文化少数民族文化相结合的复合人文历史特色的边境旅游产品。

6. 滇东北"红土高原旅游区"

云南东北部的昭通市以及昆明、曲靖两市的部分邻近地区，以红土高原革命遗址、温泉瀑布等优势旅游资源为依托、红色旅游为亮点，重点开发红色旅游、生态旅游、温泉度假、夏季避暑、大江漂流和自驾车旅游产品，加快建设云南又一个新兴旅游区。

第一节　入境旅游市场概述

一、我国入境旅游市场发展概况

回顾我国 30 多年入境旅游的发展轨迹，入境旅游人数与收入总量从低向高呈上升走势，但后 10 年中入境旅游人数与收入的平均增长率由高向低呈下降走势，出现了"低起点—高增长—平增长"的抛物线式的发展轨迹，可以说入境旅游从"井喷式"的超常规发展转向常态式的平稳增长阶段，这种态势符合旅游业起步、初创阶段、走向成熟阶段的惯常态势。

具体而言，我国入境旅游客源市场主要分成两大块：一是香港、澳门、台湾同胞及海外华侨（中国国籍的海外居住者），这部分一直是中国内地入境旅游客源市场的主体；二是外国人（含外籍华人）。

我国入境旅游主要客源来自中国香港、中国澳门、中国台湾、日本、韩国、美国、俄罗斯、新加坡、马来西亚、泰国等国家或地区，并呈现出两个显著特征：一是港澳台及华侨市场是中国入境海外游客人数的主力军；二是外国人客源市场呈现以亚洲国家游客为主体，欧洲和北美为两翼的格局。其中，我国港、澳、台地区所占的比率长期维持在 80% 左右，而通过旅行社接待的港、澳、台客源占总量的 40% 左右。俄、美两国在市场份额上保持稳中有升的状态，目前已成为仅次于我国港、澳、台地区以及日本、韩国的重要客源市场。近年来，入境旅游市场表现出结构稳定、总量扩张和深入开掘三个方面的总体趋势，整体市场格局形成了以下特征：

（一）三个系列

在入境旅游市场结构比较稳定的情况下，形成了市场的三个系列：

1. 洲内市场

洲内市场分类见表 7-1。

表 7-1 洲内市场分类

分类	国家和地区
一级市场	日本、韩国、东南亚国家（新加坡、马来西亚、印度尼西亚、泰国等）
二级市场	蒙古、中亚诸国（哈萨克斯坦、吉尔吉斯斯坦、塔吉克斯坦、乌兹别克斯坦）、南亚诸国（巴基斯坦、印度、尼泊尔），以及缅甸、老挝、越南等东南亚国家
三级市场	中东地区等

目前，洲内市场是旅华市场上发展最快的市场，洲内市场客源占来华入境外国旅游者人数的 60% 左右。洲内市场促销投入相对较小，回报效益较好，游客再访率较高，入境后流向分布较广，受国际意外事件影响较小，从长远看洲内市场将成为我国相对稳定的主要客源市场。

2. 洲际市场

洲际市场分类见表 7-2。

表 7-2 洲际市场分类

分类	国家和地区
一级市场	西欧（德国、英国、法国）、北美（美国、加拿大）、大洋洲（澳大利亚、新西兰）、俄罗斯等
二级市场	北欧（瑞典、挪威、丹麦、芬兰）、中欧（瑞士、奥地利）、南欧（意大利、西班牙）、西欧（荷兰、比利时）等
三级市场	距我国较远、国际交通不便的南非、南美等

其中一级市场一向是我国国际旅游的重点客源市场；二级市场尽管客源人数相对较少，但发展速度较快，发展趋势看好；三级市场每个国家每年的旅华人数一般不足万人。从总体上看，洲际市场游客平均花费多、停留时间长、旅华潜力很大，已占来华入境外国旅游者人数的 35% 以上。

3. 港澳台特定市场

我国港澳台地区是我国入境旅游的特定市场，从入境人数看这一市场占到入境总数的80%左右，从我国旅游外汇收入看这一市场占到总数的40%左右，该市场客源过往率高、再访率高、停留时间相对较短。

预计今后我国的入境旅游市场在总体格局上不会发生重大变化，总的趋势是，洲内市场将会有较大的增长；洲际市场将在稳定中保持适度增长；港澳市场将继续保持生机和活力，有可能形成较大的增长；台湾地区特定市场的发展取决于两岸经济和政治关系的变化，但如果不发生激烈冲突也会保持较大的增长。

（二）三级市场

在入境旅游市场的三个系列中，洲内市场和洲际市场又分别形成了三级市场。其中一级市场是重点市场，主要包括日本、韩国、东南亚、西欧（德国、英国、法国）、北美（美国、加拿大）、大洋洲（澳大利亚、新西兰）、俄罗斯等。二级市场是发展中的市场，主要包括中亚诸国、南亚诸国以及与我国边境接壤的周边国家和北欧、中欧及西欧的一些国家。三级市场由于地理距离和交通条件、经贸关系等方面的限制，目前大多还是潜在的市场，但有可能通过方方面面的努力在今后向新兴市场转化。

从发展的动态来看，要求我们有针对性地对市场进行开发，对于重点市场狠抓不放，以保障入境旅游发展的基础。对于发展中的市场要加大促销力度，促其不断发育。对于潜在市场要努力配合有关部门，缓和或解决相应的制约条件，使其逐步向新兴市场转化。

（三）三个层次

从来华入境旅游者的职业和动机等方面来分析，入境旅游市场还可以划分为商务及会议旅游市场、观光和度假为主要目的的一般旅游市场、以欧美国家的青年学生和周边国家退休老人为代表的旅游市场三个层次，这三个层次各自有比较显著的特点，如表7－3所示。

表7－3　三大入境旅游市场的消费特点

市场	特点
商务及会议旅游市场	再访率高，消费水平高，将可望获得较大的增长
观光和度假为主要目的的一般旅游市场	采用传统的方式进行传统的旅游，但在发展过程中，将会不断有新的需求和新的方式产生，是目前海外宣传促销的主要对象
以欧美国家的青年学生和周边国家退休老人为代表的旅游市场	停留时间长，消费水平低，青年学生将会成为未来中国旅游入境市场的主体；占份额不大，但市场影响大，其口碑对吸引大流量的入境旅游者起到重要作用，也会弥补旅游市场淡季

入境旅游市场系列、级别、层次的划分，对有针对性地设计、营销和接待不同客源市场的旅游者有着重要的作用，很多开展国际业务的旅行社均据此开展业务，例如云南省风光国际旅行社的入境业务就划分为欧美、日本、中国香港、东南亚（新加坡、马来西亚、印尼、菲律宾等）、华侨（美国、加拿大、新西兰、澳大利亚等）市场板块。

二、入境旅游市场整体发展现状、发展趋势及建议

（一）入境旅游市场发展现状

旅游产品是旅行社一切经营活动的出发点，30 多年的入境旅游发展历程使我国入境旅游产品的特征日趋明显，主要表现在以下方面：

整体而言，我国入境旅游市场采用的是国家营销体制，在对内整合资源、对外整体推介方面都有很强的优势。"旅游主题年"工作已成为统筹全国旅游形象宣传的抓手，旅游形象口号和标识设计与推广提振了国家整体宣传力度，"中国旅游日"的确立对加强境外认知具有标志性意义，国际旅游交易会改革使其功能得到深入发掘。地方旅游营销的主动性和积极性正日益提升，并越来越注重地区之间的互补性发展。

但与此同时，也存在一些不足的地方，例如：

1. 入境旅游产品种类单薄

旅游目的地仍以观光类型产品为主，度假产品开发不足，专项旅游产品开发偏少。中国吸引入境游客的重要因素在于深厚的历史文化，京、西、沪、桂、广等历史积淀深厚的地区成为入境游客到访较多的地方。但随着到访次数的增多和需求的多样化，单一产品很难有效满足需求，入境旅游产品品类亟待丰富。

2. 入境旅游产品创新的内外限制因素过多

由于受资本和经营实力等条件的限制，旅行社多采用间接的销售渠道，缺少与顾客的直接接触机会，且产品推广受到第三方平台制约，入境旅游产品创新对多方协作的需求难以得到满足，阻碍了产品的创新。同时，旅游产品的易复制性和创新保护机制的欠缺也是影响创新的外部因素。

3. 入境旅游产品的利润空间下降

旅行社业者普遍认为，人民币汇率上升、我国物价水平和国内景点门票价格增长过快，一方面增加了旅行社企业的采购成本，另一方面增加了外国游客来华旅游的成本，影响了外国游客来华积极性。二者的相互作用使得旅行社产品的利润空间不断缩减，毛利由 15% 降到了 10% ~ 12%。

（二）入境旅游市场发展趋势

在总体经济形势较为稳定的大前提下，旅行社入境旅游产品的特征不会出现大的变动，但受到地区经济发展态势的影响，我国旅行社入境旅游产品将呈现以下三个

趋势:

1. 创新与文化历史结合

中国文化元素作为重要旅游吸引物的地位在短期内不会改变,文化历史与旅游产品的深度融合将成为持续吸引入境游客的关键点。

2. 入境旅游产品细分化和品牌意识增强

品牌的重要性日益凸显,随着信息技术的发展,传统旅行社越来越注重在电子商务平台上和客源地游客的直接接触,逐步构建入境旅游产品品牌。虽然相比国外成熟的旅行社产品品牌,我国旅行社还处于起步阶段,但可以预见的是,这必将成为行业的一种趋势。

3. 注重商务、高端定制市场的发展

商务游客作为高消费群体,在整个入境旅游市场呈下滑态势的大背景下,是旅行社要积极争取和维护的,而当前商务旅游产品的缺乏也凸显了旅行社争取和维护的必要性。面对 OTA 对传统旅行社的威胁,高端定制化旅游产品将成为传统旅行社充分利用自身优势、摆脱竞争困境的重要道路。

(三)入境旅游市场发展建议

1. 入境旅游发展缺少实际行动支撑

对于入境旅游,我国应作为一个整体的、均衡的旅游体,国家应对全国的旅游有一个整体的规划,结合旅游目的地特色丰富入境旅游产品种类。面对入境旅游客源市场的多样化需求,除传统的观光旅游产品外,旅游目的地要适度开发休闲产品、商务游产品和特种游产品,同时为游客量身定制个性化的旅游产品。在具体挖掘各地方旅游特点的基础上形成差异化的旅游产品,引导各地方旅游互补性发展,避免恶性竞争。

2. 联合政府相关部门和协会共同进行产品的创新和推广

旅游产品易复制性使其创新需要政府相关部门的保障和推动,同时入境旅游产品作为国家形象的代表,其推广也需要政府相关部门和行业协会的共同努力。

此外,散客旅游目前已成为世界旅游的一种趋势,无论是入境旅游还是国内旅游。但是应该看到我国还缺少服务于散客的旅游交通体系,这就需要国家有关部门早日协调各省旅游管理部门的行动,推出类似美国"灰狗"运输体系的旅游交通体系。

3. 旅游基础设施有待改善

改革开放以来,我国旅游业基本形成了内容丰富、功能齐全、结构合理的供给体系,相继打破旅游住宿和旅游交通等方面的瓶颈制约,旅游环境有了根本性的好转和优化,特别是旅游厕所建设在底子薄弱、认识滞后的基础上实现了突破性进展,对于树立和改善我国旅游形象、扩大和活跃旅游经济,发挥了明显作用。但是必须要看到,目前我国的旅游基础设施与国外还有一定的差距,特别是在人性化的服务上,还需要国家有关部门继续加大力度,不断改善国内的旅游基础设施。

第二节　旅行社入境旅游业务流程和规范要求

一、旅行社入境旅游业务概念

　　旅行社入境旅游业务，主要是指我国国际旅行社到境外旅游客源地招徕或委托境外旅行社组织境外签约游客前来我国进行的旅游活动，也应包括国外旅行社组织的来华旅游团队通过与国内的国际旅行社签约委托接待前来我国进行的旅游活动。旅游团队一般是指 10 人以上（含 10 人）的游客组成的旅游集体，采取一次性给付旅费，有组织地按预定行程计划进行旅游的方式。

　　在入境旅游业务的经营中，我国旅行社根据市场调研情况或国外旅行社的要求，设计出旅游线路，然后推向国际旅游市场。在国外的旅行社购买了我方的产品并组成旅游团后，我国旅行社通过自己的协作网络进行旅游服务的采购，落实有关接待事宜。境外旅游团在我国境内各地的旅游活动，由我国的组团社委托各地接待社负责安排，并由我国组团社委派的全陪进行监督。团队入境后，其主要的业务操作流程与国内旅游团相似，具体见入境旅游接待业务流程及规范要求。这里涉及三个相关旅行社主体：一是组团旅行社，又称组团社：从事招徕、组织旅游者，并为入境旅游者提供全程导游服务的旅行社。二是接待旅行社，又称接待社：受组团社委托，实施组团社的接待计划，委派地方陪同导游员，安排旅游团（者）在当地参观游览等活动的旅行社。三是境外旅行社：直接为来华旅游者提供旅游产品和服务的境外旅游批发商和代理商，即境内组团社的客户。

二、入境旅游业务服务主要岗位及岗位职责

（一）外联销售人员

　　外联销售人员是指组团社负责为境外旅行社或旅游者提供旅游产品相关信息的人员。一般由经理和若干销售人员组成。

　　1. 外联销售部经理岗位职责

　　（1）依据入境旅游市场发展规划和市场情况，制订年度经营计划和年度工作计划；

　　（2）按照经营计划实施目标分解，运用组织、监督、检查等管理手段实施经营工作，确保完成年度经营计划；

　　（3）制订市场促销计划，包括到境外参展促销和组织境外旅行社人员到中国实地考察等；

　　（4）负责旅游团运作的日常管理，监督检查重点旅游团的接待工作，处理旅游团重大意外事故、重大质量问题，决定授权范围内的对外赔偿；

（5）制定产品销售价格和授权签订各项业务合同；

（6）制定本部门规章制度，对本部门员工进行日常管理、培训、考核和激励；

（7）签发本部门的经营业绩报表，监督管理旅游团应收应付款，对本部门的经营成果负责；

（8）协调本部门与其他各部门及社会相关单位的合作关系。

2. 外联销售人员岗位职责

（1）外联销售组团业务，包括旅游产品的计价、报价、预订，接待计划的编制、发送及变更，结算团费；

（2）催收欠款、建立客户档案等各项业务；

（3）进行市场调研、客户拓展、产品开发、参展促销；

（4）旅游团外联和接待整个流程的运作和质量控制，处理客户或旅游者投诉；

（5）旅游团档案的建立、保存和管理；

（6）控制旅游团接待的实际运行成本，提供销售业绩统计报表。

（二）计调人员

计调人员是指接待社负责计划、调度、联络，安排导游员，预订飞机票、火车票、船票、游览车、餐饮、文艺节目及管理接待用品的后勤人员。其岗位职责包括：

——按组团社接待计划要求编制旅游团详细活动日程表；

——按计划要求落实旅游团的机车船票和饭店预订，按服务标准预订用餐、用车、游览、文娱活动，派遣全陪或地陪导游员；

——根据外联销售人员的要求，落实接待变更，负责变更通知，记录备案；

——接待业务报表的编制、上报和备案存档。

（三）导游员

导游员岗位职责：

——遵纪守法，遵守职业道德，严守国家和企业机密。

——接团前认真阅读接待计划和相关的材料。对日程中的食宿、用车、游览、购物、文娱、交流等活动提前确认。全陪还应确认机车船票，做好联络、协调和监督工作。

——接团过程中负责导游讲解和服务，根据旅游团接待运行情况，做好相关的协调工作，确保接待计划顺利实施。

——注意保护旅游者的人身和财产安全，处理旅游团突发事件，并及时向接待社汇报，参与做好相关善后工作。

——接团结束之前收集旅游者填写的《游客评价表》，接团结束之后向接待社或组团社提交接团总结。

——备齐各类单据，及时报账。

三、入境旅游业务流程及规范要求

（一）产品开发业务流程及规范要求

产品开发通常包括传统产品、新产品、专项产品和个性化产品的开发与创新，其业务流程如图7-1所示。

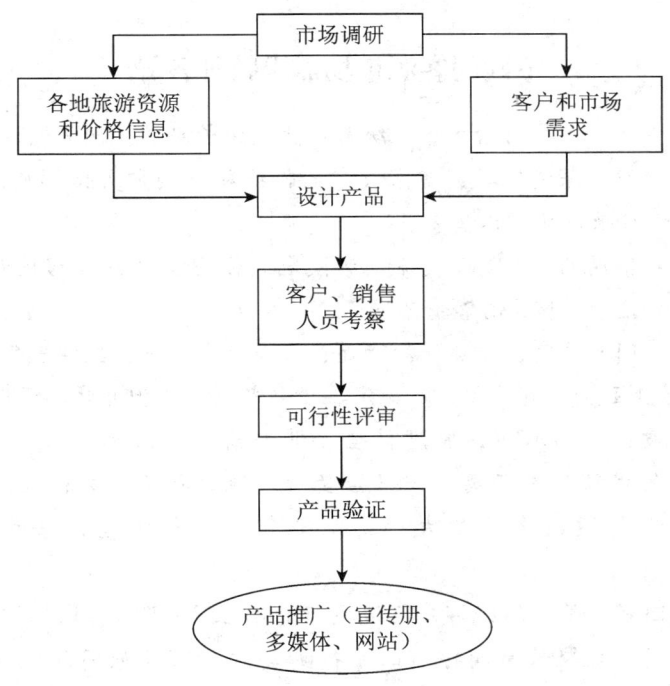

图7-1　入境旅游产品开发流程

开发过程中还应注意如下规范要求：

——树立产品开发意识，具备创新观念、品质观念、服务观念、竞争观念和效益观念，根据市场需求，向境外旅行社提供产品信息；

——运用新技术手段，科学、合理地开发旅游线路，适时向境外旅行社提供适销对路的新产品信息；

——收集和积累各类有关旅游文化、资源、接待设施、交通情况及接待价格等方面信息，参加各类旅游产品推介活动，根据客户和市场需求，进行市场调研、设计开发、实地考察、可行性评审和验证；

——熟知各类传统产品的特点、构成和价格，挖掘产品特色和增值服务，设计传统精品或系列产品；

——根据旅游资源、接待设施、交通情况的变化，通过调整产品组合、增加产品内

涵、改进产品运行模式、提高服务标准、降低采购成本等方式，开发新的旅游产品；

——根据市场需求，开发商务会奖、探险、休闲、宗教、新婚旅游等专项产品，丰富产品种类；

——根据境外旅行社或旅游者的个性化需求，量身开发旅游产品。

【同步思考】

不同的客源市场需求特征各异

（1）我国香港：东方与西方、传统与现代文化长期的共同影响。

（2）我国台湾：深受佛教、儒家及中国传统礼仪纲常文化影响；大部分民众对中国历史文化有很好的知识基础。

（3）华人：不同的华人游客受不同移民地文化影响（欧洲移民和美国移民）；本人移民游客和父母辈移民游客有不同。

（4）日本：国土狭窄，自然资源匮乏，带来有危机感；纪律感很强，"对工作认真到变态"，谦逊、很有礼貌；不一定善于创新创造，但非常善于改造。

（5）新加坡：花园城市；制度健全、井井有条；法制给民生的良好保障；性格，一开始的保留和有距离，一旦接受后呈现的善良单纯；经济能力、带薪假期的支持、新加坡国土面积太小，使平常百姓也能进行每年多次的出国旅游。

（6）欧美国家：属洲际旅游，单边飞行时间在 7～10 小时，时间、航空票价等旅游成本更高，故较长时间停留的旅行更合理（商务原因的顺带旅游情况除外）；西方国家较完善的福利如带薪休假制度的良好执行，允许西方游客计划较长时间的旅行。

请思考：如何根据不同的客源市场需求特征设计开发出优质的旅游产品？

（二）外联销售业务流程及规范要求

1. 业务流程

入境旅游业务外联销售业务流程如图 7-2 所示：

（1）询价、报价与确认。包括：

——外联销售人员应及时对客户的询价函电予以回复。

——报价应按照境外旅行社对旅游团行程的要求、合同约定的价格标准、季节、人数、等级和币种，填写旅游日程计价单，报价计算包括成本和毛利。

——报价应经审核、审批，确保准确无误。

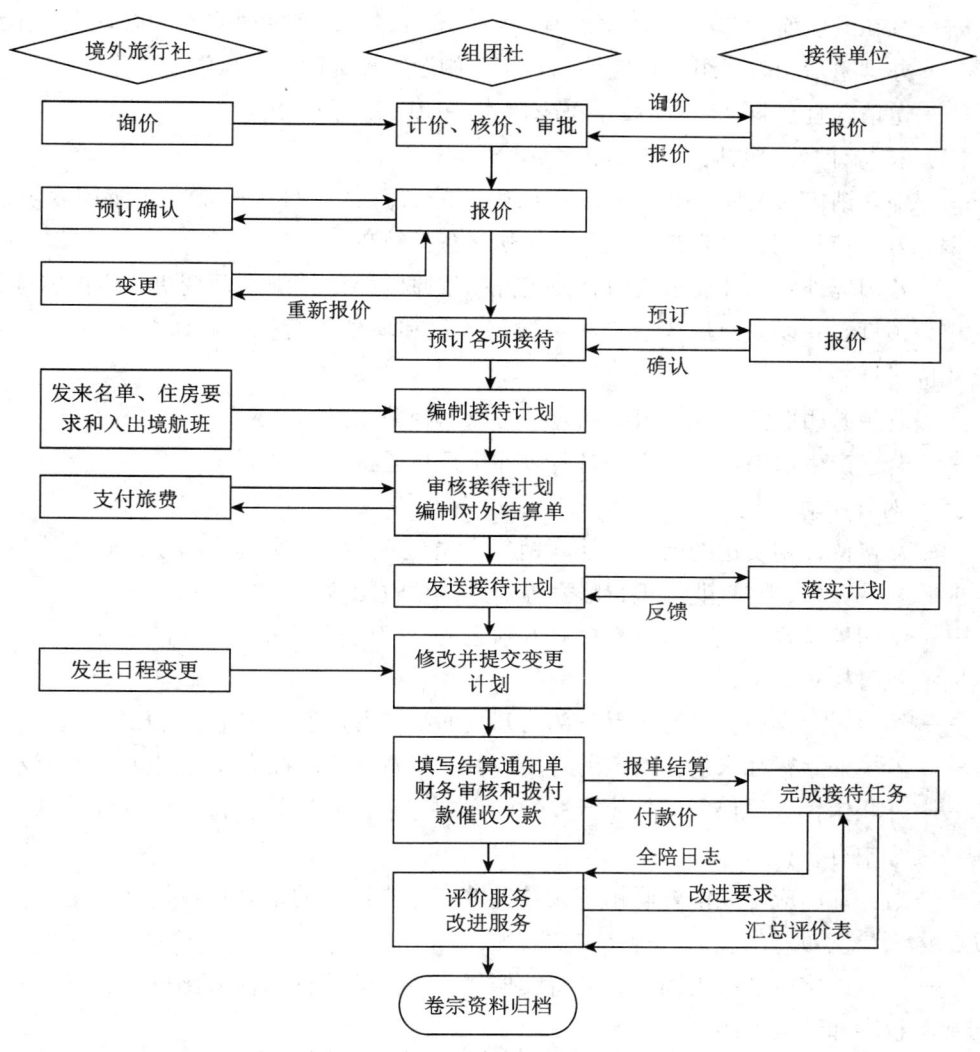

图7-2 入境旅游外联销售业务流程

——组团社应据实回复具体的行程和内容安排，特殊项目应列明单项价格。报价后如果发生变更，应在变更的基础上重新报价，直至获得境外旅行社最终确认。

（2）预订。包括：

——外联销售人员应按照与境外旅行社约定的旅游日程提前安排各项预订；

——各项预订应得到各接待单位的确认，并保存确认件；

——组团社及时向境外旅行社通报预订情况，保留特殊情况下变更预订的权利。

（3）邀请函。包括：

——外联销售人员收到境外旅行社正式确认函电后，如果需要办理邀请函，应填写邀请函发给境外旅行社及我国驻外使领馆；

——宜在入境前（20天）收集所有入境人员资料，以备随时查阅和办理入境手续；

——办理邀请函时，组团社应持函到相关旅游管理部门加盖旅游签证章；

——邀请函宜在收到团费后、旅游团入境（10天）前发出。

（4）接待计划。包括：

——外联销售人员应根据境外旅行社确认的旅游团行程（通常在旅游团入境前20天）编制好接待计划，经审核无误后，发送至各接待单位；

——若因境外旅行社要求或因有关接待单位原因导致计划出现变更，组团社应及时更改相关预订，并以书面形式通知相关接待单位和境外旅行社，确认变更后的新日程、要求及价格；

——若旅游团取消行程，组团社应及时取消相关预订；

——若已产生取消费用，应及时向境外旅行社通报并收取。

（5）对外结算。包括：

——在接待计划发送的同时，外联销售人员应填写《结算通知单》，向境外旅行社提供应收款结算单、本企业的银行账号等信息，预收团费；

——组团社应要求境外旅行社在双方约定的时间内付清团费并提供汇款清单，收到团费时应及时核对确认；

——经核对无误后，及时将财务部门开具的结算费用发票邮寄境外旅行社；

——若境外旅行社未能在约定的时间内付清团费，组团社应及时催款直至收讫；

——外联销售人员保留境外旅行社付款详细记录，对境外旅行社的付款数额、欠款数额做到心中有数；

——财务部门应定期向外联销售人员提供境外旅行社的结算付款情况，至少每月向外联销售人员发布一次境外旅行社欠款通知；

——若境外旅行社拖欠团费，应持续催款，并保留催款的往来函电，保证本企业追索团费的权利和证据；

——若在约定的时间内仍未收到拖欠汇款时，外联销售人员应及时向部门经理汇报，以便于采取有效措施，必要时通过法律程序追回团费。

（6）质量监督与改进。包括：

——外联销售人员应要求接待社定期收集反馈旅游者《游客旅游服务评价表》，查阅《全陪日志》，综合分析境外旅行社和旅游者对产品和服务的评价，提出建议，改进产品与服务；

——收到境外旅行社的意见或投诉后，组团社应向相关接待单位调查核实，提出改进建议和纠正措施；

——应建立供应商的信誉档案，根据境外旅行社和旅游者反馈的意见，定期进行供应商质量评估，确保供应商能够提供符合约定的服务。

（7）卷宗档案管理。包括：

——组团社应一团一卷，在卷宗封面注明团号和旅游时间，系列团可设统一的卷宗；

——卷宗内应归集询价、计价、报价、预订、确认、接待计划及变更的往来确认函电，应收款、已收款和付款记录等完整业务资料，以及相关接待安排和费用的记录；

——卷宗应至少保存 2 年；

——如采用电子档案管理，应合理地按旅游团的主细信息结构存于数据库中，业务数据应至少保存 3 年，结算数据宜长期保存。

2. 规范要求

（1）客户选择。要求：

——通过正当途径选择境外旅行社，可前往拜访，并实地考察，了解境外旅行社的业务范围、客源组织能力、资质信誉等基本情况；

——每年对选定合作的境外旅行社进行定期分析评估，写出书面分析报告；

——如发现不良信誉的境外旅行社，向旅行社行业协会通报，维护旅行社行业的利益。

（2）销售。要求：

——遵守旅行社行业运行规则；

——按照平等互惠原则与境外旅行社建立业务关系；

——不得恶意削价竞争，维护本企业的信誉和形象。

（3）报价。要求：

——以人民币报价，若以美元或欧元等外币报价，应注明计价汇率和汇率变化的约定条款；

——先收款、后接待，避免境外旅行社拖欠款；

——报价时，应使用双方认可的语言文字，避免因文字不清或疏漏而引起双方的误会和纠纷；

——年度报价时应根据境外旅行社的特点和要求，根据市场变化趋势和客户需求，同时考虑住宿、交通、餐饮、门票、汇率等变化因素，在本年度适当时间集中向境外旅行社提供下一年度的产品和报价，以便境外旅行社印制产品手册和进行宣传促销。

（4）业务合作协议。组团社在与境外旅行社建立业务关系时，应按照有关法律规定以组团社的名义与之订立书面的业务合作协议，特殊情况可以采用其他形式订立。合同应一式两份，组团社与境外旅行社各持一份。合同内容至少包括：合同双方当事人；提供的服务项目；提供的服务标准及价格；付款方式、币种和期限；合同变更；免责条款；违约责任和解决争议的方法；法律适用；生效和终止时间。

（5）业务往来函电。组团社应使用企业统一格式信函，包括：本企业标识、全称、地址、电话和传真号、网站和电子邮件地址、日期、境外旅行社名称、收件人姓名、电文内容等，并有发件人签名。同时，重要内容不宜手写或电话通知。

（6）客户档案。组团社应建有详细、连续的境外旅行社客户档案，每年对档案内容做更新，统一保管。档案内容应包括：客户名称（外文全称和中文译名）、客户国别（或地区）、法人代表、注册资本、通信地址与联系方式，以及客户历史、背景、经营现状和发展趋势、经营项目、市场占有率、结算方式、资信程度、工作人员业务素质及变更情况等。

（三）接待业务流程与规范要求

1. 业务流程

入境旅游接待业务流程如图 7 - 3 所示：

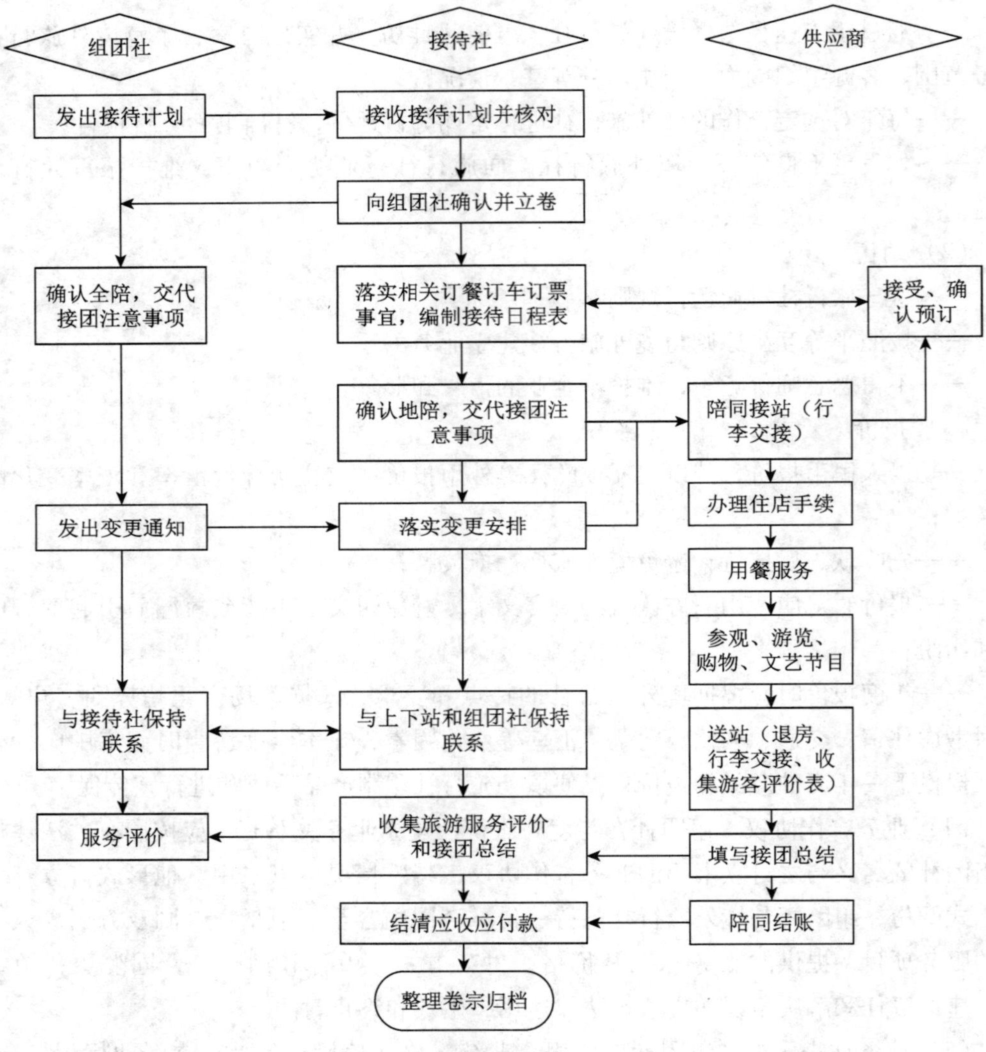

图 7 - 3　入境旅游接待业务流程图

注：供应商指交通部门（航空、铁路、游船、旅游汽车）、饭店、餐馆、景点、商店及文娱场馆等。

（1）接团准备。包括计调人员的准备和导游员的准备。

——计调人员的准备。包括：详细了解服务项目和要求，登记并立卷，向组团社反馈收到信息；按接待计划要求制作旅游团当地活动日程表、落实预订、确定地陪；通知地陪领取旅游团当地活动日程表，机车船票、门票餐饮结算凭证、接站牌、《游客旅游服务评价表》等物品，详细介绍预订落实情况及接团注意事项；若接到组团社变更通知，应及时做预订变更，并通知地陪。

——导游员的准备。全陪和地陪导游员的接团准备工作与国内团接团准备的要求相同。

（2）接团服务。导游员的接团服务同国内接团服务的要求。

（3）后续工作。包括计调人员的后续工作和导游员的后续工作。

——计调人员的后续工作。包括：督促地陪及时与接待社结账，归还所借物品；向地陪收集《游客旅游服务评价表》和接团总结；尽快与组团社及签约餐馆、景点、文娱场馆、汽车公司等结清应收应付款项；对已结账的旅游团卷宗及时整理、归档，妥善保存。

——导游员的后续工作。导游员的后续工作同国内团队后续工作的要求。

2. 规范要求

根据入境旅游团队的个性特点，在进行接待时有以下几方面规范要求：

（1）停留时间长，生活和接待服务要落实到位。除了少数港澳同胞来内地旅游的团队外，多数入境旅游团队在我国大陆旅游时，通常在几个甚至十几个城市或旅游景点所在地停留。因此，入境旅游团队的停留时间少则一周，多则十几天，少数入境旅游团队曾经创下在华旅游时间长达40多天的记录。由于在旅游目的地停留时间长，所以其在旅游期间的消费一般比较高，能够给旅游目的地带来较多的经济收益。旅行社应为入境旅游团队安排和落实良好的生活和接待服务，使其慕名而来，满意而归。

（2）外籍人员多，导游安排配备要合理。入境旅游团队以外国旅游者为主体，其使用语言、宗教信仰、生活习惯、文化传统、价值观念、审美情趣等均与我国有较大差异。在由海外华人所组成的旅游团队中，不少海外华人及其子女长期居住在国外，在生活习惯、使用语言、价值观念等方面也与当地居民十分相似，许多海外华人已经基本不会讲汉语，或根本听不懂汉语普通话。因此旅行社必须充分尊重他们，为其配备熟悉其风俗习惯、文化传统，并能熟练地使用外语的人员担任导游。

（3）预订周期长，应充分做好接待准备。相对于国内旅游，入境旅游的预订周期一般比较长，从旅游中间商开始向旅游目的地的接待旅行社提出接团要求起，到旅游团队实际抵达旅游目的地时止，旅行社同旅游中间商之间需要进行多次的通信联系，不断地对旅游团队的活动日程、人员构成、旅游者的特殊要求等事项进行磋商和调整。另外，旅游中间商还要为旅游团队办理前往旅游目的地的交通预订、申请并领取护照和签证等手续及组织散在各地的旅游者在事先规定的时间到达指定地点集合、组成旅游团队并搭

乘预订的交通工具前往旅游目的地，这有利于接待旅行社在旅游团队抵达前充分做好各种接待准备，落实各项旅游服务安排。

（4）涉及环节多，应认真制订活动日程，防止出错。在各种团队旅游接待工作中，入境旅游团队要求接待旅行社负责落实的环节最多。其在旅游目的地停留的时间长、地点多，旅游活动往往涉及旅游目的地的各种有关旅游服务供应部门和企业。为了妥善安排入境旅游团的生活和参观游览，接待旅行社必须认真研究旅游接待计划，制订详细的活动日程，并逐项落实整个旅行过程中的每一个环节，避免在接待中出现重大人为事故。

（5）活动变化多，及时采取调整措施。入境旅游团队的活动变化比较多，如出发时间的变化、旅游团人数的变化、乘坐交通工具的变化等。因此，接待旅行社在接待过程中应密切注意旅游团活动可能出现的变化，及时采取调整措施，保证旅游活动的顺利进行。

3. 特殊情况处理规范要求

（1）投诉处理原则。旅游投诉一般分为境外旅行社代表旅游者投诉和旅游者直接投诉两种，处理原则包括以下五种：

——组团社外联销售人员收到境外旅行社代表某团旅游者反映接待质量的投诉函后，对于一般投诉应立即进行调查核实，并在24小时内书面向境外旅行社作出反映，以示重视。

——组团社外联销售人员收到投诉函后，对于重大投诉应报告部门经理，可与本社质量管理部门协商处理。

——调查结束后，组团社应依据调查材料，区分责任，作出处理决定。

——组团社外联销售人员应把有关处理决定，包括投诉处理意见、致歉函、赔偿决定及办法等，及时通知境外旅行社或直接通知投诉者。

——组团社外联销售人员应把处理投诉的往来函电、调查材料及处理决定随同该团有关资料一并归档保存。

（2）旅游者伤病的处理规范要求。包括：

——组团社的代表（或委托陪同人员）宜前往探视，安排人员陪同患者前往医院就诊或陪床。

——若伤病者所在旅游团中无境外旅行社代表，组团社外联销售人员应把情况及时通知境外旅行社，尽早与病人家属或其保险公司取得联系。

——若遇有不能继续随团旅行的伤病者，接待社应协助办理分离签证，安排照顾好团内其他旅游者，不影响旅游团行程。

——伤病者的诊疗费或住院费应由伤病者自理或按旅游者投保公司的规定办理。

——需由组团社垫付诊疗费或住院费时，组团社外联销售人员应凭境外旅行社或保险公司的书面委托函，以书面形式请示并获批准后，方可予以办理。

——组团社外联销售人员处理完毕后应保存好有关往来函电，并尽快把应收费用汇总，通知境外旅行社汇款。

——向组团社的承保公司报案。对旅游者或境外旅行社要求带走所有保险索赔凭证原件的，应得到境内保险公司的书面认可，并在移交凭证原件前全部复印并公证留存，以备组团社日后向保险公司索赔。

（3）旅游者死亡的处理规范要求。包括：

——由参加抢救的医师向死者亲属、境外旅行社代表及死者的好友或代表详细报告抢救经过，并写出《抢救经过报告》及《死亡诊断证明书》，由主治医师签字后盖章并复印三份，分别交给死者亲属、境外旅行社代表、接待社和组团社。也宜请境外旅行社代表向全团宣布对死者的抢救经过。如要求尸体解剖，应由境外旅行社代表或死者亲属提出书面申请，经医院同意方可进行。

——死者遗物由其亲属或境外旅行社代表，或死者好友代表、全陪和接待社代表共同清点，列成清单，一式两份，清单由上述人员签字并分别保存。遗物交亲属或由境外旅行社代表带回国（或交使领馆铅封托运回国）。如死者有重要遗嘱，应把遗嘱复制或拍照后交驻华使领馆转交，防止转交过程中发生篡改。

——死者亲属不在时，应及时请境外旅行社代表与死者在国外的直系亲属及所持护照国使领馆联系，并商定遗体处理办法。一般应在当地火化为宜。遗体火化前，由境外旅行社代表或死者亲属或代表写出《火化申请书》，交接待社保存。可由旅游团境外旅行社代表、死者好友、亲属或全团向遗体告别。告别现场应拍照留存。如境外旅行社代表或死者亲属提出举行追悼仪式，可以组团社名义致简短悼词，送花圈或花束。死者遗体由境外旅行社代表、死者亲属或代表护送火葬场火化。火葬场把死者《火化证书》交境外旅行社代表或死者亲友带回国。

——若死者家属要求把遗体运送回国，还应注意尸体由医院进行防腐处理，由殡仪馆成殓，并发给《装殓证明书》。灵柩应用铅皮密封，外廓应包装结实。如死亡地点不是出境口岸，应由地方检疫机关发给死亡地点至出境口岸的检疫证明《外国人运带灵柩（骨灰）许可证》，然后由出境口岸检疫机关发给中华人民共和国×××检疫站《尸体/灵柩进/出境许可证》。由死者所持护照国驻华使领馆办理一张遗体灵柩经由国家的通行护照，此证随灵柩一起同行。

第三节　入出境检查手续

出于国家（地区）安全和利益的考虑，我国对进出中国境内的各类人员均实行严格的检查手续，办理手续的部门一般设在口岸和旅客入境地点，如机场、车站、码头等地方。持旅游签证的外国人、华侨、港澳台同胞及中国公民自海外入境或返回，均须在指

定的口岸向边防检查站（由公安、海关、卫生检疫三方组成）交验有效护照和签证，接受边防检查机关的检查，填写入（出）境登记卡（登记卡的内容包含姓名、性别、出生年月、国籍、民族、婚否、护照种类和号码、签证种类和号码、有效期限、入境口岸、日期、逗留期限等），经边防检查机关查验核准加盖入境验讫章后方可入境。

一、边防检查

边防检查站是国家设在口岸的入出境检查管理机关，是国家的门户。它的任务是维护国家主权、安全和社会秩序，发展国际交往，对一切入出境人员的护照、证件和交通运输工具实施检查和管理。

（一）入境检查

下列外国人不准入境：

——被中国政府驱逐出境，未满不准入境年限的；

——被认为入境后可能进行恐怖、暴力、颠覆活动的；

——被认为入境后可能进行走私、贩毒、卖淫活动的；

——患有精神病和麻风病、性病、开放性肺结核等传染病的；

——不能保障其在中国所需费用的；

——被认为入境后可能进行危害我国国家安全和利益的其他活动的。

下列外国人，边防检查站有权阻止其入境：

——未持有效护照、证件或签证的；

——持伪造、涂改或他人护照、证件的；

——拒绝接受查验证件的；

——公安部或者国家安全部通知不准入境的。

【知识链接】

签证

签证是主权国家颁发给申请者，进入或经过本国国境的许可证明，是附签于申请人所持入出境通行证件上的文字证明，也是一个国家检查进入或经过这个国家的人员身份和目的的合法性证明。在中国，华侨回国探亲、旅游无须办理签证。

按照颁发对象和由此引发签证颁发国对持证人待遇的不同，可将签证分为外交、公务、普通签证三类。

（二）出境检查

外国人入境后应在签证有效期内从指定口岸离开中国。出境时，应向出境检查员交验护照证件和出境登记卡。出境检查员核准后，加盖出境验讫章，收缴出境登记卡后放行。

（三） 交通运输工具的检查

出入中国国境的国际交通运输工具（包括中、外籍的国际航空器、国际航行船舶、国际列车和入出境汽车及其他机动车辆），须从对外开放的口岸通行，并在入出境口岸接受我国边防检查机关的检查和监护。检查内容包括：

——办理交通运输工具入出境手续。国际交通运输工具抵离我国口岸，其负责人应向边防检查机关申报服务员工及旅客名单，提供其他的情况，经审核、查验无误后放行。

——查验服务员工及旅客的护照、证件，为旅客办理入、出、过境手续，为服务员工办理准予停留或登陆、住宿手续，查封或启封交通运输工具。

——必要时，对服务员工及旅客行李物品进行检查。

——需要时，对交通运输工具实施机体、船体、车体检查。

（四） 安全检查

根据我国政府规定，为确保航空器及旅客的安全，严禁旅客携带枪支、弹药、易爆、腐蚀、有毒、放射性等危险品。旅客在登机前必须接受安全人员的检查，拒绝接受者不准登机，损失自负。

二、海关检查

（一） 入出境旅客通关

"通关"是指入出境旅客向海关申报，海关依法查验行李物品并办理入出境物品征税或免税验收手续，或其他有关监管手续之总称。"申报"是指入出境旅客为履行中国海关法规规定的义务，对其携带入出境的行李物品实际情况依法向海关所做的书面申明。

——须通过设有海关的地点接受海关监管，旅客应按规定向海关申报。

——携带物品以自用合理数量为原则，对不同类型的旅客行李物品，规定了不同的范围和征免税限量或限值。

——依法向海关申报。旅客入出境，携带须向海关申报的物品，应在申报台前，向海关递交《中华人民共和国海关入出境旅客行李物品申报单》或海关规定的其他申报单证，按规定如实申报其行李物品，报请海关办理物品入境或出境手续。其中，携带中国法律规定管制的物品，还须向海关交验国家行政主管部门出具的批准文件或证明。旅客行李物品，经海关查验征免税放行后，才能携离海关监管现场。

——依法选择合适通关方式。在实施双通道制的海关现场，旅客携带有须向海关申

报的物品时，应选择"申报"通道（亦称"红色通道"）通关；携带无须向海关申报物品的旅客，则可选择"无申报"通道（亦称"绿色通道"）通关。

——妥善保管有关单证。经海关验核签章的申报单证，应妥善保管，以便回程时，凭单办理有关手续。

（二）行李物品和邮寄物品征税办法

为了简化计税手续和方便纳税人，中国海关对进境旅客行李物品和个人邮递物品实施了专用税制、税率。最新税率为四级：10%、30%、80%、100%。物品进口税从价计征；其完税价格，由海关参照国际市场零售价格统一审定，并对外公布实施。

三、卫生检疫

中国卫生检疫局是国务院授权的卫生检疫涉外执法机关，它及其下属的各地过境卫生检疫机关在对外开放的国境口岸，对入出境人员依法实施卫生检疫检查，并有权要求入境者填写健康申明卡，传染病患者隐瞒不报，按逃避检疫论处。一经发现，禁止入境；已经入境者，让其提前出境。

来自传染病疫区的人员须出示有效的有关传染病的预防接种证明（俗称"黄皮书"），无证者，过境卫生检疫机关将从其离开感染环境时算起实施6日的留验。

来自疫区被传染病污染或可能已经成为传染病传播媒介的物品，须接受卫生检疫检查和必要的卫生处理。

【复习思考题】

1. 简述入境旅游接待业务处理流程。

2. 入出境时按规定要出示哪些证件？

3. 简述我国的海关入出境的检查手续流程。

4. 调查×××国际旅行社的入境旅游业务，根据入境旅游业务处理流程的理论知识分析并评价该旅行社的入境旅游开展情况。

【案例分析】

某海外旅游团队在中国境内旅游，团队领队为 MR 乔，由广州某 A 国际旅行社接待，全陪张某；去杭州游览，由杭州 B 地接社接待，地陪冯某。在杭州游览过程中，团队内一老人在游览途中突发心脏病，被紧急送往附近的医院，而随行没有其亲属。

分析题：领队、全陪、地陪分别应履行何职责，互相应如何配合，处理这类突发事件？

第八章

旅行社计调业务

旅行社计调，就是计划与调度的结合称谓，是旅行社内部专职为旅行团、散客的运行走向安排接待计划，统计与之相关的信息，并承担与接待相关的旅游服务采购有关业务调度工作的一种职位类别。本章将对计调相关概念及业务流程进行介绍。

 【学习目标】

通过本章学习，学生应能对照计调的素质要求提高自己的素质和能力；掌握旅行社计调的一般工作流程，并通过实习掌握相关旅行社计调业务。

【导入案例】

一个普通旅行社计调的工作流程

1. 收集资料

收集客户的资料、旅游地的资料，了解多个旅行社价格、信誉、优势，还有景点的价格、分市场价格和给旅行社的价格。大部分地接社都能拿到比外地旅行社价格低的折扣，这些情况都是需要花费电话费去打听、去问、去了解的。

2. 核算成本定价格

测算车价、过路费、导服费、餐费、保险费、住宿费等费用，然后根据成本确定价格。

3. 报价

根据对方询价编排线路，以《报价单》提供相应价格信息（报价）。

4. 计划登录

接到组团社书面预报计划，将团号、人数、国籍、抵/离机（车）、时间等相关信息登录在当月团队动态表中。如遇对方口头预报，必须请求对方以书面方式补发计划，或在我方确认书上加盖对方业务专用章并由经手人签名，回传作为确认件。

5. 编制团队动态表

编制接待计划，将人数、陪同数、抵/离航班（车）、时间、住宿酒店、餐厅、参观景点、地接旅行社、接团时间及地点、其他特殊要求等逐一登记在《团队动态表》中。

6. 计划发送

向各有关单位发送计划书，逐一落实用房、用车、用餐、地接社、返程交通等安排。

7. 计划确认

逐一落实完毕后（或同时），编制接待《确认书》，加盖确认章，以传真方式发送至组团社并确认组团社收到。

8. 编制概算

编制团队《概算单》。注明现付费用、用途。送财务部经理审核，填写《借款单》，与《概算单》一并交部门经理审核签字，报总经理签字后，凭《概算单》《接待计划》《借款单》向财务部领取借款。

9. 下达计划

编制《接待计划》及附件。由计调人员签字并加盖团队计划专用章。通知导游人员领取计划及附件。附件包括：名单表、向协议单位提供的加盖作业章的公司结算单、导游人员填写的《陪同报告书》、游客（全陪）填写的《质量反馈单》、需要现付的现金等，票款当面点清并由导游人员签收。

第一节　旅行社计调概述

一、旅行社计调的概念

随着业务范围的扩大，旅行社开始设立专职岗位或部门，计调开始对外代表旅行社同旅游供应商（上下游行业）建立广泛的协作网络、签订有关协议、取得代办人身份、以保证提供旅游者所需的各项委托事宜、并协同处理有关计划变更和突发事件；对内做好联络和统计工作，为旅行社业务决策和计划管理提供信息服务。旅游活动涉及食、住、行、游、购、娱等方面，航空公司、铁路、轮船公司、酒店、餐厅、景点以及娱乐场所等也就成为旅行社的采购对象，对于组团社而言，还要采购接待社的产品。计调就是旅行社运筹帷幄的人，不仅要周全地安排好旅游团行程中每一个环节，还要处理其中的突发状况，是整个行程的总导演。

简单来说计调的含义就是计划和调度，就是根据客人的要求做旅游的行程和报价，耐心细致地向客人介绍行程安排和服务标准，取得一致后签订旅游合同，然后安排旅游行程中的导游、车辆、住宿及用餐。要做一个好的计调不是一件容易的事。

旅行社计调，就是计划与调度的结合称谓，是旅行社内部专职为旅行团、散客的运行走向安排接待计划，统计与之相关的信息，并承担与接待相关的旅游服务采购有关业务调度工作的一种职位类别。

二、旅行社计调的素质要求

计调是旅行社完成地接、落实发团计划的总调度、总指挥、总设计。可以说，"事无巨细，大权在握"，具有较强的专业性、自主性、灵活性，而不是一个简单重复的技术性劳动。计调岗位十分需要高素质、高水平的人员，一个优秀的导游或外联人员能直接给旅行社带来客源效益，计调人员的价值也同样重要。这位幕后英雄的优秀与否，是旅行社经营运作的一个重要元素。

旅行社计调应具备以下素质要求：

（一）遵纪守法，敬业爱岗

要有责任心，一名好的计调会让导游和旅行社省心。

（二）掌握业务知识和能力

一个出色的旅行社计调，除了需要相应的文化程度、文字功夫和外语基础外，还必须具备下列专业知识：

——熟悉旅行社的管理；

——熟悉全包价、小包价、单项委托，散客、展览、会议等业务知识；

——掌握票务、行包和其他委托业务；

——熟悉航空、铁路、航运、酒店、餐厅以及旅游车队及有关涉外单位的情况，特别是业务情况；

——具有财务、统计、外汇管理方面的知识；

——熟悉自动化办公；

——熟悉《旅行社条例》等行业法规，掌握经济合同法及有关海关、边检以及出入境规定、法规。

另外，还要有宾客至上的观念，要有强烈的质量意识，要有明确的市场观念，极具公关能力，极具协作精神，等等。

尽管总社的分工细化，在制定线路、新产品的开发及采购上要求计调必须具备强烈的市场意识。要对旅游市场、各旅游目的地的变化、各地接待单位实力的情况等有所了

解；按季节及时掌握各条线路的成本及报价，确保对外报价的可靠性、可行性及准确性，还要不断地对工作进行创新。

三、旅行社计调的核心

对计调而言，成本领先与质量控制是计调岗位的两大核心。

（一）成本领先

掌握着旅行社的成本；要与接待旅游团队的酒店、餐馆、旅游车队及合作的地接社等洽谈接待费用。所以，一个好的计调人员必须要做到成本控制与团队运作效果相兼顾，也就是说，必须在保证团队有良好的运作效果的前提下，在不同行程中编制出一条能把成本控制得最低的线路出来。在旅游旺季，计调要凭自己的能力争取到十分紧张的客房、餐位等，这对旅行社来说，相当重要！

（二）质量控制

在细心周到地安排团队行程计划书外，还要对所接待旅游团队的整个行程进行监控。因为导游在外带团，与旅行社唯一的联系途径就是计调，而旅行社也恰恰是通过计调对旅游团队的活动情况进行跟踪、了解，对导游的服务进行监管，包括对游客在旅游过程中的突发事件代表旅行社进行灵活的应变。所以说，计调是一次旅行的幕后操纵者。

在质量控制上，中小旅行社十分需要水平高的计调人员进行总控。整合旅游资源、包装旅游产品、进行市场定位等都需要计调来完成。计调是市场的敏锐器，要求懂游客心理，具有分销意识及产品的开发能力，等等。在具体操团过程中，一名称职的计调要业务熟练，对团队旅行目的地的情况、接待单位的实力、票务运作等都胸有成竹。

第二节　计调业务流程

计调业务主要是指为了完成旅行社接待计划、产品设计和有关统计任务等，承担着与接待相关的旅游服务采购、产品设计、有关业务调度和统计工作。计调业务流程有如下步骤：接收计划、发送计划、确认计划、更改计划、归档计划和统计计划。

一、接收计划

计调部门从外联和各组团社接收到的旅游计划和预报是各种各样的：系列团、散客团、特殊团、小包价团、单项委托等；有着急的、不着急的；传真过来的、电子邮件发过来的，五花八门。计调部在收到这些计划后，要及时进行处理，分门别类、编号登记，按照轻重缓急的顺序及时送报相关领导、财务，以及计划中涉及的所有合作部门和机构。分类和编号方法视具体的公司和部门而定。

二、发送计划

计调部门应将分类整理好的计划，提前发送给民航、铁路、车船公司、饭店，以及本社订房中心、订票中心、导游部等有关单位和部门，以便这些单位和部门能及时了解接待计划，做好充分的接待准备工作。具体提前多长时间发送计划，视团队和市场情况而定，最好是及时发送，及时预知。

三、确认计划

为了确保接待计划的顺利实施，杜绝各种责任事故的发生，计调部门要对所发送的计划进行逐一确认，切实落实各接待部门已经明确了自己的接待任务。确认计划是计调部业务流程中至关重要的环节，琐碎繁杂、耗时耗力，但却不容忽视。这就要求计调人员必须认真负责、耐心谨慎。确认计划，要求坚持书面确认的原则，无论是通过传真还是电子邮件的形式，一定都要有对方的书面确认。书面确认的内容包括：确认人、确认项目、确认时间，避免今后不必要的责任扯皮。这点是需要计调人员特别关注的。

确认计划的具体内容，是围绕计划落实客人的食、住、行、游、购、娱等各个环节是否已经按要求准备到位。

——食。各餐厅确认用餐人数、标准和特殊需求，如素食等。

——住。各饭店和饭店预订中心确认用房天数和间数（单间、双间）。

——行。车队或汽车公司确认用车标准，是否有行李车；交通部门或票务中心，确认各段机、车、船票是否订妥。

——游。导游部确认地陪和全陪的安排，景点门票的购买。

——购。计调部门确认是否有购物限制，如次数、地点等。

——娱。计调部门确认娱乐项目的安排，如京剧、杂技等。

——地接。各地接社确认已收到的计划，并按计划要求安排客人的行、游、住、食、购、娱。

四、更改计划

俗话说"计划赶不上变化"。一个旅行团，说不定哪个环节就会有变化，计调部门要马上将此变化无一遗漏地通知到各相关部门和单位。如人数，不管是减少还是增加，都会影响到用车、用房、用餐和门票等。所有变更都要按时间顺序与原计划存放在一起，以备随时查看，避免出错。传统的变更，都是计调部门以书面形式发送到各相关部门和单位的，计调部门将各部门签收、确认的变更单，按时间顺序逐一粘贴在原计划的背面。现在由于电子邮件的广泛应用，书面变更的程序已被电子更改所取代，外联人员在原计划基础上变更内容，并通知计调部门；计调部门将变更情况通过电子邮件发送给

各相关部门和单位。变更通知是对原计划的修正，若联系不当，则会导致混乱，造成失误，从而影响接待质量。因此，变更仍需要书面确认，流程与确认计划相同。变更的内容主要有以下几方面：

——人数的增加或减少；

——因人数变更引起的其他相应变更；

——抵离航班时间的更改；

——因航班变更，用餐时间和地点的相应变更；

——其他内容的变更等。

五、归档计划

计调部门对外，不但要与饭店、交通、旅游景点、定点商店等机构联络合作，还要与其他旅行社合作；对内，更要与外联、接待和财务等相关部门搞好交接工作。计调部门每天往来的传真、电子邮件、记录等非常多。团队旅行虽然结束了，但结算、统计等后续工作还有待完成。这就要求计调部门务必须将计划作为原始资料归档收存，建立团队业务档案库，妥善保存起来，以便查阅。团队计划档案的留存时间一般为 2~3 年。

六、统计计划

为了更好地发展业务，扩大市场份额，适应市场变化，在日益激烈的市场竞争中立于不败之地，旅行社必须对各项经营活动进行认真全面的统计，并进行科学有效的分析，从而及时调整经营方针与经营策略。因此，影响旅行社经营情况的一切数量关系，均是计调部门统计工作的内容，具体包括如下几个方面：

（一）客源统计

对客源情况的统计分析，是计调部门统计工作最主要的一环。本旅行社一年及各个月份接待的人数、天数，各客源国（地区）的客源数量、客源流向，淡、旺季的分布等，都应有详细的统计资料。通过对本期统计数据同上年同期统计数据的对比，从中发现问题，找出规律，有利于旅行社决策部门开拓市场。通过图和表的形式，可以把旅游现象数量方面的资料形象清晰地反映出来。

（二）合作单位情况统计

旅行社与民航、铁路、饭店、汽车公司、旅游景点、餐厅、定点商店等方面都建立了合作关系，有必要对合作单位进行全面的统计和分析，看看本旅行社在一定时期内，向以上行业、部门和单位输送了多少客源，为今后能争取到更为优惠的价格提供依据。可根据需求设计出各种各样、不同形式的从各个角度反映本旅行社经营情况的统计表，如用车一览表、旅游景点价格一览表等。对这些表格也要妥善收存，分门别类以备查询使用。

第三节　旅行社计调实务

一、旅行社计调实务之——沟通交流

　　旅游旺季，业务繁忙的旅行社的计调每天打电话的时间可能在 6 个小时以上，因为每一个工作的完成都离不开电话，联系一个司机、找到一个导游、与餐厅的沟通、与酒店（宾馆）销售部的讨价还价等，没有电话的帮助是不可能的。

　　例如，某旅行社经理决定开发一条线路，郊区的某个景区，行程 3 天。一般情况下，经理的设计只是"纸上谈兵"，经理的意图一定，便传达给计调和外联人员，他们必须前往相关的景点洽谈协议，其内容包括了解景区的价格、环境、开放时间、淡旺季区别、酒店住宿、餐饮条件及餐费价格，有的时候计调和外联的工作是相通的，出差到外地了解具体情况也是正常的。

　　所以，计调的工作将利用传真、电话、E-mail、QQ 等通信工具联络。他们每天接触的都是导游、餐厅、司机、酒店、景点，以及自己的经理和会计。

二、旅行社计调实务之二——工作方法

（一）人性化

　　计调人员在讲话和接电话时应客气、礼貌、谦虚、简洁、利索、大方、善解人意、体贴对方，养成使用"多关照""马上办""请放心""多合作"等词语的习惯，给人亲密无间、春风拂面之感。每个电话、每个确认、每个报价、每个说明都要充满感情，以体现你合作的诚意，表达你作业的信心，显示你准备的实力。书写信函、公文要规范化，字面要干净利落、清楚漂亮，简明扼要、准确鲜明，以赢得对方的好感。

（二）条理化

　　计调人员一定要细致地阅读对方发来的接待计划，重点是人数、用房数，有否使用单间，小孩是否占床；抵达大交通的准确时间和抵达口岸，核查中发现问题及时通知对方，迅速进行更改；此外，还要看看人员中有无少数民族或宗教信徒，饮食上有无特殊要求，以便提前通知餐厅；如果发现有在本地过生日的游客，记得要送他一个生日蛋糕以表庆贺；如人数有增减，要及时进行车辆调换。

（三）周到化

　　订房、订票、订车、订导游员、订餐是计调人员的主要任务。尽管事物繁杂缭乱，但计调人员头脑必须时刻清醒，逐项落实。这很像火车货运段编组站，编不好，就要

"穿帮""撞车",甚至"脱节"。俗话说:"好记性不如烂笔头。"要做到耐心周到,还要特别注意两个字。第一个字是"快",答复对方问题不可超过24小时,能解决的马上解决,解决问题的速度往往代表旅行社的作业水平,一定要争分夺秒,快速行动。第二个字是"准",即准确无误,一板一眼,说到做到,"不放空炮",不变化无常。回答对方的询问,要用肯定词语,行还是不行,"行"怎么办,"不行"怎么办,不能模棱两可,似是而非。

(四)多样化

组一个团不容易,往往价格要低质量要好,计调人员在其中发挥着很大作用。因此,计调人员要对地接线路多备几套不同的价格方案,以适应不同游客的需求,同时留下取得合理利润的空间。同客户"讨价还价"是计调人员的家常便饭。有多套方案、多种手段,计调就能在"变数"中求得成功,不能固守"一个打法",方案要多、要细、要全,你才可"兵来将挡、水来土掩",纵然千变万化,我有一定之规。

(五)知识化

计调人员既要具有正常作业的常规手段,还要善于学习、肯于钻研,及时掌握不断变化的新动态、新信息,不断进行"自我充电",以求更高、更快、更准、更强地提高作业水平。如要掌握宾馆饭店上下浮动的价位;海陆空价格的调整,航班的变化;本地新景点、新线路的情况,不能靠"听人家说",也不能靠电话问,应注重实地考察,只有掌握详细、准确的一手材料,才能沉着应战、对答如流,保证作业迅速流畅。

计调人员不仅要"埋头拉车",也要"抬头看路",要先学一步,快学一步,早学一步,以丰富的知识武装自己,以最快的速度从各种渠道获得最新的资讯,并付诸研究运用,才可以"春江水暖鸭先知"。虚心苦学、知识化运作其实是最大的窍门。

三、旅行社计调实务之三——报价

一般来说,一个价格的产生首先是要有一方的要求或有设计者(旅游者)的意图,其需要的最基本的条件如下:

(一)时间

几天?什么季节?能具体到抵达时间和离开时间是最好的。通过了解旅行社我们知道,酒店(宾馆)的价格不是一成不变的,淡季和旺季的价格有时相差很多,如果要求方没有时间概念,那我必须假设一个时间,一般是用平季时间,具体的抵离可以按照中午餐后计算。

(二)地点

任何旅游报价的重要因素都必须有旅游地点,到达的城市、每个城市的参观地点,有了地点,就有了价格,参观的景点是要用钱来说话的。

（三）人数

1 个人和 20 个人的报价是截然不同的，这牵扯到团队价格或散客价格。在这个行业里，用房、用车、用餐、进入景点人数直接影响价格，一个人用车去长城和 20 个人一起用车去长城的价格肯定是不一样。请要求方最起码要给个大概人数，如果要求方没有告诉我们人数，我们是无从下手的，干脆告诉要求方："我们没辙，无法报价。"

（四）交通

任何一种旅行没有交通工具等于空谈，不管是汽车、火车、飞机、轮船、自驾（徒步除外），我们都要知道从 A 地点到 B 地点的方式，这个方式是要付出代价的，如果要求方没有方式或不知道方式，我们要为他们建议或决定。

（五）特殊要求

来到的游客是不同的人群，是人就会有要求，这是我们必须涉及的也是要关心到的。在旅游的过程中增添新的内容是经常的，而增添的内容会有不同的酒店、用餐、导游的变化，这些是要顾及的。

四、旅行社计调实务之四——订房

在团队到来之前，旅行社计调必须提前做好接待客人的准备，其中的一项工作就是预订酒店。根据团队和外联的要求预订相应档次的酒店是必需的，而同一级别的酒店却有很多的区别，由于地理位置、周边环境、酒店基础设施、管理水准、人际关系等的差异，其价格是不同的，这样计调工作人员的工作显得尤为重要。

计调工作人员需要考虑的订房因素包括：确定房价、入住时间、离开时间、付款金额、付款方式、客人国籍、客人名单、客人身份、订房联系人、带团陪同姓名（及联系电话）、陪同人员人数、陪同房价、早餐方式、早餐地点、早餐标准、有无特殊要求等。

五、旅行社计调实务之五——订车

订车当然也是计调工作的重点之一，车的好坏直接关系到旅游团队的服务质量。

现代的计调人员不单要了解车型、车况、品牌（最好有各种车的照片存在你的电脑档案中）性能，还需要知道这个团的特点，包括客人的消费情况、购物能力等。

六、旅行社计调实务之六——订餐

一个计调人员的工作资源中，应该有城市内和郊区的几十或上百家餐厅，包括旅游餐厅、著名餐厅、特色餐厅、民族餐厅等，不同的客人和旅游行程将安排在不同的旅游餐厅用餐，安排用餐我们应该考虑的因素很多。

餐厅的位置：刚刚参观完长城的团队，用餐地点绝对不应该安排在北京市区，去参

观清东陵的团队也是一样。合理地将团队行程中的餐点安排在合理的位置可以让旅游团行动得很流畅，既节省时间，又是一种节省路途的方式，导游、司机、客人都得利。

餐厅的风味：针对客人的来源和要求合理地照顾他们的胃口和用餐习惯，清真餐厅、朝鲜风味餐厅、北京小吃餐厅、北京烤鸭、火锅店（涮羊肉）、海鲜餐厅、上海菜、四川餐厅、著名餐厅等。

与任何一家餐厅的合作都要有合同（协议）在先，因为这牵扯到餐单样式、餐费标准（客人和导游的）、基本菜单、结账方式、预订和取消的方式、菜式搭配和酒水的结算方式。现在的旅游团队订餐基本上是用电话通知餐厅的方式，一般的旅游餐厅是接受这种预订形式的。

七、旅行社计调实务之七——制定团号

旅行社的团队来自各个方向，有自联团、外社交来团、国际团、国内团、散客团。很多旅行社每天都有很多旅行团进进出出，我们如何区别这些团队？光凭借脑子记是不可能区别他们的，所以旅行社发明了给每个团编制号码的方式，而这些号码都是有含义的。

假设：W表示外宾团，N表示内宾团，Z表示自联团，0506表示5月6日到达，H表示横向团（外社交来），S表示散客。那么，WHS0702说明这个团是外地旅行社交来的外宾散客，7月2号到达。WZ1218则是外宾自联团，12月18日到达。

每个旅行社都有自己编制团号的方法，如果真正地运用在工作中就是很有用的，团号可以说明很多问题，也同样可以找到相应的负责人，对旅行社财务来讲也是重要的下账依据。

八、旅行社计调实务之八——细节处理

旅行社计调作为旅行社工作的核心，对从业人员有极其严格的要求，但对于一些初次从事计调工作的人员来说，总有一些工作做得不到位，即使对于一些老计调来说也容易犯一些常识性错误。在此强调以下细节处理：

（一）不发生车票、机票短缺

对于大交通，计调在订票前需要了解有关交通工具的大概情况，淡旺季情况，多建立票务关系，防止出现拿不到票的现象。大量的车票，应当通过多家关系来保证。以免发生因车票、机票的短缺造成游客混乱。

（二）不影响饭店其他经营

对合作饭店订房时，如有重点团队，旅行社经理人团队或团队中有VIP客人时，旅行社应事先通知饭店销售部，在其客房内摆放鲜花或水果等。

对旅游团队需要举行小型欢迎仪式，或需悬挂欢迎横幅的应事先征得饭店的同意，

并在指定地点举行，避免影响饭店的正常营业。

在线路设计时，应当考虑不同游客对于住宿的不同要求，不能一味地追求高档次。

（三）不超出用餐规定

重要团队需要详细定出菜单，一定要在订餐通知单上标明客人的喜好与禁忌。

在餐饮的选择中，应当尽可能地体现出本地的特色。

提醒餐厅，结算用的"餐饮费用结算单"上必须有陪同导游的签字，否则无效。

提醒导游，严格按照财务的规定签单，不允许有计划外的开支，如需增加计划外开支，经计调部经理或计调人员的同意才可以。

（四）不用口头确认或不明确确认

计调在与相关合作单位确定食、住、行、游、购、娱等方面的接待事宜时，必须要以接收到对方盖有公章或者业务专用章的确认函或者接收到对方盖有公章或者业务专用章传真确认件为准，并加以核实。不能接受对方的口头确认或者网络聊天确认，即使对方是很熟的合作对象也不可以，因为口头确认和网络聊天确认的内容存在很大的变数，尤其是在旅游旺季时节，相关接待事宜较难得到保证，甚至造成与对方要求标准的不一致，从而给本社声誉造成不可弥补的损失。

例如某沿海旅游城市一家旅行社在2011年接待客人的时候，组团社一次性地确认了两批团队，由于传真确认件不是十分清楚，地接社计调也没有详细查看，电询了对方导游的电话号码后做行程安排，结果漏掉了第二批团队，致使第二批客人到达该城市游览时无房可住。时值旅游旺季，无法按照对方标准来安排，最后甚至让第二批客人露宿街头。此次事故造成的影响无论是对组团社还是地接社来说，都是巨大的。最后组团社联合许多旅行社集体封杀与这个地接城市的旅行社合作。口头确认的事宜对对方缺少法律意义上的约束，对方极有可能为了追逐更高的利润或者受其他因素的影响而撤销对你的接待承诺。一旦对方撤销对你的接待承诺，你又没有接到变更通知，在旅游淡季时节也许可以变通接待事宜，但在旅游旺季时节对计调人员来说，绝对是严峻的工作挑战。处理不当会导致严重的经济损失和名誉损失。

（五）不发生工作无条理、延误回复的问题

计调需要处理各种各样的日常或者突发事件，也需要与各种各样的人打交道，这就要求计调人员做事要有条理、有计划，要分清轻重缓急与先后顺序，更要预先准备好各种情况下的处理预案。计调要对每一个运行团队的基本情况烂熟于心，并适时进行双向的信息沟通。

计调要有一个机敏灵活严谨的大脑，要随身带一个大笔记本，把经常用到的各种信息分门别类地记下来，尤其是易忘但又需要特殊注意的一些事情更要随时记下来，每天都看上几遍，以免忘记。可以写得很有条理，也可以只是几个关键词，只要是自己能看

懂就可以。

计调人员对每一件需要你尽快给予回复的要求都要引起足够的重视，绝对不能拖延或者应付。否则，要么耽误事情的有效处理，要么会失去客户。比如对方要求你提供一个产品的报价，或者一条旅游线路的设计，你必须尽快从自己的资料库中提取相关信息，并进行加工润色之后，在 3 ~ 5 分钟回复过去，否则对方会因等待焦虑转而寻求其他合作单位。如果自己实在忙不过来，应该请其他计调人员给予协助。切忌对于不熟悉的旅游产品和线路胡乱报价，否则要么影响自己公司的经济收入，要么会影响公司的信誉，从而失去客户对公司的信任。

（六）不滥用通信设施

计调人员对打出或打入的电话都应该言简意赅、简捷明了，不能闲扯过多的无关话题，也不能拨打私人电话，更不能用来谈情说爱而进行"话聊"，实在不能兼顾时要用双手机或双卡或多手机的形式，并要以旅行社事务为主。否则会导致许多业务电话既不能打进也不能打出，会耽误旅行社业务的及时有效处理。与之相对应的是，计调必须保证 24 小时开机，不分上班时间还是下班时间都应该保证自己的联系方式是畅通的，除非重大事项不能无故关机。目前旅游市场上的年轻化大有愈演愈烈之势，而且部分年轻人有比较多的共同话题，经常以工作之需的名义互相聊天，套近乎，从而达到拉住客户的目的，但是，这种既浪费时间又浪费资源的方法是不可取的，你与对方互相恭维的时间，如果用在如何把团队做好上，你会得到更多的客户。充分利用好通信设施，也是作为一个合格计调的必要素质。

某旅游城市的地接社计调在安排好本天的工作项目后外出，晚间，计划第二天到达的团队由于事故原因提前一天抵达该市，可是负责安排本项工作的地接计调由于手机故障的原因，电话始终接不通，最后，组团社在万般无奈之下选择了其他合作伙伴，从而造成了地接社的巨大损失。

（七）行程安排要合理

计调要对本接待区域的食、住、行、游、购、娱等事项全面了解并实地查看，还要掌握这些事项的最新变化，要以最优的组合规划，妥善安排旅游接待计划。对于一些诸如看日出、观潮汐、进场馆、游宫殿、赏比赛的有关事项，要严格掌握时间、地点、规则、禁忌、线路等特殊要求。要以最合理最经济的方式安排行程，既方便旅游者，也方便己方的接待人员，更是为自己减轻工作负担。要适时与有关接待人员（包括导游与司机）进行信息沟通，虚心听取他们的意见建议。尤其是掌握最新的景区信息变化，否则将会给行程造成巨大的影响，甚至对本社利益造成巨大损失。某市某景区正在封闭，没有及时通知旅行社，同时旅行社也没有仔细询问，依然按照常理安排日常行程。结果抵达某景区之后，无法游览，因此造成客人不悦。由于该景区距离其他景区较远，在与客人沟通无果的情况下，地接社只能贴钱给客人安排异地的一个著名景区作为弥补。这样既影响了本社信誉，同时还蒙受了经济损失。

（八）与外联人员要有效沟通、了解合作旅行社

计调在安排团队接待计划及接待人员时一定要与联系本团的外联人员沟通，向他详细了解本团队的有关信息及特殊要求，并据此作出有针对性的接待计划，按照一般经验制订的接待计划是不符合特殊团队要求的。只有加强沟通，增进了解，才能给游客舒心的服务，根据团队的特点提供相应的介绍与沟通，尽快减少客人在异地的这种不安全感，能够为更好地顺利地进行旅游行程提供巨大的帮助。计调在联系合作旅行社时要对其进行深入了解，诸如规模、行业信用度、团量等信息是必须要掌握的，是否"黑社"或者部门更要从严核实，否则就会因图便宜而吃大亏。随着我国旅行业的蓬勃发展，一些人投机到旅游行业里，其中不讲诚信，抓住一个宰一个，合作一次骗一次的非常规旅游人员也不少，因此，计调人员在互相合作之前，要对合作方有一定的认知，不然，赔了夫人又折兵的事情就可能出现在自己的工作中。同样的道理，寻求诸如酒店、餐厅、旅游车、票务代理、导游、景点、商店等合作单位时也必须全面掌握有关信息。

 【复习思考题】

1. 什么是旅行社计调？旅行社计调的核心是哪些？
2. 旅行社计调应具备哪些素质？
3. 简论旅行社计调业务流程的内容。
4. 简论旅行社计调工作的注意事项。

👉 【案例分析】

你好：大友餐厅吗？我是×××旅行社的×××，找负责订餐的×××小姐听电话可以吗？

你好：我是×××旅行社的计调×××，我要订餐，团号：YD0512团5月15日中午，22+2，导游张大鹏电话123×××3221，标准18+5，不含水，还有不明白的吗？好的，谢谢。

分析题：计调订餐时，一般喜欢电话预订，一些餐厅也接受，但存在一定风险。试从上述订餐电话中，分析电话订餐可能存在的问题，以及计调应如何规避风险。

第九章

旅行社会奖旅游产品开发

 **本章导读**

　　会奖旅游产品越来越成为旅行社含金量较高的的一种旅游产品。目前国际旅游界公认的广义会奖旅游用简称 MICE 来概括，即用会议旅游（Meeting Travel）、奖励旅游（Incentive Travel）、大会旅游（Convention/Conference Travel）和展览旅游（Exhibition/Exposition Travel）的英文首写字母来概括。

　　由于会奖旅游的概念存在着广义（MICE）和狭义（奖励旅游）之分，两者有整体和部分的关系。特别是在统计分析和国内外相关研究成果的表述中并没明确，而且统计数据也不全，对象有时也比较含混。因此，本书表述有时指会奖旅游的整体（MICE），有时指会奖旅游的部分，如会议旅游、奖励旅游、大会旅游、展览旅游等，有时简称会奖、会奖业等。这主要是因为会奖旅游是比较新的业态，全面的综合数据还不足，单项数据也不够，使得分析说明不能整体和系统完成，有时难免以点带面。本书尽量在表述时厘清和界定所描述的对象，也请教师在教学时根据最新研究和统计数据进行补充和完善。

🔍 【学习目标】

　　通过本章学习，学生应正确理解会奖旅游的概念、兴起和发展，掌握会奖旅游的分类、特点和效应，了解会奖旅游市场供需状况及市场特征，掌握旅行社会奖旅游产品开发策略及运营实务，熟悉会奖旅游资源优化配置及产品整合营销的方法，掌握旅行社会奖旅游产品开发的创新思路和方法。

【导入案例】

奖励旅游中的企业文化

一般游客团队更强调主要服务内容，而奖励旅游大到行程设计，小到宣传标语的悬挂都需要非常讲究贯穿企业的文化，因为这个旅程从某种意义上来讲也是企业的一次整体宣传。

某旅行社一直承接日本大金空调公司每年的奖励旅游项目，他们要求接待地的布景，导游的水平，每一次典礼、晚宴的主题，每一个细节都需要体现出这是一次特殊的"大金之旅"。

再如，某旅行社曾接待了一个奖励旅游的项目，为此特地租了一架飞机，飞机上无论是座椅还是靠枕上，都有这家企业的标识；在目的地机场，有该企业的旗帜和横幅，还有专门的迎宾人员负责接待。花旗银行在新加坡开奖励年会的时候，为了给有突出贡献的销售人员一个惊喜，工作人员秘密邀请了销售人员的家人来到新加坡，让他们参加这次特殊的旅游。据当事人回忆，当主持人邀请坐在台下的员工家属走上台与自己的亲人共同分享荣誉的一刻，员工与亲人抱成一团，泣不成声；这个特别设计的环节令受奖励的员工倍感骄傲。

第一节　会奖旅游概念、发展及特点

一、会奖旅游的概念

会奖旅游的概念有广义和狭义之分。狭义的会奖旅游，特指奖励旅游即"会议性奖励旅游"，是指公司在员工完成一定目标的基础上，对员工以奖励旅行和表彰会的方式进行奖励的活动。奖励旅游是一种现代化的管理工具，目的在于协助企业达到特定的企业目标，并对达到该目标的参与人员给予一个非比寻常的旅游假期作为奖励。同时，它也可看作各大公司安排的以旅游为诱因，以开发市场为最终目的的客户关系推动活动。另外，奖励旅游的举办也有利于培养一种企业文化，创造一种企业精神，增加企业或组织的凝聚力和员工的忠诚度。国际奖励旅游协会认为奖励旅游是现代企业的管理法宝，可以起到增强员工的荣誉感，加强团队建设，树立企业形象，宣扬企业理念，促进企业未来发展的作用。

广义的会奖旅游用 MICE 来概括，即会议旅游（Meeting Travel）、奖励旅游（Incentive Travel）、大会旅游（Convention/Conference Travel）和展览旅游（Exhibition/Exposi-

tion Travel）的英文首写字母的组合。这一概念届定比传统的会奖旅游（MICE，即 Meeting、Incentive、Convention/Conference、Exhibition/Exposition）的提法，增加了 travel 的意思，更强调旅游活动，尽量避免与单纯的会议、大会、展览等概念产生歧义。可见广义的会奖旅游是指因"会"或因奖励而兴的旅游活动。这里的"会"包括专业研讨会、展览会、博览会、交易会、招商会、庆典活动、奖励表彰会、年会、节庆活动、文化活动、科技活动、培训拓展、体育赛事等多种内容和形式的集会。参加会奖的主体也是多元的，包括政府、企业、行业协会、学术团体。会奖旅游的举办目的也各有不同。近年来，会奖旅游逐渐发展成为充满竞争力和活力的新兴市场，包含的范围逐步扩大，从更深层次、实质的角度来说，不仅指一些直接的、由接待方组织的、专业的旅游活动，也包含一些间接或是由参观者、参与观众等自发组织的旅游活动。

从会奖旅游发展的趋势看，更多人较为认同会奖旅游的广义概念。广义的会奖旅游包含了专业类型的会议、展览与博览交易活动、奖励旅游、节事旅游活动等综合性旅游服务形式，内容丰富，可涵盖"展、会、节庆、演、赛"等类型。一般认为会奖旅游在进行商务交往和信息交流传递的同时也产生了旅游活动，特别是参加会议、展览、企业年会的商务人士同样发生了空间的移动，容易伴生旅游活动，可将两者有机结合，发展成专项的会奖旅游产品。

广义的会奖旅游定义较为宽泛、涵盖面较广，为旅游服务提供了更广大的空间范畴，对整个区域旅游经济的带动面也更大。狭义的会奖旅游，更具有针对性，缩小了研究范围，更多的是企业行为。本书采纳的是广义的会奖旅游概念。

会奖旅游以完善的基础设施为支撑，以举办会议、奖励、展览等活动为基础，结合旅游服务提供的专项会奖旅游产品，为大批参加的人士及一般游客提供服务，带动相关产业发展，是会奖业和旅游业融合发展的契合点。

二、会奖旅游分类

一般认为跨区域参加会议、大会、奖励、展览等活动的人士在商务交往、信息交流传递和空间移转的同时也产生了旅游活动，可作为商务旅游活动对待，需要旅游机构提供"食、住、行、游、购、娱、商"等基本要素和拓展要素的服务。因此，在广义的会奖旅游（MICE）概念的基础上，会奖旅游可分为四类，即会议旅游（Meeting Travel）、奖励旅游（Incentive Travel）、大会旅游（Convention/Conference Travel）和展览旅游（Exhibition/Exposition Travel）。

（一）会议旅游（Meeting travel）

会议大致分为企业界会议和非企业界会议。企业界会议包括产品发布会、年会、展览会、业务座谈会、教育培训及营销会。非企业会议包括政府组织的会议和非政府组织的会议，如协会会议、论坛、定期性会议等。相应地，为参加会议人士提供旅游服务的一种旅游活动或产品，可称为会议旅游。

（二）奖励旅游（Incentive Travel）

奖励旅游是指公司在员工完成一定目标的基础上，对员工以奖励旅行和表彰会的方式进行奖励的旅游活动和产品。

奖励旅游的目的一般包括：激励员工协助企业达到一定目标，提高市场占有率；促进员工、厂商的感情交流；缓解工作压力；加强员工对公司企业文化的认同，凝聚员工的向心力；建立经销商的忠诚度。

（三）大会旅游（Convention/Conference Travel）

大会旅游是指根据大型的体育赛事、企业或社团年会、节庆等活动而特殊设计的旅游活动或产品。

（四）展览旅游（Exhibition/Exposition Travel）

展览会主要是指以实物为展示内容，依据一定规模的场所，定期召开的活动。而展览旅游是指旅游部门在展前、展中、展后阶段为参展者和观众提供"食、住、行、游、购、娱、商"等旅游服务的活动或产品。

三、会奖旅游的兴起和发展

（一）会奖旅游的兴起

会奖旅游的几大类型中，应着重了解会议业的兴起和奖励旅游的兴起。

1. 会议业的兴起

"会议业"这个名词在19世纪50年代以前很少有人使用。尽管如此，组织会议的历史比会议业本身长得多。距今有200年历史的战略性和外交性的大规模正式会议，是早期会议成为欧洲及其他地区政治生活重要组成部分的有力证据。比如1814年"维也纳大会"，重新划分了打败拿破仑一世之后的欧洲领土；1822年的维也纳大会，讨论了主要欧洲政权的军事策略。但是最终催生现代会议业需求的增长大部分还要归功于美国人的影响。

从1900年到1920年，美国白领工人从510万人增加到1050万人，比整个工人的增长率高出一倍多（Boyer等，1993年）。这种人数的增加使得他们的专业意识也提高了，结果是，长期的专业协会如美国律师协会和英国医学会人数迅速增加，新的专业群体和商业协会也成立了，从美国广告代理协会和国家会计师协会到董事学会和法国妇女英才学会。注意到这种发展的观察家很快意识到被这些协会选为会议地点的那些城镇和城市获得了巨大的盈利。不可避免地，吸引这些协会到会议业中的委员会也适时地产生了。这些委员会的形成，是现代会议业的起源，也是建立现在我们所熟知的会议业广阔的人类和物质基础设施的首要要素。

2. 奖励旅游的兴起

作为现代激励工具，奖励旅游产生于1906年的美国，当时"全国现金注册公司"为其员工提供了一次免费参观Dayton总部的活动，后来不少公司发现，这是一个公司与员工之间双赢的管理机制，而后逐渐发展到美国的一些地方乃至北美国家，逐渐在欧洲一些国家也广泛开展起来。虽然这个概念已经进入亚洲，但远不如北美国家那么普及。

在2002年瑞士国际会议和奖励旅游展上，买卖双方都感觉到一种新的趋势，商务市场的热点开始从纯奖励旅游转向结合商务会议和活动的奖励旅游。这就是最初会奖旅游的雏形。究其原因，主要是公司的商务理念发生了新变化。公司需要利用雇员聚集的机会，既要给予奖励，又要进行业务培训、会议，而不仅限于纯粹的奖励活动了。商务会议性的奖励旅游更加符合企业和旅游者的双重需求。

（二）国外会奖旅游的发展

1. 总体情况

会奖旅游在世界各国发展极不平衡。会奖旅游业的发展主要集中在经济发达的欧美国家。在其他大洲，也是一些综合经济实力较强的国家占据比较大的份额，例如新加坡、日本、澳大利亚等国家。国际会奖旅游已经形成了专业化的分工体系，在实践中形成了很多国际组织，如：国际会议协会（ICCA）、国际奖励旅游高级经理人协会（SITE）、国际会议专业人员联合会（MPI）、国际协会联合会（UIA）等。这些国际性的专业协会向其会员提供信息服务和教育性研讨会，在专业接待服务、统计指标体系的建立、服务规范化等方面起到了非常重要的作用。

2. 相关国家情况

（1）美国。在国际上，从事奖励旅游的公司，美国数量最多，规模也相对最大。这个超级大国的市场约占整个世界奖励旅游市场的一半。在欧洲，英、法、德、意、荷、比以及西班牙是欧洲奖励旅游市场的大门户。

美国的成功经验主要归结为以下两点：

其一，美国政府很早就注重发挥旅游业对会展业的带动作用，在权威性协会中重视旅游功能，以吸引更多的会展客源。例如底特律市为了招徕和吸引会议组织者，在1896年就成立了一个名为会议局（Convention Bureau）的组织；而到了1920年，美国成立了国际会议局协会（International Association of Convention Bureaus），其后随着消遣旅游的兴起，为吸引这一类旅游者，在协会的名字中加入了visitor一词，变为至今沿用的AICVB，负责会展旅游产品的市场营销仍是其最主要的工作内容。

其二，美国近年来处于国际会议市场的领先地位还与其利用丰富的旅游资源对会展旅游者的吸引分不开。美国旅游资源丰富，国家公园、国家名胜区以及国家级战场、历史遗迹、军事公园、海岸等各种形式的旅游胜地达300多处。另外美国发达的旅游业也是发展会展旅游的有力支撑。

（2）德国。德国有强大的经济基础和良好的商务发展环境，德国会议旅游一直走在世界前列。这主要归功于其政府主导发展下的成熟会展管理体系以及与德国旅游局的密切联合协作，具体表现在以下几个方面：

一是政府主导型发展。德国政府早在1907年就设立了一个由参展商、参观者和展览组织者三方面力量组合而形成的展览业最高协会 AUMA，对整个会展行业进行宏观调控，具有很强的行业协调作用，确保会展各方紧密的合作，避免重复办展览；还制定了许多规章制度，确保德国会展市场透明化；与经济部、农林部、能源部等政府各部协调，并会同有关部门协调选择专业会展公司进行具体运作，讲求专业而个性化的服务。同时还有专门代表负责组织整体促销等管理手段进行展会宣传，重视展览的品牌培育，实施海外扩张战略。国立大学还设有会展管理系，注重高素质的专业会展人才的定向培养。

另外，政府主导还表现在政府首选投资建立规模宏大且高质量的展馆设施，使德国展览会场的设施处于国际领先水平；同时场馆建设具有"重点集中、合理分散"的特点，突出重点、分级开发，以确保本国会展业具有持续发展的潜力。

二是成熟的市场运作模式。德国会展业在世界一直独占鳌头，很大程度上归功于其成熟的市场运作模式，该模式可以简单地概括为：政府投资建馆，拥有场馆所有权，通过长期租赁或委托经营将场馆出让给大型的会展管理公司；会展管理公司兼有展馆经营管理者和会展项目组织者双重身份，其可与各会展服务公司签订合同，让其通过专业化提供会展及配套服务。

三是旅游业界的联合行动。德国政府明确了旅游业在促进会展业发展过程中的重要作用和角色定位，德国会展业与旅游业的对接不仅十分切合，两者在会展旅游发展中各司其职，政府旅游部门还在会展旅游整体规划和营销方面都起着指导作用，并结合展会城市特色制定相应的会展旅游主题，使会展旅游产品的营销与城市商务旅游的整体营销有机结合。会展和旅游二者的功能不仅有效地衔接起来，还相得益彰，共同促进城市的发展。

（3）新加坡。在亚洲会展旅游市场上，新加坡是领先的会展中心。由于政府的重视，且本身具有交通、通信等发达的基础设施以及较高的服务水准、较高的英语普及率，新加坡连续多年成为亚洲首选的举办会展的国家，每年举办的展览会和会议等大型活动达6000多个。

新加坡通过以下方面维护和巩固其作为世界级会议会展举行地的地位：

一是政府扶持办展。新加坡视会展旅游为经济支柱，亚洲最大的新加坡博览中心就是政府投入巨资建设的位居世界一流水平的展览场馆。新加坡政府还充分发挥其在招徕国际会展方面的权威作用，把国家或城市作为营销的对象，塑造会展目的地良好的整体环境，展示目的地的美好形象。同时，会展相关企业也积极配合国家的举措，为吸引会展旅游者制定了专门的服务产品。几年前，新加坡贸易促进发展局也积极行动，致力于推行"国际展览会开发援助计划"（IFDAS），只要符合该计划条件的在新加坡举办的展览会、展销会，都可以从新加坡政府那里获得1万新元的资助。这一促销计划效果良好，使在新举办的大型国际会议和展览增长速度大大提高。

二是优越的会展旅游条件。新加坡优越的地理位置、便利的可进入性、完善的基础设施建设以及良好的旅游配套服务为其会展业的发展创造了优良的外部发展环境。而新加坡会展业非常高的市场化程度,是其发展的内在条件。经过多年的发展与培育,在新加坡展会市场上形成了一批有着成熟市场经验和经营理念的市场主体,注重软件建设,信奉品牌文化和自我推销。会展业市场运作健康有序,并形成了一批品质高且规模大的国际性会展项目,拥有相对稳定的会展旅游客源。

三是旅游业大力协助宣传。新加坡会展业与旅游业相互依存发展的原则,使其会展旅游在竞争激烈的亚洲,乃至世界会展业中都占有一席之地。新加坡的官方旅游主管机构是新加坡旅游促进局,新加坡会展局是其下属的一个非营利部门,主要职能是市场营销和宣传促销,在国外大都市均设有办事处或联络处对海外重点客源市场进行招展。2003年11月,为了进一步开拓新加坡商务旅客市场,吸引外国人来进行商业、会议、奖励旅游和展览活动,新加坡旅游局每年拨款1500万新元,制定了一项名为"Make it Singapore"的宣传计划,提供各种奖励和优惠措施,开展商务和会展旅游宣传与促销,并从中拨出200万新元的广告费在美国、德国、英国、中国、印度、马来西亚、印度尼西亚、泰国和澳大利亚等主要会展客源市场进行宣传,以巩固新加坡作为旅客心目中"亚洲最适合举办世界级会展的城市"的地位,以会展商务旅游提升新加坡的旅游收入。

(三) 国内会奖旅游的发展

1. 总体情况

中国自2002年正式提出会奖旅游业概念以来,10余年间取得了长足发展。但在国际市场上,只占了很低的市场份额。只有很少的专门从事会奖旅游业务规划设计的顾问公司和旅行社在运作,且大多都是经济实力比较强的一些旅行社在兼营。

近几年,随着我国经济的崛起,会奖旅游业发展迅速,它已经成为带动旅游业经济新的增长点。在亚太地区中,中国已经成长为最重要的国际会议举办地。近几年,中国一直是亚太地区国际会议增长最快的地区。

在区域分布上形成了以北京、上海、广州、大连、成都、西安、昆明等会展中心城市为代表的环渤海会展经济带、长三角会展经济带、珠三角会展经济带、东北会展经济带及中西部会展城市经济带等五大会展经济产业带。

在出境会奖旅游活动市场方面,我国迅速发展成为世界第三大出境旅游市场。从2002年至今,出境会奖旅游真正实现了从起步到大发展的飞速增长,万人出境团纪录不断被打破,越来越多的国家开始重视对中国出境会奖市场的营销,加大对中国的宣传预算,如新加坡、澳大利亚、英国、韩国、瑞士、南非等国,10年间采取了多种营销手段,出台了多项吸引政策。

两个重要的国际会议组织,SITE(国际奖励旅游高级经理人协会)全球年会2012年首次在中国召开、ICCA(国际会议协会)宣布2013年落户上海,都表明中国会奖旅游的实力已获国际认可。

随着我国经济的持续高增长及对外开放程度的不断提高，会奖旅游市场已呈现出蓬勃发展的态势，成为国内旅游运营商高度重视的细分领域，对于加强各地区之间的友谊、相互之间的了解具有重要意义，同时也可以提升会奖旅游所在地的整体知名度。会奖旅游发展势头迅猛，目前正迅速成为中国旅游业中举足轻重的力量，并展现出良好的发展前景。

2. 各主要地域情况

（1）北京模式。近年来，北京依托丰富的自然观光资源和历史文化资源，凭借其独特的政治经济地位、便利的交通条件和良好的设施条件，成为中国首选大型会议活动目的地。概括来说，北京会奖旅游的成功经验有以下三点：

一是独一无二的首都优势。北京作为首都，既是中国的政治、文化和国际交往中心，又具有深厚的历史文化沉淀，在全国和世界上的影响力是一般城市所无法比拟的，而且云集了大量国内外重要机构、全国性的行业协会，这为北京发展会奖旅游业提供了坚实的基础。

二是发达的旅游业推动。北京是国内最好的会奖旅游目的地。北京有着深厚的文化底蕴，有可挖掘的、潜力巨大的旅游资源，特别是东方文化的神秘色彩与欧美等国家巨大的文化差异，对国外的客人有着强烈的吸引力，特别适合做会奖旅游目的地的推广。

三是政府主导与市场化运作。政府主导型展会是由具有中国特色的社会主义性质决定的，立即完全市场化是不现实的，北京逐渐走向以会奖旅游企业运作为主，政府参与为辅的市场化道路，政府借助行政资源统筹的力量，搭好展会项目的平台，辅之以大规模的宣传造势，扩大展会品牌知名度与影响力，让企业等各方利益主体充分利用此展会平台获利受益。目前北京有实力、有资金的大型会奖旅游企业集团越来越多，其中最具代表性的集团模式有三种：一是会展企业开展多元化经营，逐步发展成为大型企业集团，这种模式以北京北辰实业集团为代表；二是大型旅游企业涉足会奖业，形成会奖旅游企业集团，这种模式以首都旅游集团为代表；三是我国会奖旅游企业与国外大型会奖公司合资组建会展旅游企业集团，这种模式以京慕国际展览有限公司为代表。

（2）上海模式。2001年10月，APEC会议在上海举行，提升了上海的国际形象和知名度，大大加快了上海建设国际化大都市的进程，向世界级会展城市迈进。同时上海拥有丰富的会议奖励旅游资源，特别是2010年在上海举办的世博会更说明了上海开发会展旅游市场的潜力巨大。

上海能多次承办世界级的盛会，与其自身的很多优势密不可分，可概括为：

一是强有力的经济支持和腹地依托。外资企业云集黄浦江畔，全球500强企业中有一多半在上海投资，世界最大的100家工业跨国公司多半落户上海，外资投资的制造业项目90%以上属于世界先进水平。这足以让上海成为带动中国经济发展的龙头，上海正日益成为国际经济、金融和贸易中心，其拥有的强大经济支持力对会奖旅游业的影响不言而喻。而且上海位于长江三角洲经济区域内，具有沿海城市中最高的城市地位，拥有

优异的腹地资源，这对上海会奖市场的发展起到积极的支持作用，为上海成为世界级会奖旅游中心提供了可能性。

二是开放的国际交往环境。上海社会环境稳定，市民文化程度高，易于接受新技术和新产品，加之上海市政府专注于经济工作，有开放的魄力且乐于接受新观念和新规则，提供了多项优惠政策，对跨国公司产生了很大的吸引力。上海因此成为国际展览在中国的第一登陆地，有越来越多的国际展会光顾上海，如德国汉诺威、意大利米兰和德国法兰克福展览公司这三个世界展览业巨头都在黄浦江畔设立了分支机构，从而使上海向国际展览中心城市迈出重要的一步。

三是相对完备的会奖旅游基础。上海目前拥有多家总面积超过 15 万平方米的大型展馆，附带会议设施的星级酒店数百家，此外，上海图书馆、上海美术馆、上海大剧院、上海科技馆、正大广场、东方明珠电视塔、上海城市规划展示馆和上海新天地等公共场所也可举办各种类型的会议。上海还以 APEC 会议为契机，加大了城市管理和环境整治的力度，并增加投入用于改善水体质量、扩大绿化面积和提高空气质量的，同时兴建了上海科技馆、浦东国际博览中心等堪称世界一流的会展设施，从而提高了上海在会奖旅游市场中的竞争力。

四是旅游企业拓展会奖市场。上海是一个充满活力、浪漫、前卫的国际大都市，具有娱乐、休闲、度假等高品位的旅游要素，这些对发展和推动上海会奖旅游无疑是有利的条件。上海市转变政府观念与职能，对大型会议从不一手包办，而是将工作逐步交由旅行社、会议服务公司等专门机构来办理。国旅、中旅、青旅等大型旅游企业都把眼光转向了会奖旅游市场，基本都成立了专门的会奖旅游部门，或加入国际上的专业会展组织。

（3）广州模式。广东是国内会奖业发展最早、最活跃的地区，在有"中国第一展"之称的广交会的带动下，中国会奖业从无到有，从有到盛，并已渐成规模。国际化程度高、会奖产业结构特色突出、会奖产业分布密集、会奖全年分布均匀、会奖旅游业繁荣是广东会展业最大的特点，也说明了其竞争力之所在。

一是品牌效应与区域性会展合作。珠三角区域内各会奖旅游城市都有比较成熟的、有影响力的品牌展，如广州广交会、深圳高交会、东莞电博会、珠海航展等。各地区在区域会奖合作方面做得比较好，市场机制也比较成熟，形成城市间联动性的多元化、多层次的合作方式，实现会奖资源优势互补。如广交会举办期间，周围城市有 20 多个展览同时举办，广州、东莞、深圳的家具展先后举办，展期相近，吸引了相当数量的买家，有"共赢"的效果。

二是市场优势与产业优势。从市场优势上看，广东有一个巨大的消费市场，来自全国乃至世界各地的参展厂商，容易在这里找到需求殷切的买家。同时，从产业优势来看，广州在我国改革开放事业中先行一步，政策束缚少，市场开放度高，市场机制在经济中发挥着主要作用，各种产业得到很好的发展，形成强大的产业优势。如深圳会奖旅游呈现出高科技展会和传统展会并存的特点，除"高交会"的品牌影响力外，传统产业的各类展览如钟表展、礼品展、家具展等也形成了知名品牌展。

三是旅游业与会展业有机组合。广州既拥有现代化的会议、展览馆，又具有良好的旅游吸引物，还拥有完善的旅游服务设施和实力雄厚的旅游服务队伍，这使广东省有很强的旅游活动接待能力，且经过多年的发展，珠三角地区的旅游业已达到十分发达的程度，会奖旅游活动能力强。旅游业与会展业的有机组合，具有明显的关联带动及辐射作用。两者有机结合，旅游业是会展的前提条件，会展业是发展会奖旅游的核心基础。

国内以北京、上海和广州为中心的会展经济带的较好发展，与政府的主导作用是分不开的。会展业的发展速度、发展水平与城市的经济水平、基础设施、区位条件、交通条件、气候条件、城市形象、生态环境等息息相关。相应的会奖旅游发展所依托的城市经济实力和经贸环境不同，各地发展方向和发展道路也有所区别，但普遍存在缺乏行业约束机制的弊端。

（四）会奖旅游的发展趋势

1. 会奖旅游市场规模化

国际会奖旅游（MICE）市场会持续朝着规模化的方向发展。大型会奖旅游公司会继续扩展其服务网络，并利用资金、品牌及人力优势蚕食中小公司的份额，不断扩大其市场份额。

规模化所形成的一个明显趋势就是会议服务商的专业化程度会越来越高。这也是伴随着会议公司激烈竞争、国外先进会奖理念引入及科技手段被广为应用而自然发生的。会奖市场专业化的需求势必催生更加专业化的会奖服务。另一个趋势是会奖市场的价格越来越透明。过去很多中小型会议公司采取底价加利润的模式盈利，但随着客户采购能力加强、采购渠道增加，第三方供应商的底价将会越来越透明，会奖公司通过收取服务费来盈利的方式将成为趋势。

2. 会议目的地选择标准多元化

近年来，传统商务旅游胜地对高端旅游者的吸引力呈现一定的下滑趋势，随着需求疲软以及新兴会奖旅游目的地的不断发展，国际高端会奖旅游市场的竞争日趋激烈。传统会奖旅游目的地要想维持目前的市场优势地位，需要推出兼具特色和创新性的会奖旅游项目，高端会奖旅游产业的内部结构性调整在所难免。由此看来，自然风景优势不再是会奖旅游目的地选择的主导条件，未来的热门会奖旅游目的地将集中于经济发达的国际都市以及市场潜力巨大的新兴经济体。

3. 会奖旅游服务专业化

奖励旅游变化的最大特点是服务的专业化，即客户需求、销售技巧、客户维护和具体产品操作上都越来越专业化。会奖旅游业务的专业化主要体现之一是对员工素质要求甚高，会奖旅游不同于传统旅游的客户被动接受产品，会奖旅游基本是旅行社去迎合客人多方面的需要。所以，会奖旅游需要员工更加专业化，熟悉了解多个市场，以便向客户进行销售；需要员工对上下游资源（包括票务、签证等）熟悉了解，有敬业精神和高

超的谈判销售技巧，不仅要为客户提供有形的产品和服务，还要为客户创造无形的价值，如增进被奖励者（如经销商）与客户的关系。

4. 会奖旅游业国际标准化

会奖旅游业的一个新趋势，就是越来越多的从业公司开始向国际标准的专业会议组织者（PCO）和目的地管理公司（DMC）看齐，并结成各种联盟。此外，行业联合和行业自律也越来越得到重视，中国旅行社协会会奖专业委员会的成立就是一个标志。

四、会奖旅游的特点

会奖旅游与常规旅游存在较大差异，会奖旅游服务融入了体现客户企业文化的元素，而常规旅游的产品由旅行社发布，终端消费者从中选择。会奖旅游服务的对象一般是政府或企业，常规旅游主要是服务于社会的散客，同时二者在人员规模、接待要求上也有所不同。世界经济一体化进程的加快，使得会奖旅游呈现一些新特点，具体特征体现在以下几点：

（一）产业融合性

会奖作为复合的产业集群，主要集公关、策划、创意类的产业，影视、文化类的产业，广告、灯光音响类的产业，以及体育活动、文艺演出等产业活动为一体，利于这些产业之间的互相融合。伴随着会奖公司不断引入先进的会奖理念、科技方式，它们之间的竞争越来越激烈，一些大型的会奖公司会持续性利用自己的资金、品牌优势扩展自己的服务，逐渐减少了一些弱小企业的市场份额，市场占比逐渐扩大，促进了整体的规模化发展。主要体现在：会奖旅游活动不断向全球化发展；全世界大多数国家在发展过程中都已经逐渐意识到会奖旅游对整个地区国民经济发展的重要意义，会奖旅游已进入商业化阶段。

（二）行业带动性

会奖旅游作为会奖业、旅游业的衍生品，旅游业是会奖业的前提条件，会奖业是旅游业市场空间的延伸及核心基础，会奖业与旅游业有机结合，具有明显的关联度以及辐射作用。依据国际的数据可知，会奖业对经济的联动效应较高，会奖业每产生一个单位的经济或社会效益，即可带动其他产业将近 5 ~ 9 个单位的经济效益。国际性的会奖旅游活动例如千人以上的会议，在整个活动之中会进行先进技术及文化交流、人员之间的访问等，由此会奖旅游所在城市通常会形成一条汇聚住宿、交通、餐饮、商业、金融、房地产、文体、购物、通信、建筑、广告、装饰为一体的"消费链"，会奖旅游逐渐成为旅游业新的增长点。

会奖业的举办水平逐渐成为衡量城市现代化、国际化的主要标志，成为检验城市综合实力的重要指标。会奖旅游不仅能够提升一个城市的整体品牌形象及综合实力，同时能够促进餐饮业、住宿业、交通运输业、通信物流业等关联的产业发展。产业联动性作为会奖旅游发展的重要前提，逐渐成为世界会奖旅游的重要特点。

（三）消费集中性

会奖旅游作为一次性的消费整体，其团队规模要远远超过其他的旅游团队规模。由于会奖旅游活动的费用通常是由公司支付或是其他的组织机构支付，所以旅游者更重视的是旅游服务的品质水平，而对旅游产品价格并不敏感，他们不但在交通工具、住宿、餐饮等方面体现出了高档次的特征，而且在旅游活动内容、组织安排以及接待服务上要求尽善尽美。由于一般不受价格和季节变化的影响，会奖旅游的停留时间较长，比一般游客的逗留时间长，以一般的会议活动为例，平均时间是在 3~7 天，多的长达 10 天以上，培训班时间可为 2~3 个月。会奖旅游活动所涉及的行业较多，对于参会人员的食、住、行、游、购、娱等方面都需要作出周密的计划安排，这段时间对于当地的消费具有较强的带动性。另外，会奖旅游的计划性强，而且多在旅游淡季举行，可以有效地调节旺季与淡季客源的不平衡，提高各类旅馆的全年利用率。

（四）收益显著性

第一，会奖旅游的客源基本上经济收入比较高，购买旅游商品的能力也较强，参加会议、展览、奖励旅游活动的团队人员通常为行业的精英人士或是管理层，职位高且收入水平高，同时也包含一些科技骨干、知识分子等高素质人员，购买能力也较强，消费水平在一定程度上代表企业的形象和实力，从而会给会议接待者带来可观的经济收入。

第二，与会者多为中高层管理人士、科技工作者等高级知识人群。客源往往具有投资决策权和政策制定权，他们多希望通过亲身观察增加了解和信任。后期，会奖旅游者会依据实地考察的判断进行资金或技术的投入。

据统计，全球范围内每年大约有 350 万人会参加各种形式的会奖旅游，或是团体考察，或是出差公务，或是单纯的企业安排旅游。如此大规模的客户群体，会奖旅游的效益势必会得到一定程度的提升。

【知识链接】

含金量高的会奖旅游产品

从经济效益角度来考察，会奖旅游在诸多旅游产品中是效益最好、前景最佳、被业内人士看好的一项大宗产品。从奖励旅游的发展现状和趋势来看，全球较大的公司，如 IBM、惠普、索尼、麦当劳、宝马汽车等都十分重视推行会奖旅游的激励机制。悉尼市会奖旅游局局长曾说过："会奖旅游的良好回报是旅游业界公认的。英国戴维布朗公司 300 人的奖励旅游团即将来访，将为当地创造 83 万美元的收入。美国创意集团奖励旅游团 150 人近日到悉尼，也带来了 76 万美元的旅游收入。"因而，会奖旅游是个金娃娃，在诸多旅游产品中，含金量高、前景看好，是国际旅游市场上的抢手货。

第二节　会奖旅游效应

会奖旅游对旅游具有极强的带动作用，对经济、社会、企业的成长以及区域经济的发展也有重要的影响。

一、会奖旅游对旅游业的作用

会展产生的商务活动具有比一般休闲旅游高得多的消费能力。10 多年前的资料显示，美国 1 万名会议代表在会期的饮食、住宿、设施使用、零售购买的消费总额可达 750 万美元。因会议而引发的旅游给会议所在地带来的物质消费是很可观的。

从扩大旅游业的业态而言，发展会奖旅游是基于大旅游、大产业这种思想下的考虑，是拓展旅游资源、拉长旅游产业链的需要。随着人们对旅游要求的日益提升，传统旅游业已经满足不了人们的需要，这就要求旅游业界积极拓展业务，促使旅游产品结构逐渐从单一的观光旅游向多元化发展。会奖旅游作为一种高端旅游，它的发展是我国旅游业发展不断升级的表现。

最近几年，由于我国传统旅游业受到边际递减规律的作用，其增长速度开始放慢，而会奖旅游业增长速度非常快，所以，会奖旅游业逐步受到旅游业界的重视。北京、上海等地的旅游主管部门开始专门研究会展对旅游业的作用，各大旅游企业也纷纷拓展会奖旅游业务，一些地方还组建了会奖旅游协会。但是，我国会奖旅游总体上还处于初级阶段，市场总量还比较小。

二、会奖旅游的经济效应

根据有关分析，相较于普通观光客人均消费对当地经济 1:5 的拉动作用，会奖旅游客人的人均消费对当地经济的拉动效应往往在 1:8 到 1:10 之间。每到大型展会开展时，当地的经济型、豪华型酒店"一房难求"，不仅如此，大到旅游、酒店、餐饮、运输、物流、广告、零售等服务产业，小到花店、零食店等店铺，都在会展带动下获得商机。

三、会奖旅游的社会效应

会奖旅游对经济发展良好的带动作用，不仅反映在食住行游等账面收益上，参与者的购买能力、传播能力和教育作用等也为目的地城市带来更多难以量化的收益。

会奖旅游属于劳动密集型产业，对就业有极大的带动作用。一个会议中心往往需要数百名甚至数千名员工，不仅解决了本地人的就业，也为外来人口提供了就业机会，并在改善城市环境面貌、提升市民素质、提高举办城市的知名度等方面发挥着重要作用。

四、会奖旅游的企业效应

（一）会奖旅游对企业业绩的贡献

牛津经济研究院对受访者中的高级主管的调查显示，会奖旅游能提供企业与客户面对面沟通的机会，74％的人认为面对面与客户沟通对企业是否成功至关重要；75％的人也认为可以面对面沟通的商务会奖旅游可以提高一家企业销售增长的机会；75％的人认为商务会奖旅游对于利润增长十分重要。高管们认为，如果没有与客户直接面对面沟通，那么公司有可能损失37％的年销售额，公司平均29％销售收入依赖于商务会奖旅游时与客户之间直接交流会谈。

据调查显示，通常情况下，与客户面对面的沟通模式，40％的机会可把潜在客户转为真正客户，如果没有此模式，此机会则仅有10％。这就说明了商务会奖旅游对争取新客户、赢得新的销售收入作出了巨大贡献。虽然当前虚拟会议是一个不错的方式，但超过80％的企业高管们认为，传统会议在争取新客户上更直接有效。受访者也表示，77％的现有客户要求能直接与公司面对面沟通，如果在没有与客户直接进行面对面沟通的情况之下，公司将面临38％的客户流向竞争对手的损失。

（二）会奖旅游对企业内部的贡献

会奖旅游中的奖励环节更易于激发员工的工作热情，通过会奖旅游将企业文化融入其中，增强了员工对企业的认同感，这也是管理者选择奖励旅游的重要原因。会奖旅游给企业员工和企业管理者提供了一个特别的放松交谈的机会，员工借此认识到企业和管理者人情味的一面，从而增强对企业与管理者的好感。会奖旅游过程中，员工之间相互交流，有助于增进同事感情。

五、会奖旅游的区域效应

会奖活动能产生可观的经济效益、社会效益，直接推动区域经济的发展。会奖活动的利润率在20％～25％，属于高收入、高盈利的行业。

会奖活动还可带动区域内其他相关产业的发展。会奖活动与交通、服务、装饰、广告、餐饮、通信、酒店等多个行业都有紧密的联系。这不但能够推动新兴产业群的发展，同时对相关产业的发展会起到直接或间接的推动作用。据资料显示，发达国家会奖产业的带动系数在1:9左右。这种高的产业关联度，让会奖业成了推动区域经济发展的新增长点。

会奖活动不但能够扩大区域内的市场规模和容量，同时还能够影响周边地区的经济发展。通常会奖活动都汇集了大量的信息并且统一进行发布，客观上就促进了区域内和区域外的交流、合作，会奖活动往往会成为购销合同及投资、合资、转让等意向书的谈判、签订协议的媒介。

在德国、我国香港等会展业发达的国家和地区，会展业对经济的带动作用达到1:9

的水平。会展业也是当今世界都市旅游业的重要组成部分。因此，各国旅游部门非常重视会展旅游业的发展。有些国家或地区旅游管理部门还专门成立了会展旅游管理部门，如香港为促进会展旅游业的发展，专门组建了会议局。20 世纪 90 年代以来我国会展旅游业发展迅速，年增长速度达到 20% 以上，大大高于我国其他领域经济总量的增长。

第三节　会奖旅游市场

一、会奖旅游市场概况

会奖旅游以规模大、时间长、档次高和利润丰厚等突出优势，被认为是高端旅游市场中含金量最高的部分，甚至被誉为旅游业的金矿。MICE 是一个新兴的服务行业，发展潜力大，已成为全球新的经济增长点。

（一）国际会奖旅游市场概况

伴随着世界经济的不断发展，商务交往及商务活动越来越频繁，会奖旅游成为一个重要的旅游细分市场。尽管与传统的休闲、娱乐和休假旅游相比，会奖旅游在旅游市场中所占份额还相对较低，但是其创造的市场利润却不容低估。由于缺乏统一的统计口径，很难统计出会奖旅游市场总体规模的确切数字，但是根据从各种途径搜集到的资料，可以推算出会奖旅游市场已成为高速发展且潜力巨大的旅游市场。

根据澳大利亚旅游预测委员会的报告，未来 10 年，赴澳旅游者的数量将比目前翻一番，达到 1040 万人，其中会奖旅游者增长速度最快。

西班牙马德里展览协会估计，西班牙展会每年展场、住宿、餐饮及观光等所创造的总效益可达 32 亿欧元。

新加坡旅游局（STB）计划 2015 年将商务旅游及会议、展览与奖励旅游业的收入增加至 105 亿新元，同时维持该领域在旅游业总收入中所占的比例。

目前会奖旅游的利润率高达 20% ~ 30%。2011 年全球会奖旅游支出超过 1 万亿美元，而 2003 年，仅为 4000 亿美元。

（二）国际会奖旅游市场地区分布情况

总体来看，会奖旅游在全球的发展很不均衡。欧洲经济较为发达，举办会议及展览有悠久的历史，在会奖旅游的发展中一直处于遥遥领先的地位。从会奖旅游者的地区构成来看，欧洲的会奖旅游人数最多，约占全球的 60%。亚洲凭借巨大的市场潜力以及近几年经济的快速发展，会奖旅游市场开始呈现蓬勃发展态势，其会奖旅游人数仅次于欧洲，以 20% 的比例位居全球第二。美洲凭借北美洲较强的经济实力，亦处于会奖旅游发展的前列；非洲和中东地区，虽然会奖旅游的发展相对滞后，会奖旅游的人数仅占 4%

左右，但是整体呈增长趋势，发展前景较为乐观。

（三）我国会奖旅游市场发展状况

随着我国经济的快速发展，商务队伍的规模也在逐步壮大，并且这一群体具有普遍收入高、素质高和职位高等特点，出于注重维护客户关系以及公司外部事务等原因，商务人士进行商务旅游日益频繁，这使得以会议、展览和培训等为目的的会奖旅游需求大大增加。目前，我国会奖旅游市场发展稳定并持续上升。

从入境旅游市场来看，中国正逐步成为世界会奖旅游业的新贵，并成为世界上许多国际组织关注的会议目的地国。中国政府一直以来都大力扶持旅游和其相关产业的发展，一些地方政府也出台相关法规来促进会奖旅游这一市场的发展。

从客源市场来看，会奖旅游的客源大多产生于经济实力较强的企业，所以会奖旅游客源市场成熟度的区域分布与区域经济水平和大中型企业的数量和发展程度有密切关系。国内会奖旅游客源市场成熟度较高的区域多为东部沿海区域和部分中部省区，其中又以京津塘、长三角、珠三角、大武汉、长株潭、重庆、成都等地成熟度较高。相比较而言，西部会奖旅游客源市场的成熟度则相对较低。

从接待市场来看，会奖旅游大体呈现出不同的区域分布特点。其中会展旅游与会展业的区域分布基本相同，全国会展旅游接待市场成熟度较高的区域包括京津塘、长三角、珠三角、大武汉、长株潭、重庆、成都、昆明等。奖励旅游接待市场成熟度较高的区域除了这里所列举的会展旅游接待市场发达的区域外，有些著名旅游城市虽然会展业和会展旅游不够发达，但因其旅游吸引力强和旅游接待设施配套较好，其奖励旅游接待市场的成熟度也较高，如云南、海南等。

二、会奖旅游市场特征

（一）注重市场需求的高端性

会奖旅游的主办者和参与者非常重视会奖旅游产品的品质，他们所需要的是一个"非比寻常"的假期。在旅游活动中，诸如交通、住宿、餐饮、游览、接待等环节上，会奖旅游市场需求均体现出高档次的特点，因而会奖旅游产品设计要求在每个细节上都尽善尽美。

（二）强调市场开发的专业性

会奖旅游市场具有极强的专业性，在经营主体、服务人员、产品设计、促销手段等各方面都不同于传统的旅游市场。具备专业的组织和服务能力的专业化企业是会奖旅游市场的经营主体，拥有高素质的会奖旅游专业人才是开发这一市场不可或缺的条件。另外，会奖旅游产品的专业化特征明显，从会奖旅游项目的策划、营销、组织到接待、管理逐一体现出来。而且必须根据每个奖励旅游主办者的不同要求，为他们"量身定做"

个性化产品。

（三）重视产品开发的创新性

会奖旅游要求给旅游者提供一个"终生难忘的经历"，这就需要通过创新性的策划来为旅游者创造与众不同的体验。因此，会奖旅游产品开发特别重视创新。从为整个会奖旅游活动设计一个具有创意的主题，到围绕这一主题的各种节目的巧妙设计、各项特色服务的精心安排和现场气氛的营造等，会奖旅游产品开发的全过程都不能缺少创新性思维。桂林的结婚岛、总统渔村是开发比较成功的具有创新性的会奖旅游产品，这些独具匠心的产品给旅游者留下了深刻印象。

（四）突出产品设计的文化性

会奖旅游对于企业而言是塑造和展现自身企业文化的重要机会，众多企业更是以此作为开展会奖旅游活动的主要目标。因而"文化"就成了会奖旅游产品设计不可忽略的因素。会奖旅游产品的设计需要充分考虑企业的文化背景和特征，并通过各种方式将企业文化融入会奖旅游的各个环节之中。

三、会奖旅游市场需求

会奖旅游是都市旅游的重要组成部分，是现代都市经济发展的典型业态类型。作为一种新兴的经济形态，其已成为世界上许多国家国民经济的新的增长点，在西方发达国家已成为城市现代服务业的重要组成部分。

会奖旅游市场需求即会奖旅游客源市场，是旅游客源市场的一个细分市场，是构成会奖旅游产业不可或缺的重要主体。一个城市会奖旅游的发展程度如何，关键在于如何吸引更多的外来会奖旅游者，而要吸引更多旅游者的来访，则取决于开发的会奖旅游产品的吸引力程度。因此，深入了解会奖旅游需求市场的结构及需求特征，对城市会奖旅游产业具有重要的指导作用。

（一）会奖旅游市场需求主体

由于会奖旅游是为处理公务或者商务而引发的对旅游产品和服务的消费行为，所以会奖旅游的需求主体主要是各种各样的机构。一般而言，构成会奖旅游市场需求的主体主要有以下几类：

1. 政府

为了传达政府旨意、制定公共政策、处理公共危机、振奋民族精神等，政府通常会通过出差调研、召开会议、举办展览和大型活动等方式来处理这些公共事务。这些活动虽然都是出于处理公务的目的，本身不是旅游，但是这一过程中必然引发公务人员的一定流动，并由此产生对机票、酒店、餐饮等旅游产品和服务的需求。除此之外，那些对出差目的地不熟悉的公务人员，在处理公务期间或者完成公共事务之后，通常也会有观赏出差地旅游资源的内在需求。不管是接待方安排还是自己独自安排，在处理公务之余，公务员会抽空欣赏一下出差地点的自然风光以及名胜古迹等，这也在情理之中。

需要指出的是，公务人员在因公出差过程中是否可以进行一些旅游观光活动一直是一个比较敏感的话题。另一方面，政府的公务接待不仅规定了不同级别的公务人员的交通工具和住宿标准，而且在条件许可的情况下，很多接待活动也是在政府的接待系统内进行的。因此，在"八项规定"等反腐倡廉新规下，旅游企业如何更好地参与政府的差旅管理和接待服务，一直是一个很难搞清楚的问题。

尽管如此，政府还是一个重要的会奖旅游产品和服务的需求机构。旅游企业在经营过程中不能忽视对政府会奖旅游市场的开发，尤其是在政府举办大型会议和各类活动时，应善于从中发现商机。

2. 企业

企业出于研发和销售商品、服务客户等工作的商务目的，通常会通过参加展览会、行业会议、技术考察、售后服务等形式而产生大量的对会奖旅游产品和服务的需求。从现实中的会奖旅游市场看，企业已经成为旅游机构最重要的会奖旅游客户。

通常情况下，企业对会奖旅游产品和服务的需求主要体现在：

（1）企业会议。既包括企业股东大会、董事会等管理层面的会议，也包括企业技术、市场、人力资源等方面的专题会议。除此之外，企业还通常根据需要派成员参加由行业协会、媒体等机构组织的行业集会。随着专业化分工的发展，越来越多的公司会议选择到酒店召开，不少企业还将整个会议的组织与接待工作委托给专业的旅游机构来运作。

（2）参加展览会。展览会作为重要的信息交流和商品贸易平台，不少企业通常会以参展商或者贸易观众的身份前往参加。由于很多展览会并不是在企业生产所在地举办的，所以企业在参展和观展的过程中，必然涉及商旅费用的支出。而且，在业务人员首次前往某个展览会举办地的时候，在完成公司任务的基础上，他们自然也会产生对展览会举办城市自然风光和名胜古迹的游览需求。

（3）奖励旅游。奖励旅游是企业为了鼓励优秀员工、塑造企业文化等目的而采取的以旅游方式来奖励员工的管理措施。当然，为了达到企业的管理目标，这种旅游项目不同于单纯的观光和度假，企业员工在休闲、放松、欣赏美丽景观等的过程中，还要接受业务培训、拓展训练等特殊安排。作为一种满足员工高层次精神需求的特殊激励措施，奖励旅游已经得到越来越多的大公司的认可。

（4）举办各种特殊活动。除了对以上各类会奖旅游产品和服务的需求，企业举办的不少特殊活动也需要采购相关的会奖旅游产品和服务。如企业的新产品发布会、公司的周年庆典、上市前的路演活动等，通常也需要借助酒店等旅游机构的设施和服务来完成。

3. 协会组织

协会组织是人们为了共同利益而自愿成立的民间团体。协会组织多种多样，名称也

有所不同，有以行业为基础形成的行业协会，如旅游协会、汽车协会、计算机协会等，也有主要以研究人员为基础形成的民间组织，如各种各样的学会。不管具体表现形式如何，协会在本质上是一种非营利的民间组织。在众多的协会组织中，行业协会最具有代表性，行业协会是指为达到共同的目标，同行企业及相关行业或从事同类型或相关行业的自然人在自愿的基础上组织起来的社会经济团体。会员们经常以协会为平台，通过召开会议等方式沟通信息、研讨问题。行业协会还经常组织会员单位参加各式各样的展览会。行业协会通常通过组织行业会议、为会员提供培训、组织会员参加展览会等形式，加强会员间的沟通，促进会员自身业务的提升。虽然行业协会自身的工作人员通常并不是很多，但是由于其有众多的会员，从而导致了行业协会的会奖采购不仅非常频繁，而且很多情况下规模庞大。

4. 高校及科研院所

高校和科研院所作为重要的知识和智力输出机构，在其自身发展的过程中，为维持机构运作需要大量的事务性差旅活动，同时为了提高研究水平，专家教授们还要开展大量的调查研究和学术交流活动。一方面，以高校和科研院所为主组织召开的学术研讨会已经成为会议市场中的重要组成部分；另一方面，高校和科研院所也通常派员参加各式各样的行业会议，以促进理论研究与实践的结合。虽然高校和科研院所的会奖支出无论在总体规模上还是在人均花费方面，可能都无法与企业相比，但是由于高校数量众多，高校的会奖旅游需求同样不可小视。

军事组织、宗教机构等也会因为处理各自事务的需要而产生非观光性的旅游需求。不过，这些组织的特殊性决定了它们的旅游很少委托旅游机构协助完成，因此也难以转变为现实的会奖市场。

（二）会奖旅游客源市场需求特征

1. 消费水平高

参加会奖旅游的旅游者一般都有一定的社会影响力，他们在吃住行方面有一定程度的标准要求，要能显现出其所在单位的实力，单位也希望通过这些代表者的活动行为来树立在同行中的形象，提升其社会地位。因此与其他旅游者相比，会奖旅游者具备很强的购买能力，消费档次高，规模大，开支均比普通旅游者要高得多。

2. 对价格敏感度较低

会奖旅游活动其外出的目的是为了机构的需要，目的地也由机构选择，会奖旅游者只是为机构办事，所以因会奖活动而产生的费用自然由派出机构负担。在这种背景下，旅游者更关心交通、住宿、餐饮等产品和服务的质量，而对其价格敏感度相对较低。从某种意义上说，在机构许可的情况下，旅游者更倾向选择一些高档和奢华的产品和服务。

3. 出游没有明显的季节性

会奖旅游的工作属性，决定了旅游者何时外出主要取决于工作的需要。不同机构自身工作的复杂性，决定了会奖旅游者出行时间的多样性。例如，参加展览会和会议的时间取决于展览会和会议的组织者。不过从总体来看，会奖旅游的出行时间明显有别于传统的休闲旅游：一是会奖旅游贯穿机构工作的全过程，因而很难区分明确的淡季和旺季；二是会奖旅游作为一种工作，随时都可能外出，而休闲旅游作为一种消费，通常安排在周末或者节假日等时间。

4. 时间观念强，对商务配套设施要求较高

会奖旅游者要求旅行日程安排紧凑、强调效率，因此他们希望旅游公司提供的会奖服务能统筹安排，提高效率、节约时间。由于会奖旅游者时间观念较强，越来越追求快捷便利的现代化办公设施，对现代化办公用具要求较高，大部分商务客在飞机上使用笔记本电脑，超过半数的人出差在外时使用互联网，对电传、传真以及国际直拨电话等使用频率也较高。

5. 重访率较高，能产生稳定的旅游客源和收入

会奖旅游目的地一般都与有关企业和相关机构建有固定的业务关系，所以会奖旅游目的地一般也是固定的，事先是经过认真精选的，不会随意更改。由于商务活动的需要，会奖旅游者会在同一旅游目的地进行重访和进行旅游活动，即重游率相对较高，这使得旅游目的地能产生稳定的旅游客源和含金量较高的经济收入。

四、会奖旅游市场供给

（一）会奖旅游供给系统的要素及配置要求

会奖旅游作为一个系统，有其特有的系统结构及要素构成。其中，供给系统就是会奖旅游系统体系的重要子系统。这一系统因其作为会奖旅游客源最终指向的对象——会奖旅游者所达到的旅游目的地，使得这一子系统在会奖旅游系统体系中占有重要的地位。会奖旅游者能否实现购买会奖旅游产品的动机和愿望，不但取决于该系统要素的完善程度，更取决于该系统的功能或该系统运行状态的良好程度。

从供给角度看，会奖旅游便是会奖旅游服务主体为会奖旅游客源提供的专项产品。其中会奖组织者、会奖企业及会奖场所是构成会奖旅游供给系统中最基本的要素，缺乏任何一个要素，会奖旅游客源就难以达到参加相关会奖活动的目的。会奖组织者即会奖项目的策划者，主要包括三个主体，即主办单位、承办单位和协办单位；会奖企业是会奖旅游供给市场中重要的经营主体，主要提供会奖活动设计、广告策划、会奖活动施工及会奖项目推介等服务；会奖场所主要包括会展场馆和会议室（厅），会展场馆是会奖旅游最基本的场所，也是会奖旅游需求者参展、参会的最终目的地。

会奖旅游是一个关联程度很高的经济现象，在配置会奖供给系统基本要素的基础上，必须对会奖旅游供给系统的关联行业进行合理配置并不断进行优化升级，这样才能保障会奖旅游核心要素作用的发挥。否则，各类客源不但难以顺利实现会奖旅游活动，还会给会奖旅游举办地带来负面影响。会奖旅游关联要素主要包括餐饮、住宿、交通、

游览、通信、保险、市政服务、物流、环保、金融、商贸服务等行业，这也是会奖经济涉及面很广的重要体现。另外，会奖业作为一个产业，其核心产业和关联产业的规模、产值及对社会的影响，也是城市会奖旅游核心要素和相关要素相互促进、共同发展的结果。

（二）会奖旅游市场供给者

1. 会展中心

作为会奖旅游一个非常重要的载体，会展中心是举办会议、展览会等场所的总称。但随着会展经济的快速发展和产生的联动效应，有些会展中心，不再局限于仅为会奖旅游者提供会议和展览场所，而是向综合性的能为会奖旅游者提供住宿、购物、休闲、娱乐等会奖商业圈集团发展。

2. 旅行社及专业会议组织者

会议组织者的主要任务是负责协助做好会议举办的各项事宜，它在旅游分配系统中担任会奖旅游者与旅游服务的媒介，并整合协调、联络各项细节，以实现会议的成功举行。旅行社及其一些专业会奖组织者就属这类会奖的主要供给者。其主要活动包括选择会议地点、磋商、会议程序规划、会场管理与执行、评估等。一般会议组织者的分类，包括公司会议组织者、社团组织会议组织者、独立或私人的会议咨询顾问，或由上述会议专业组织者与其他服务公司所结合组成的会议管理顾问公司与奖励旅游管理顾问公司等。

3. 展览公司

作为展览会的主要主办机构，展览公司在会奖旅游，尤其是展览旅游中扮演着十分重要的角色。一方面，它可以为参展人员代理订房订票业务、推荐旅游服务商或指定旅行社为 VIP 客户提供旅游服务等。另一方面，出国展览会本身就是会奖旅游业务，有资格办理出国展览的展览公司在国内招展完毕之后，会为参展人员办理签证、机票等手续，参展人员出国之后的行程安排则一般交给国外当地的旅行社代理，如接机、酒店住宿和展览后的旅游等。

4. 网络旅游代理商

随着旅游者消费习惯和消费行为方式的改变，在线旅游公司成为旅游产品重要的代理商。对于这些在线旅游公司来说，要从传统旅行社手中夺取市场，就需要凭借其网络优势，而商务用户无疑是其合理的突破口。对于时间宝贵的会奖旅游者来说，网络预订是最快捷、最简便的方式，尤其是中小企业的商旅用户和商旅散户，通过互联网和呼叫中心预订，要优于传统的预订方式。因而携程、艺龙等一批在线旅游公司都积极关注会奖旅游市场。携程网的市场定位就是中高收入白领阶层，以商务旅客为主（约占88%），观光和度假游客为辅（约占12%）。

除上述的会奖旅游经营机构，会议信息和技术供应商、广告公司、鲜花供应商、礼仪公司等也是会奖旅游产品的提供者，如会议信息和技术供应商可以对目的地管理公司、演讲人、娱乐活动、网上注册系统和网络会议进行评估与商议，还能为会议主办者安排实地视察旅行，办理房间名册和房间区段，提供会议设施工具如桌签等。

第四节　旅行社会奖旅游市场开发策略

随着会奖旅游的快速发展，越来越多的旅行社参与其中。旅行社对会奖旅游的服务不仅仅包括食、住、行、游、购、娱等环节的设计，还包括游前的宣传促销、游中的接待服务、游后的跟踪回访等。本节针对目前旅行社发展会奖旅游面临的现状和问题，提出一些改进开发策略，以便旅行社更好地服务会奖旅游。

一、经营和组织策略

首先，要做好旅行社之间的分工。拓展会奖旅游业务是旅行社开辟新市场的有效举措，也是获得丰厚利润、避免恶性竞争的有效途径。旅行社之间应该做好分工，形成有效的分工合作体系，做好会奖旅游业务这块"面包"的分切工作。旅行社之间的分工是以旅行社自身的条件和因素为依据的，具体来讲规模较大、实力雄厚的旅行社可以凭借其分布广泛的营销网络和接待体系为参加会议和展览者提供全程服务；规模较小、实力相对薄弱的小型旅行社可以对会奖旅游市场进一步细分，集中自己的优势力量来满足某一具有潜力的会奖市场或只提供车、房等相关的会奖外围服务；而商务旅行社由于其与企业的紧密关系，在这方面更能依据企业的实际需要度身定做，提供独具特色的相应服务。

其次，旅行社内部也要进行一些组织结构的调整。要实现服务好会奖旅游优先占取市场获得更大的额外利润这一目标，旅行社必须进行企业组织结构的调整，成立会奖旅游部甚至是整个旅行社的职能转变，全面介入会前策划、会中服务和组织会后旅游，尽早涉及会奖这个极有前途的产业，作出战略规划和安排。

最后，注重公共关系的开拓与维护。一方面，旅行社要协调好与饭店业、餐饮业、交通业、娱乐业、旅游景区之间的关系，妥善处理各种突发情况；另一方面要加强同政府的联系。因为在争取会议会展，特别是国际性大型会议和会展的举办权时，旅行社必须获得政府的支持，而且政府的权威性可以帮助旅行社招徕更多的参会者和客户。旅行社要想得到政府的支持，必须搞好公共关系，树立起良好的公众形象和声誉。此外，旅行社可以建立客户档案，加强同主办者、与会者的沟通联系，对客源进行预测、市场促销、后续跟踪访问等，做好客户的维系工作。

二、服务策略

首先，旅行社要树立与会议会展企业共赢的观念。从特征来看，会奖旅游兼具旅游

业和会议业之共性，具有引发性、边缘性、综合性、依赖性等特点，它紧紧地依托于会议会展，不能脱离会议会展业而独立存在。旅行社通过全方位的优质服务为会奖活动营造良好支撑环境，提升会奖活动的品质。反过来，高品质的会奖活动提高了会奖活动的凝聚力与号召力，吸引更多的会议会展参加者，保证会奖旅游的持续健康发展，使旅游与会议会展一起达到互动和双赢效应。

其次，旅行社会奖旅游服务应贯穿于会奖活动的始终。会奖活动包括了除会议会展组织策划到设计布局外的食、住、行、游、娱等诸多要素，与旅游活动存在极大的共性，这些共性使得会议会展企业在产品组合、宣传、接待等业务操作上与旅行社具有很强的互动关联性。因此，旅行社应自始至终提供相关的会奖旅游服务，保证会奖活动的顺利进行。在会议会展前，旅行社利用其成熟广泛的销售网络，主动开展会议会展活动的宣传促销；在会议会展期间，调动自身的协调与组织能力，为会议会展活动参加人员提供食、住、行、游、购、娱一条龙服务，全面服务于会议会展；在会议会展后，旅行社协助会议会展企业开展展后总结服务工作，旅行社可以利用为会奖活动参加者一线服务的机会，为会议会展企业调查有关参加者的相关资料及征集反馈意见提供服务。

最后，服务方式上提供从一般性到个性化的会奖旅游服务。会奖旅游者的客源层次不一，需求不同，并且对服务的个性化要求较高，因此旅行社不仅要提供一般化的服务，还要提供个性化的服务：一是开发多样化服务产品，通过灵活组合，以满足会展旅游者个性化的需要，这通常适用于规模较大的旅行社；二是细化会展旅游市场，集中优势，最大限度地发挥自己的优势，以满足目标会奖旅游者的需要。

三、"1＋X" 延伸策略

会奖旅游者对旅行社的管理水平和服务质量提出了较高的要求，他们希望旅行社可以充当差旅系统管理专家和全程专业服务员的角色，成为企业的战略伙伴和差旅顾问。因此会奖旅游产品的开发既要保证基本的服务，又要注意到会奖旅游者需求的多样性。针对会奖顾客的类型及特点，旅行社在组织会奖旅游业务中应推出多样化、个性化的产品。从旅行社的角度，将旅行社的会奖旅游产品分解为：核心产品——旅行社在会议会展期间的组织和接待服务；外延产品——其他多种配套服务及旅游产品。针对不同的会奖旅游者，用核心服务搭配不同的外延服务，以满足不同的需求，整个会奖旅游产品就为"1＋X"型。

其中"1"是旅行社在会议会展期间的组织和接待服务。旅行社可以利用在食、住、行、游、娱、购六方面强大的供应和促销网络，配合会议会展同步宣传，以造声势，并主动出击，承揽会议会展的组织和接待工作，协调好会议会展接待的相关部门，做好会议会展接待工作。为了突破会奖旅游服务局限于接待服务的局限，增加旅游业的收益，延长与会者及参展者的逗留时间，因此引入了"X"的产品策略。

"X"是旅行社开发会奖旅游产品的延伸产品，是指其他配套服务及旅游产品，不仅包括翻译、礼仪等单项服务，也包括各种旅游单项产品。与会者可以根据自身需要灵活选择，自由组合，自助性较强。旅行社在开发会奖旅游产品时，更该注重"X"，在"X"的变化上多做文章。另外在开发会奖旅游产品时应注意，开发的产品要符合会奖旅游者的需求，考虑到他们的时间因素以及文化需求，使开发的产品具有多样性、专业性和文化性等特色。

四、品牌策略

通过培育会奖品牌来提高市场竞争力。一种方法是长期承办一两个大型的会议会展，不断做大做好市场，并把它们培育成有国际影响力的会奖品牌。另一种是直接移植品牌。旅行社可与国际知名会奖公司合作发展，将其品牌直接为我所用，不仅能提高会奖旅游的知名度，还可以学到先进的管理方法和经验，加快旅行社会奖旅游业务的发展。旅行社还可通过区域合作，来提高会奖品牌知名度和市场竞争力。

引导部分旅行社转型为会奖旅游产品的策划和组织机构，并给予相应的政策性补贴和税收减免。旅行社具有良好的市场网络、丰富的接地经验、优惠的价格，种种优势都使得旅行社的会奖旅游业务更为专业。一些品牌旅行社可转型为会奖旅游产品设计、研发机构，专门从事高端会奖旅游产品设计和市场开发，从而带动高端旅游的快速发展；促进会奖旅游产业与相关产业的联动与融合，形成会奖旅游产业集群，从而使会奖旅游产业价值链在本地不断延伸。

五、人才策略

由于会奖旅游客源专业性强、素质高，这就要求会奖服务人员既要有良好的专业知识及技能，又要有宽广的知识面，掌握最新信息、跟踪市场变化。而目前国内会奖旅游市场起步晚，发展程度不高，专业人才极度缺乏，要建设我国甚至国际会奖旅游中心，必须加快人才培养速度。旅行社一方面要尽快培养一批熟悉国际会奖旅游惯例，精于会奖旅游市场开拓，善于会奖旅游组织、管理与服务的专门人才队伍，推进会奖旅游的快速发展；另一方面要加大对会奖旅游的翻译、导游、接待服务人才的培养力度，不断提高会奖旅游的服务质量和管理水平，使其在服务过程中，既能够提供高质量的服务，为会奖旅游者解疑答难，又能够将合适的会奖旅游产品巧妙地推荐给个性化的客户，并做好相应宣传工作，促进会奖旅游的发展和旅行社市场竞争力的不断提高。

六、行业策略

行业协会作为企业的代言人，其宗旨是维护行业内部的秩序和利益。作为一种非营利性组织的行业协会在产业内享有较高的威望，在市场上具有很强的号召力。行业协会作为会奖业与政府之间的纽带，代表企业更容易与政府进行沟通协调，更容易解决产生的问题，使会奖活动顺利进行。各地可以通过建立会奖旅游行业协会，加强行业自律，

提高会奖运作与管理能力。

七、促销策略

一是政府促销。政府负责制定整体营销方案，指导旅行社等企业搞好营销工作。二是旅行社等会奖企业的促销。会奖企业是促销的主体，要加大促销力度，通过各种促销手段引进国际国内的各种会议到中国召开，组织大型企业、各种社团到中国参加奖励旅游。三是会议大使促销。向上海学习，聘用高校、学会、科研等单位的专家学者和行业精英担任"会议大使"，通过他们的促销引进一大批专业性强、层次高、人数多的国际会议在国内召开。

第五节　旅行社会奖旅游产品开发

一、旅行社会奖旅游产品开发原则

对于开发会奖旅游产品的旅行社来说，应遵循以下原则进行特色会奖旅游产品和活动的策划。

（一）周密性原则

由于会奖旅游团一般比较大，经常是数百人、数千人，有时上万人，所以接待计划要周密细致，搞好各方面协调很重要，比如在海关、机场开辟特殊通道，多开几个进关柜台，组织好欢迎仪式，快速、安全分派入住，安排好用车、就餐、参观游览节目等。由于会奖旅游团不是临时组团，旅行社有搞好策划的充裕时间，比如主题宴会，一些小创意是事先围绕主题策划好的。这样的接待让客人感受到主人是下了功夫的。

（二）多元化原则

产品的设计需要以需求为前提，会奖旅游的需求决定了旅行社及其他企业的产品开发方向。从会奖旅游者的界定可看出存在组织者、参展商、观众等不同的目的与需求，需要根据他们的需求推出相应的产品，使旅游产品符合会奖旅游者的需求。需求的多样性决定了产品的多样性。会奖旅游者独立意识较强，因而需要的产品类型就多一些，尽可能给旅游者自由选择的权利，从而满足消费者的需求，也可让消费者根据自身需求灵活选择旅游产品。

（三）本土化原则

一个地区的特色是旅游发展的灵魂，而文化则是旅游特色的基础。会奖旅游者的文化品位越高，融入文化的旅游产品其生命周期越长。如果旅游时想要领略异地风情，就需要在产品开发的时候融入举办地区的文化，突出地方特色，形成旅游产品的差异化，尽可能使参与者感受到会奖旅游不是旅行社或旅游公司的行为，而是企业的一种荣誉至上的集体活动。因此，这就需要旅行社来为企业的会奖旅游寻求一个很好的主题包装，安排一些别出心裁的主题活动，并应从主题活动的场地选择、节目的设计、现场气氛的营造到餐饮服务的安排等每个细小的环节都做到尽善尽美，力求给所有参与者留下深刻难忘的印象。

（四）结构优化原则

优化产品结构原则上需要以市场需求为导向，并依托当地的旅游资源，实现产品的品牌化、多元化。这体现在两个方面：首先，开发产品统筹兼顾，协调食、住、行、游、购、娱等各类旅游产品；其次，兼顾不同档次的会奖旅游产品，例如可以定位为经济型、标准型、豪华型的多档次的会奖旅游产品，且将其比例进行适当调整。同时由于会奖旅游者的出行目的多半是因公外出，时间观念可能比一般的观光旅游者强，可以为此类游客设定半日游、一日游、两日游等旅游线路，调整产品结构，会奖旅游者可机动灵活选择。

（五）参与性原则

在组织活动中，不仅仅是为了娱乐，还要让参加人员都参与进来，使整个旅游活动成为一种团体创建活动，成为一次真正的全体参与性的会奖旅游。创造些与众不同的东西，给参与者留下值得回味的经历。所以旅行社应结合实际来设计安排一些既能调动大家游兴，又给人留下深刻印象的参与性的旅游活动项目，如绿色生态游、旅游探险等。

（六）综合效益原则

会奖旅游产品在开发的时候需要在讲求经济效益的同时保证社会效益与环境效益，即谋求综合效益水平的提高。会奖旅游产品需要进行可行性研究，确保回收周期和回收效益率，保证经济效益；同时产品开发的过程中应充分考虑地方的经济发展水平、地方文化习俗以及当地居民的承受水平，保证健康的旅游活动；并且会奖旅游产品需要确保在自然环境的可承载能力范围内，在确保开发水平的前提下进行环境保护，建设和谐生态环境。

【同步案例】

特殊的奖励旅游——意大利葡萄酒之旅

美国 Harris Teeter（以下简称 HT）公司是美国东部最大的高端食品连锁集团。公司每年的葡萄酒业务都超过了 16 亿美元。为褒奖葡萄酒部门最优秀的雇员，HT公司有一年安排了一次特殊的奖励旅游——意大利葡萄酒之旅，同时也借这次旅行为葡萄酒部门寻找新的合作伙伴。

解决：梦幻意大利旅游公司在接到客户意向后，进行估量商议，最后拒绝了大团队订单，劝说 HT 老板从原有 500 人的团队中精选出 30 名最优秀者，参加这次深度的醉酒之旅。此次活动的整个行程，是旅游公司在对 HT 公司的了解下，根据 HT 公司性质和奖励旅游目的而设计的，真正作到了量身定制。

10 天的行程中，旅游公司为团员精心挑选了城堡酒庄，每个酒庄都以不同的葡萄酒、酿造工艺和建筑特色闻名。此外，还安排了两晚市中心的酒店，为的是让团员对于城堡的住宿更加印象深刻。每餐的菜式与葡萄酒都是精心搭配。除了大型酒庄，还安排了小村庄里的特色餐厅，他们都有自家酿造的葡萄酒，别有风味。

为了给所有团员一次铭记一生的旅游体验，旅游公司安排了一场属于 HT 的私人城堡酒会，并用直升机将所有的团员运送至酒会举办地：班菲城堡。

行程安排：奖励团成员从美国费城出发到达米兰国际机场，令所有人吃惊的是，在机场迎接他们的不是导游，而是旅游公司的 CEO。作为葡萄酒领域的资深专家，他一路为成员解释意大利的葡萄酒文化，豪华奔驰大巴车身上是葡萄、水晶杯、城堡酒庄的图案和 HT 公司的标志，在所有人的注视中开往维罗纳——罗密欧与朱丽叶的故乡以及意大利最重要、规模最大的国际葡萄酒与烈酒展——Vinitaly 的举办地。两者加在一起造就了维罗纳醉人而浪漫的魅力。

成员受到 Andrea Sardori——Sardori 酒庄庄园主的热情拥抱，Parmigiano 工厂主人的热情款待，还有 Gabbiano 城堡、里奥那多达芬奇酒窖、Monterutoli 酒庄……

组织方为团员安排了浪漫的维罗纳之旅，在朱丽叶的窗下品尝葡萄酒；充满艺术气息的佛罗伦萨之旅，在米开朗琪罗的大卫雕像前驻足惊叹；感受历史沉淀的罗马之旅，卡拉卡拉浴场、古罗马竞技场、数之不尽的古迹，做客美国大使馆；以及托斯卡纳静谧安详的美丽小镇，尝试最传统的托斯卡纳美食，品尝家酿的葡萄酒。

团员体验：意大利这个国家，从北到南，从丘陵到山区，甚至在那些特别小的海岛上，葡萄树都是特有的一道风景，葡萄酒是意大利每处阳光和土壤赐予他们的琼浆，让我们艳羡不已。

在整个行程中，组织者的安排无可挑剔。出发前我们每人收到来自梦幻意大利的 CEO——Giorgio Dell'Artino 的邮件，告诉我们应该准备的衣服，并注明男士带上一套西服，女士需要一套晚礼服，告知我们每个住宿城堡和酒店的设施。并附上一份无比精美详尽的 10 天行程，里面甚至有所有地点的联系方式。在米兰机场，一个高大英俊的意大利男人展开双臂迎接我们，诧异半天，才知道是 Giorgio 本人。

10 天的葡萄酒之旅，让所有人都沉浸在醉人的气息中，而最让我们难忘的便是班菲城堡的特殊安排。清晨我们在托斯卡纳醉人的空气中醒来，享用一杯卡布吉诺和美味的牛角面包后我们开往 Montalcino 镇。在专业品酒师的陪同下，我们步行参观了班菲独特的酒杯、酒瓶博物馆、酒窖、品酒屋，然后，私人直升机将我们送上天空，以最为完美的方式俯瞰班菲近 3000 公顷的葡萄庄园。灰品乐（Pinot Grigio）、霞多丽（Chardonnay）、常相思（Sauvighon Blanc）、赤霞珠（Cabernet Sauvignon）、美乐（Merlot）、西拉（Syrah），这些国际知名的葡萄品种在这儿应有尽有。天空暗淡成琥珀色，行程在我们的惊呼中结束。螺旋桨产生的风让所有女士裙脚飞扬，缓缓走下直升机，沿着红地毯走向班菲城堡，我们的私人晚宴正式开始。历史古堡，微微清风，美酒醇香，音乐奏响，所有人都沉醉在这场迷人的晚宴中忘记了自我。

评价：HT 公司 HR 经理评价说："此次行程设计非常独特，每位团员都有着深切的体验，而且整个过程没有任何担忧和劳累，组织方已经为我们做好了所有详尽的安排。从行程结束的那天，我们就开始期待着下次旅行。"

梦幻意大利旅游公司的 CEO Giorgio 也说道："行程的每个细节我们都经过深思熟虑，力求带给客人最完美的尊贵感。当客人告诉我这是他们此生体验过的最难忘的旅行，尤其是古堡晚宴和直升机酒庄体验，我们觉得一切努力都是值得的。"

问题：

梦幻意大利旅游公司组织的奖励旅游是怎样做到让游客满意的？遵循了哪些原则？

二、旅行社会奖旅游产品运作实务

会奖旅游作为高端旅游的一部分越来越受到旅行社的重视。旅行社业也由于其招徕、接待的行业特点，在长时间的市场运作过程中，不断积累实践经验，在举办展会方面具备了较强的组织协调能力。一些旅行社虽不像大型旅行社的会奖市场那般强大，却也在相应市场拥有自己的品牌和影响力。如今，为了争取会奖旅游的大蛋糕，他们也在凭借差异化的定位争夺这块市场。旅行社对待奖励旅游的观念和态度已经发生变化，以前他们用常规团的做法来操作奖励旅游，现在旅行社能够按照公司管理的模式去运作会奖旅游。他们越来越明白，以往的大众化的旅游行程内容无法满足公司客户的要求，在会奖旅游领域，有的大客户公司决策者并不会把价格、花费放在首位，而"能否提供到位的服务"才是客户考虑的首要因素。

【同步案例】

云南风光优景会议会展公司承办某进口品牌汽车腾冲发布会、试驾会

2010年云南风光优景会议会展公司承接了某进口高端品牌汽车腾冲发布会、试驾会，共组织了128名专项后勤及服务人员，接待了300人次高端客人。

此次活动历时15天，总活动预算近千万元。此次活动设计了在火山顶举办发布会的创意环节，共投入了近百万元搭建专门的活动场地会场，仅搭建筹备工作就花了约25天，共用150趟次拖拉机运输活动相关设备物料，邀请明星大腕莅临，安排了火山天幕电影、搭建了火山顶五星级露营地。

发布会、试驾会期间还组织了特殊定制旅游、专业试驾培训、篝火晚宴、拓展活动（野营、速降、定向）、展示会、培训会等活动，制作了极具震撼力的宣传片，将一次发布会、试驾会成功办成了一次综合性的交流体验活动，为产品的营销，进行了有效的广告宣传。

此次活动为当地带来直接消费数百万元，此次活动与2010年云南旅游人均消费不足1000元相比，相当于接待了近8000名旅游者，产生了极好的会奖经济效益。

问题：

1. 为什么企业要花费巨资，采取非常规的方式做高端品牌汽车产品的发布会、试驾会？

2. 如何承办好类似高端会奖活动？

（一）会奖旅游越来越成为旅行社的重要业务

国际上，由旅行社安排商务活动已是日常惯例。由于常年经营旅游，旅行社不但可以提供专业化的全方位服务，而且可以从航空公司、酒店以及其他许多供应商那里得到更多的优惠，通常可以为客户节省15%～30%的开支。有的旅行社总经理透露，会奖旅游人数可能只占到旅行社总业务量的1/10，但所赚取的利润至少能占到旅行社总利润的50%以上。

由于会奖旅游规模大、档次高，并非所有的机构都具有承办会奖旅游的能力。承办机构必须具有相当高的专业素质、临时应变能力和危机处理能力。旅行社开展会奖旅游业务具有很多优势，旅行社具有良好的市场网络、丰富的接地经验、优惠的价格，种种优势都使得旅行社的会奖旅游业务更为专业。会奖旅游不是简单的观光旅游，它往往与一些主题活动等联系在一起。要安排会址，对灯光、音响有特殊的要求，而且还需具备举办专业会议的知识，在这方面，国内一些大型旅行社经营会奖旅游产品已有多年历史，业绩不错，规模越做越大。

会奖旅游纳入旅行社经营范围，亚洲许多国家目前都是这种做法。随着业务规模的扩大，为保证接待质量，赢得市场信任，旅行社必须对会奖旅游进行深入了解，才能进行娴熟的管理和运作。

在这种背景下，各大旅行社纷纷成立了专职部门细分会奖旅游市场，经营会奖旅游产品，如承接会议、从事展览旅游和奖励旅游等。美国运通、英国商务旅游国际公司和Synergi 公司是国际会奖旅游市场上的三家经营会奖旅游的大公司，其中美国运通更是为全球 500 强中的 70% 的公司及数以千计的中型企业提供会奖服务。再如 1996 年中国旅行社总社就成立了国际会议奖励旅游中心以及 2003 年就进入商务会奖市场的世纪东方国际旅行社等。

（二）会议旅游产品的运作实务

在中国，旅行社也在瓜分会议旅游这一蛋糕。2004 年出台的《上海市旅游条例》规定：国家机关、企业、事业单位和社会团体经审批获准的公务活动，可以委托旅行社安排交通、住宿、餐饮、会务等，这让旅行社更加名正言顺地经营会奖旅游业务。

旅行社需要认识到，会议旅游并不仅仅是会议，所以不能完全照搬会议的运作流程，需要摸清会议旅游所具备的特点，了解会议旅游在哪个流程，哪个环节需要提供哪方面的服务等。只有这样，才能开展合适的、成功的会议旅游活动。旅行社可以选择会奖旅游期间的主体产品，例如餐饮、住宿、接待等服务，将其他配套服务做成类似饭店的菜单，参与人员可依据相关需要灵活选择、组合。参加会议旅游人员一般消费水平较高，时间观念强，因而他们通常在参展后会就近游览等。旅行社可以针对上述的一些特点，在会议之后的旅游产品中开发中短期产品，例如，旅游产品可采取半包价等形式，灵活的选择旅游产品。在旅游过程中，旅行社可以安排向游客提供专业性咨询服务，提供当地的旅游市场信息咨询、法律法规及经济政策等方面的信息。具体包括会议前、会议中、会议后的开发设计。

1. 会议旅行前的准备工作

（1）会议地址的考察。需要对举办地的交通、公共基础设施、城市环境以及保障性服务措施进行可行性论证，旅行社等会议旅游接待部门可按照主办方的相关要求安排旅行线路、住宿、旅游考察设施，使主办方代表能够预先感受到将为观展者提供的会奖旅游服务及产品等。

（2）营销推广活动。旅行社在进行会议之前需要意识到，广告宣传中要强调会议旅游将会给参会人员带来非凡的感受，而不是仅仅强调会议的议题、内容等。

（3）预订交通要便捷。此过程是会议者按时参会的重要保障，旅行社产品需要与交通部门沟通、协调，为其提供必要的交通服务，同时还包括酒店的安排，在旺季时需要数家酒店联合为与会人员提供住房等服务。

（4）对与会者的接待。与会者在异地参加会议，过程中可能出现困难，因而旅行社

需要做好一些接待工作。例如，在机场、车站设立专门的服务接待点，安排专人接待，同时要在会议中心、酒店设立会议登记中心，做好与会者的接待工作。

2. 会议期间的会议服务

在会议举办期间，旅行社必须要安排以下几项工作：

（1）会议中的翻译工作。全球经济一体化发展也带动了国际性会议的开展，现在越来越多的会议是跨国的，有许多国际友人参加会议，此时就需要安排翻译的工作。这种服务大多数是旅行社提供的，因此，旅行社的相关人员需要注重各方面的素质培养，以适应全球化趋势下的业务需求。

（2）安排娱乐活动。会议过程中如果把大部分注意力放在会议的内容上面，会议本身会显得单调，也不易于保证会议的质量。因此，旅行社这边也需要在较为长期的会议旅游期间安排一些文娱活动，从而提升会议旅游的整体效果。

（3）宴会。会议参与者通常希望通过参加一些宴会或是其他社交活动增加与对方的关系等，因此，旅行社可与饭店、酒店等联合提供此项服务。

3. 会议结束后的会议旅游服务

通常来讲，会议结束后才开始旅游活动，这也是工作的重点环节：

（1）参观游览活动。观光游览是会议的重要内容，可以缓解会议带来的紧张气氛，为他们提供一些社交活动，增长见识等，游览的部门可以是一个地区的旅游景点也可以是周边、邻近区域的一日游、双日游等活动，也可以是相关的学术活动。

（2）返程票的预订服务。针对那些异地参加会议的参会人员，保证其交通顺畅是极为重要的事情，与会者可以依据自身、企业等的经费，选择不同的交通工具，因而各式各样的工具都可能被选到。对企业来说，则需要与交通部门、票务部门联系，确保交通、车票等方面的便利。

（3）纪念品的服务。在参加完会议之后，尤其是对一些大型的会议来说，为了让与会者对会议保持较为深刻的印象，旅行社可以针对会议类型或依据本地的特色设计并发放一些会议纪念品，从而起到广告宣传作用。

（4）送客服务。此项服务为会议的最后一项服务，但是也属于旅游的服务范畴，也是最能给游客留下深刻良好印象的环节，各旅行社要依据自身资金实力安排准备。细致、周到的送客服务往往能起到深化与会者对举办地的良好印象的功能。同时还可以弥补在会议举办过程中出现的失误和不良影响。

（三）展览旅游产品的运作实务

展览与会议本质上还是有多重区别的。旅行社在开发展览旅游产品时不仅要了解展览旅游本身相关的一些主题和内容，还需要考虑展览业的特点。展览会主要是指以实物为展示内容，依据一定规模的场所，定期召开的活动，在活动上同时也包括参展商与观众的交流。

展览活动由于社会效益大、群众参与多，所以政府比较重视。具体在展览旅游方面，旅游部门需要为参展者提供酒店、餐饮等活动，目前旅行社、景点等提供的产品竞争力则稍显不足，例如，基于展览主题方面的特色专线没有设定好，缺乏对旅游者针对此方面需要的引导。展览业与旅游业在掌握、满足参展商、观众等的多种需求上力度不足，缺乏一些正式的引导，因而使参展商的活动是自发的，小团队的；如果旅行社将餐饮、住宿、景点联合起来，就可以开发更多的旅游产品。

旅行社为展会提供的服务是多方面的，如负责安排展会人员的接送，满足一些实际的需求（代订客房、餐饮、票务、参观游览、娱乐消遣等），也可安排导游讲解展会中重要的展品，适时提供一些建议以供选择；或者为参展商在会议、展览之余提供专业的旅游咨询、观光旅游咨询，介绍当地民族风情；或为参展商设计一些精品旅游线路，并成为重要会奖活动的接待方，负责整个会奖活动的各类接待、住宿服务等外围事务的服务，使之享受到最优惠的价格以及满意的服务，规模小的旅行社可以细分旅游市场，先做小的市场，集中优势力量满足展会旅游某一市场或某一服务。

（四）节庆旅游产品的运作实务

节庆旅游是在旅游业发展过程中逐渐形成的，通过举办节庆活动给举办地带来巨大的商机，不仅对当地的旅游经济有直接的促进作用，而且来参与节庆活动的人流在当地的消费会促进相关产业的发展，进而带动整个区域经济的发展。举办节庆活动必然涉及食、住、行、购、游、娱等旅游的六大方面，旅行社在设计开发旅游产品时要能充分利用自身所具有的优势资源。

1. 旅行社对节庆旅游进行产品开发时需要遵循的原则

（1）大众化原则。节庆旅游讲究的是参与、热闹，可以说是万民同喜；如果没有大众的参与，那么节庆活动就失去了其本身的魅力。大众的关注度和参与度是生命线，因而旅行社推出节庆旅游产品需要考虑现代意义上的大众旅游，需要考虑产品本身的适用范围。

（2）确定性原则。节庆活动最重要的是时间节点，而且这一个时间节点的节庆活动不能随便地进行时间变更，否则会导致大众无法合理安排时间，从而丧失某一节庆旅游活动的机会，节庆旅游活动的时间应该固定在某一时间段，并且时间是固定的，这也在另一层次上说明节庆旅游活动的严谨性。

（3）独特性原则。节庆旅游活动的重要原则即是需要加深参加节庆的市民对本地区的印象，加强对本地的旅游形象的宣传，让旅游者体验较为独特的经历，因而这也是旅行社需要考虑的因素。

（4）创新原则。根据著名的边际递减规律，一项旅游产品在刚推出时对游客的吸引力最强，随着时间的推移，游客对该产品的兴趣和关注度会逐渐降低，因而节庆旅游活动需要连续举办、形成品牌，才能使得旅游活动具有更大的、持续的吸引力。但同时，如果一个城市的节庆旅游活动每年举办的内容都相同，那么重复的旅游产品同样不能对参加旅游活动的旅游者产生较为持续的吸引力。因而，需要寻找节庆旅游活动的亮点、

卖点，保证常变常新，确保所举办的节庆活动始终吸引人。

2. 旅行社节庆旅游产品开发策略

（1）主题策略。节庆旅游产品的设计和其他产品的开发设计一样都需要设计主题：需要立足地方特色，掌握现有资源，重视现实，对现有资源进行重新包装、创意组合，创新设计出源自现有旅游资源而又高于旅游资源的产品，可从以下几个方面入手探索：首先，举办地的地理位置与环境，海洋、沙滩、山坡等自然及人造环境；其次，举办地城市的文化氛围，例如文艺活动、体育赛事、宗教文化等；最后，城市所处的历史文化环境，发生在举办地的历史事件、历史人物，一方面提供了旅游产品，同时也宣传了一个地区的旅游形象。

（2）名气策略。在举办节庆旅游活动之后，使其成为参加者向别人夸耀的资本。这样的旅游活动需要包括知名程度，即节庆旅游的名气程度，节庆旅游的名气越大，越可以吸引游客亲自到本地区参加节庆旅游活动；同时找出本地区节庆旅游活动稀有的特点，从而满足人们物以稀为贵的心理，独特的节庆旅游也就体现了其固有的价值。

（3）时间策略。节庆旅游活动的举办地通常要选在气候适宜、出行舒适的季节。在具体举办时要考虑到其他大型的节庆活动，不能与影响巨大、影响力巨大的节事活动争抢客源。我国现有的劳动节、国庆节、新年等时间段无疑是旅行社争抢客源的好机会，如果在平时，就要考虑到如何去激发游客的旅游兴趣。旅行社在规划旅游活动时，必须要具体问题具体分析，充分考虑到游客的适宜出游时间，以及节庆旅游活动内容的季节性。

（4）参与性策略。节庆旅游最大的特点就是大众的参与性，大众的参与度越高节庆旅游活动越成功。如何提高对节庆活动的参与度呢？如何不让观众只做旁观者呢？这对于旅行社来说，需要参与者亲自加入到旅游节庆活动中，让其体验其中的快乐，因而旅行社需要在设计的过程中增强公众的参与度，让游客亲自设计一些项目，例如小比赛、抽奖等，这也是节庆旅游活动具有创造性影响力的原因。

（五）奖励旅游产品的运作实务

1. 奖励旅游产品的策划与组织

奖励旅游产品的开发是指从旅行社开始接受企业的委托意愿到设计出奖励产品方案的过程。奖励旅游是市场的高端产品，因而旅游产品的个性化要求很高，针对奖励旅游的一些特殊性，旅行社在策划和组织奖励旅游的过程中应注意以下事项：

（1）旅行社提前设计委托企业的奖励旅游产品。尽早形成产品的开发预案，其中包括游览线路，规划旅游过程中的食、住、行、游、购、娱等要素，满足企业用户的荣誉感，最重要的环节是需要策划出令人惊喜的事件，让人充分体验到尊重。例如，旅行社可在旅游者全程饮用的纯净水瓶外印上自己公司的 logo，此外在枕头和被罩上也可印上企业的 logo，让参与者体验到只为自己打造的尊贵的感觉。

（2）旅行社需要提前了解企业的内部文化、个性化的需求。从某种意义上讲，奖励旅游是定价旅游，每一家企业均需要具有奖励旅游的经费预算，旅行社需要了解此次活动的预算，从而可以为企业在一定的预算内策划一些相应的产品。

旅行社应了解企业文化、活动的特殊需求，了解奖励旅游的参会人员是否具有特殊的饮食、住宿、颁奖等环节的安排，这些问题需要同委托企业做充分的沟通，从而深度开发旅游产品。

旅行社需要在奖励旅游的产品中加入企业的文化，突出企业的特点及文化特征。可以为奖励旅游做一个主题包装，安排一些活动，降低产品同质化程度，提升产品特异性和差异化。例如旅行社与海尔集团共同举办奖励旅行活动时，可以将海尔集团的 logo 导入到住宿、餐饮等产品中。奖励旅游活动中可以将企业的管理理念，如管理无边境，6S 等理论以定制化为手段深入融合到奖励产品中。

（3）以"一对一"营销观念为指导，为品牌性企业量身定制出别具特色的奖励旅游产品。"一对一"营销与传统营销的区别在于传统营销目的是赢得更多的顾客，而"一对一"的营销是强调客户需求的个性化，强调培养长期客户，与奖励旅游内在的契合性具有重要关系。首先，奖励旅游的市场就是有奖励旅游倾向的公司，一旦确定了奖励旅游的方式，那么一般每年都会有类似的需求，此时就需要抓紧机会，锁定客户。其次，奖励旅游是凝聚企业向心力、增强员工责任感、塑造企业文化的管理策略。由于每个企业文化各不相同，就需要针对企业自身特点开发出能反映企业真实需求的旅游产品。因而旅行社选择"一对一"的营销策略，对企业来说更具有针对性。

（4）创新旅游线路。创新时可以根据奖励者不同偏好，设计不同的旅游饭店、景点、餐饮、交通方式等，同时将企业的文化融入其具体的行程中。可亲自进行旅游产品模块的拼接、组合，必要时候可舍弃已有的产品模块，增添一些个人的、全新的设计。旅游过程中需保持奖励旅游的娱乐性，在奖励旅游团体活动中针对各自的行业特征，员工爱好、职业、性别、年龄段等因素设计安排可以激发游客兴趣又能留下深刻印象的活动，从而形成一种具有团队精神的创新活动。

（5）旅行社设计的会奖旅游系列产品还可以体现在地区差异上。来自不同地区的会奖旅游者对会奖产品的喜好、要求等必然有所不同，尤其对景区文化、历史、风俗等要素具有一定的差异性，因而在产品设计时需要针对不同的区域采取不同的策略，使产品的设计更加精细；旅行社也需要充分了解到企业以及奖励员工双方的需求，让双方满意。

2. 奖励旅游运作流程

规划奖励旅游，较一般常规的旅游团体更为复杂，需要花更多的心思及更长的时间去做好事前了解、规划、安排、设计等工作。因此要办好一个成功的奖励会议旅游，需要充分且完善的规划，并且谨慎安排每一个环节，然后细心地去运行。规划的程序大致有三个环节，即旅游公司提出奖励旅游企划案、委办企业预算审核、委办企业评估与分析，具体可按以下要求进行运作：

（1）做好客户需求分析。进一步了解委办企业办理奖励旅游的目的。依委办企业的奖励目标来计量明确的人数，并协助委办企业进行内部宣传及配额的选定；了解委办企业的特性与背景，了解委办企业奖励旅游活动的内容。对不同目的的客户进行不同的内容规划；了解委办企业奖励旅游活动的行程与内容的特殊需求，如行程内特殊的饮食要求、主题晚会或惊喜派对的安排等；配合委办企业的预算分配方式来规划奖励旅游活动内容，讨论奖励旅游经费的分配并建议预算最佳的运用方式等。

（2）安排较高接待标准。由于会奖旅游属豪华或舒适等级的旅游，价格一般比普通团高，所以，要求讲究接待规格，比如住五星级和四星级酒店，乘豪华车或高档车，安排主题宴会，请当地头面人物会见等。有些团队，对老板和高级职员都配专车和陪同，进入和离开酒店时，需由酒店老总堂前迎送。

（3）周密制订计划。会奖旅游团一般比较大，经常是数百人、数千人，有时上万人，接待计划要周密、细致，搞好各方面协调很重要。比如在海关、机场开辟特殊通道，多开几个进关柜台，组织好欢迎仪式，安排专车开路，快速、安全分派入住，安排好用车、就餐、参观游览节目等，这需要多方的通力配合。由于奖励旅游团不是临时组团，而是公司年度之初的承诺，目的地接待专业公司有搞好策划的充裕时间。比如在船上搞欢迎仪式，请客人代表钓鱼，在钓上来的鱼腹里取出欢迎标语，令客人兴奋不已。其实这是预先准备的。再比如主题宴会，一些小创意也是事先围绕主题策划好的。这样的接待让客人感受到主人是下了功夫的。

（4）突出奖励旅游的参与性。在组织活动中，不仅仅是为了娱乐，还要让参加人员都参与进来，使整个旅游活动成为一种团体创建活动，成为一次真正的全体参与性的奖励旅游。创造些与众不同的东西，给人的一生留下值得回味的经历，所以应结合受奖全体的实际，针对其年龄、职业、性别、爱好等来设计安排一些既能调动大家游兴，又给人留下深刻印象的参与性的旅游活动项目，如绿色生态游、旅游探险等。

（5）与企业保持经常性的沟通。旅行社应将制定好的旅游产品开发预案及时与企业有关部门进行协商改进，就各个环节各个部分的内容进行细致的沟通，完善产品方案。在产品开发过程中，旅行社需要与企业进行多次沟通，旅行社根据企业相关负责部门提出的改进意见进行产品方案调整，在得到企业的最终满意或是确定之后，奖励旅游的开发才算真正结束。

【复习思考题】

1. 简析会奖旅游（MICE）的概念。
2. 阐述会奖旅游的特点。
3. 简述旅行社发展会奖旅游产品应遵循的原则。
4. 结合实际，讨论旅行社可从哪些方面开发会奖旅游产品。
5. 如何认识会奖旅游对于旅行社的作用？

☞ **【案例分析】**

澳大利亚的"梦幻时光"会奖旅游展销会

2002 年 7 月中旬，在澳大利亚悉尼召开了一次会奖旅游展销会。这一活动有个美丽的名称，叫作"dreamtime——梦幻时光"。所有的媒体广告、彩旗、宣传品和工作人员、会议代表的胸卡证件上都印着这个名称。"梦幻时光"作为一个会奖旅游产品的品牌充满着迷人的魅力。10 年打造一个金色品牌，dreamtime 成为澳大利亚会奖旅游的拳头产品。

什么是"梦幻时光"？这是澳大利亚为本国旅游企业同世界各大洲的奖励旅游买家提供的一个接触、交流、洽谈生意的平台和场所。由两天的展销、交易、研讨活动和两天的参观游览组成。会议旨在宣传推广澳大利亚最为理想的奖励旅游目的地。与普通观光团相比，会奖旅游的价位档次高，前来考察的会议代表们住五星级酒店，坐豪华老爷车，参加主题宴会，并通过游览悉尼港、蓝山等景点，体验澳大利亚新鲜的空气，洁净的海湾，可爱的动物，茂密的热带雨林和优质的服务及精良的设施。使旅游者无不惊叹：在澳洲搞奖励旅游，美好的经历确如"梦幻时光"！

分析题：

如何打造会奖旅游品牌？澳大利亚的"梦幻时光"会奖旅游展销会对你有何启示？

第 ⑩ 章

旅行社特种旅游及个性化产品定制

 **本章导读**

　　特种旅游是一种新兴的旅游形式，特指为满足旅游者某方面的特殊兴趣与需要，定向开发组织的一种特色专题旅游活动。特种旅游不同于观光旅游和度假旅游，是对传统常规旅游形式的一种发展和深化。本文特种旅游具有原始自然性、新奇性、探险性、自主参与性等特征。

【学习目标】

　　通过本章学习，学生应了解特种旅游是一种新兴的旅游形式，掌握特种旅游的概念和特征，了解特种旅游的功能，了解特种旅游的线路设计、行程控制、规范化管理、协调机制、队伍专业化等内容，学习和掌握设计个性化特种旅游产品的方法。

【导入案例】

　　特种旅游也称户外旅游。它是一种新兴的旅游方式，它摒弃了传统旅游中那种单纯而被动的旅游观光方式，需要旅游者用更主动的态度，在战胜自然环境中种种恶劣条件的同时，零距离地体验大自然最真实的一面。参与特种旅游的人们，更多地被称为旅行者，而不是游客，探险旅游为特种旅游的一种，探险旅游一般有攀岩、溯溪、溪降、登山、漂流等形式。

第一节 特种旅游概述

什么是特种旅游？特种旅游是由旅游行政主管部门和相关主管部门专门批准，并进行总体协调的具有竞技性和强烈个人体验的旅游活动。一般需要提前申报计划，如探险、狩猎、潜水、登山、汽车拉力赛及洲际、跨国汽车旅行等。

一、特种旅游概念的界定

特种旅游是一种新兴的旅游形式，它是在观光旅游和度假旅游等常规旅游基础上的提高，是对传统常规旅游形式的一种发展和深化，因此是一种更高形式的特色旅游活动产品。"特种旅游"，这一概念通常也被称为"专题旅游""专项旅游"和"特色旅游"等。

这里所说的特种旅游，特指为满足旅游者某方面的特殊兴趣与需要，定向开发组织的一种特色专题旅游活动。根据特种旅游的开展及实际操作经验的性质判断，它与观光旅游、度假旅游相比较，具有下述几个方面的内在特质：

第一，在旅游消费价值取向上，特种旅游者侧重于自主性、个性化、目的性，而观光旅游侧重于对外在景观的感知，度假旅游侧重于休闲性和享受性。

第二，特种旅游的体验方式强调精神和体魄的因素，旅游者在运动中感知外部世界，在冒险或面对全新的环境中得到精神上的满足，旅游者本身对行程的组织有较高的自主性和能动性。

第三，特种旅游的手段和途径，是借助人力运作（徒步、狩猎、登山、驼队、自行车旅游）和自驾机动车运作（汽车、摩托车、其他机动运输工具）。

第四，特种旅游的路线和区域具有较大的特殊性。连续旅游跨度大、时间长，旅游目的地复合化是特种旅游的突出特征。特种旅游的自然环境和文化环境，具有浓烈的原始自然性，旅行经过的地区通常是边（边疆）、古（有悠久文明史）、荒（沙漠、人迹罕至之处）、奇（有奇特的地形地貌特征）、险（高山、峻岭、险地、恶水）、少（少数民族聚居地）地区。由此而组成的旅游线路和项目，对旅游者具有新鲜感、刺激感和探险性。

第五，参与特种旅游活动的旅游者一般具有冒险精神和耐受艰苦条件的体魄，一般选择志同道合的人作为旅伴，其内部有共同的文化准则。

第六，特种旅游的产品内涵会随时间的变化而变化，特种旅游在开发时具有的特殊审美情趣和特点会逐渐显现。其内涵也因各国的条件而不同，如汽车旅游在欧洲相当普遍。

第七，根据中国的国情，特种旅游一般使用非常规的交通旅游形式，有时要经过非开放区，因此在政策上属于需要特别审批的产品。

特种旅游作为旅游形式的一个类别，它除了与观光旅游、度假旅游都具有为旅游者提供食、住、行、游服务的共性之外，它的最主要特质是要与旅游者共同参与旅行，并

在参与中提供服务和用自己的专业知识指导旅游者实现其旅游目标。此种旅游活动面大，常常涉及边远、人迹罕至的地域以及旅游活动方式超乎寻常，难度极大。就目前我国的实际情况，地区跨度大、使用汽车、自行车、摩托车作为旅游交通工具的旅行和非赛事的滑雪、攀岩、漂流、热气球、滑翔等体育旅行；到高山、峡谷、沙漠、洞穴、人迹罕至区域的探险旅行；以及以短期观赏、踏勘、参观为主要旅游形式的自然、人文景观科考旅游等均可列入特种旅游的范围。

二、特种旅游的特征

目前我国已进入大规模发展观光旅游产品的阶段，度假旅游产品处于积极发展的阶段，特种旅游则刚刚处于早期开发的阶段。从实际操作或理论分析的角度来看，特种旅游的特征主要表现在以下几方面：

（一）原始自然性

特种旅游有别于观光旅游、度假旅游等常规旅游项目的主要特征，在于它的旅游生态环境和文化环境的原始自然性，旅游项目和线路的新奇探险性和旅游形式的自主参与性。旅游生态环境和文化环境的原始自然性包括三个方面的内容：第一，是指旅游者所到的旅游区域具有独特的自然生态风光，人口相对稀少，由于受工业化影响程度较低，保存着生态环境的相对原始状态。第二，是指在这个区域内的人口具有历史和现实的文化的独特性，其生活方式和文化模式的纯自然原始状态保留得较系统，对于旅游者具有心理文化上的吸引力，因为使旅游者选择去某地旅游的共同心理特征是了解、观察、体验有别于他们本人文化模式的异文化。第三，是指在上述两个内容的基础上设计的特种旅游项目和线路，要体现特定的旅游生态环境特征相对集中、自然地理条件和人文条件和谐相存的要求，项目和线路能够使旅游者体验到过去未曾体验到的心理感受。

（二）新奇性和探险性

特种旅游的第二个特征是旅游项目和线路的新奇性、探险性。所谓新奇性，是指项目和线路设计，具有历史感和现实感相结合的巧妙构思，视角新颖，能够突出一两个具有独特特征的主题。即使其他国家或地区有类似的项目或线路，在设计上也要有本区域自然生态环境和人文特征相对集中的优势，而这一点应该体现在具体项目和线路的每一个点、每一个节目安排独到、新颖之处上，使旅游者感觉到每天都有自己不曾料到的内容出现。所谓探险性，是指旅游项目和线路具有某种程度的冒险因素。对旅游者来说，他们对物质上的享乐程度的要求相对而言并不高，但注重精神或心理上有一种检验自己能力的满足感。探险性的项目和线路，要有较为充分的内容使旅游者展示自己的能力，包括体力、耐力、应付突发事件的能力以及心理素质。一般来说，特种旅游许多项目和线路，都安排在自然环境条件较为艰苦，交通通信条件及吃住条件不太理想的高山峡谷、草原湖泊、沙漠戈壁地区。这里面有一个人类普遍心理因素在其中起作用，即对形式各异的自然环境的探险、求异和征服欲，特别是对自然奥秘的探险、对自然界的征服欲表现最为强烈和普遍。特种旅游项目和线路的设计应该满足这种心理欲望。当然，无论是新奇性，还是探险性，都必须有可靠的安全系数，能够保证旅游者最大限度地体验到项目和线路所蕴含的冒险因素，又能在接待、导游和联络等操作上最大可能地保证旅游者的安全，二者必须相统一。

（三）自主参与性

特种旅游的第三个特征是其旅游形式的自主参与性。这主要表现在，一方面，所设计的许多项目，应该给旅游者提供尽可能完善的服务；另一方面，又留有许多让旅游者自主参与的余地。譬如说，在允许的范围内，海外旅游机构根据旅游者的特殊需要，可以对项目或线路提出增加或减少内容的要求；在项目和线路实施过程中，精心安排一些旅游者乐于参与的内容，诸如自备交通工具、自备帐篷、参与餐食准备、组织娱乐活动，甚至参与排除事先安排的"险情"或偶尔出现的"危险"局势，以及提出更改某些具体内容的要求。在这一点上组织者要对旅游者的文化心理有充分理解，尽可能满足他们在这一方面的合理要求。旅游者在参加特种旅游过程中的自主参与性，在某种意义上改变了他们在常规旅游中的角色和心理上的被动性，使旅游者有一种感觉，即特种旅游是充分发挥他们自身潜力、施展才干的机会，使他们在体验、欣赏自然风光和人文风情的同时，享受自身潜能和才干在探险中得到体现的欣喜愉悦。特种旅游的上述三个特征内涵，构成了它区别于常规旅游的基本要素，也决定了在具体操作过程中所具有的不同于常规旅游的诸多特征。

三、特种旅游的功能

如果说常规旅游产品是旅游超市中的大众商品，那么特种旅游产品就是旅游超市中的专卖商品、新潮商品和精品。正是特种旅游这种专卖商品和精品的不断涌现，促进了旅游产品的升级换代，促进了旅游业的进步和发展。随着人们注重自身价值的开发、旅游者审美层次的提高、社会经济文化水平的发展，特种旅游这种产品呈现出了蓬勃发展的生命力，特种旅游在旅游业中的作用和影响也越发充分地表现出来。

（一）产品功能

旅游业的发展一般遵循着观光旅游—度假旅游—特种旅游的不断深化开发的产品系列过程，在观光产品大规模发展，度假产品开始占一席之地的基础上，特种旅游的发展就成为必然。特种旅游产品的发展，可满足有特殊偏好的旅游者的需求。同时，与常规旅游产品不同，在产品开发系列上，特种旅游属于先导性产品，对其他旅游产品的开发有着示范和引导的功能。在旅游产业的链条中，旅游产品是连接经营者与旅游者的媒介，经营者要靠旅游产品吸引旅游者，旅游者通过旅游产品实现消费愿望，旅游产品是提高旅游产业水平的纽带和桥梁之一。特种旅游所具有的在产业结构中的先导性和牵引

力，显示了它对整个旅游业的发展具有重要意义。加大特种旅游的开发和经营力度，即牵一发而动全身，旅游业将会因此而受益。

（二）经济功能

经营常规旅游虽然轻车熟路，但多属于买方型产品，团队利润较薄，也不利于参与国际大旅游市场的竞争。而特种旅游虽然前期投入成本较高，但是它的独占性和内在价值决定了它是一种高附加值的旅游产品，可以给经营者、开发者带来较高的回报。开发特种旅游产品不仅是旅行社参与竞争的有效手段，而且可以提高整体旅游消费水平，刺激国家旅游外汇收入的增长，同时对产品的独占程度比常规旅游产品高得多，它因此成为特种旅游方兴未艾的原因之一。目前特种旅游的经济功能已被旅游界广泛注视。

（三）引导功能

这里指的是在旅游观念上所起的展示和引导作用。特种旅游构成要素多，组织产品需要发挥想象力和艺术家般的眼光，因此对其他常规旅游产品具有示范性的功能。特种旅游的开展，有益于常规旅游产品升级换代。这是因为，一方面，特种旅游消费特征特别强调发挥旅游者的能动性、主导性、参与性，强调强烈的现场感和在运动过程中的直接体验，属于"消费者主导型"产品，而常规旅游尽管也要考虑旅游者的需求，但本质上是"生产者主导型"产品。另一方面，特种旅游的消费特征反映了现代旅游者的消费倾向和潜在需求，其组织方式、运作形态的基本概念和思想在组织常规旅游产品时有借鉴价值。从这个意义上来说，特种旅游对其他旅游活动可以发挥影响，其作用机制与赛车运动的发展推动汽车工业开发更好的汽车技术是相似的。

（四）宣传功能

相当部分的特种旅游活动，如跨越欧亚的汽车旅游或攀登高山峻岭的登山旅游，由于其艰巨性、冒险性、刺激性，通常都会引起公众和新闻媒介的关注，社会名流或政要也常参加此类活动的仪式，因此，对潜在的旅游者来说，是一次极好的宣传机会，对海外公众来讲是了解民俗风情、山水风光的极好机会。特种旅游活动受公众瞩目，是舆论兴奋点，实际上为旅游业做了不花钱的广告。特别是一些特种旅游活动经过边远和可进入性较差的地区，这对于边远地区的宣传，展示边远地区的文化，起到了不可低估的作用。

从以上的角度出发，特种旅游在旅游业中的地位，不是仅由其直接经济效益决定的，而是由其对旅游产品的完善功能、催化功能、引导功能、区域旅游形象的宣传功能决定的。在旅游业实现加速发展的战略中，应充分重视特种旅游在旅游产业结构中的先导作用，使旅游业的形象更为丰满，对海内外旅游更有吸引力，在旅游市场上更有竞争力。

四、特种旅游的开发

对特种旅游的开发战略研究，涉及特种旅游的政策与决策、特种旅游资源与市场、特种旅游项目与线路设计、特种旅游实施操作与人才培养等诸方面的问题。在此就特种旅游的组织实施问题进行讨论。

（一）线路设计

特种旅游的性质决定了它必须具备旅游对象的独特新奇性与旅游方式的特殊性相结合的特征。首先，在旅游对象的选择上应有较大突破，而不能只局限在传统的模式上，不同地区的特种旅游发展，应该建立在该地区相应的自然地理生态环境和人文资源的基础之上。根据国内外已有的经验，具有独特自然地理特征和生态系统的高山地区、草原地带、湖泊河流、戈壁沙漠、峡谷丛林等，都具有发展特种旅游的潜在资源基础。但是，有资源基础并不意味着就能够立即发展特种旅游。重要的是根据这个基础，通过对国内外市场的调研，把资源转化为具体项目和对线路的研究和设计上，包括项目在具体地理与人文环境中的时间或空间内容，对历史、文化、宗教等内容的利用，以及考虑项目的经济效益等。其次，在旅游方式上充分考虑和注意多样性、新奇性。由于特种旅游活动涉及诸多因素，所以在推出项目和设计线路时，要动员学术界人士参与论证。同时，一个项目或线路在实施过程中，应随着市场反馈不断进行修正和补充，那些凡是具有贴近自然、富有挑战特征的旅游方式均有尝试的价值，诸如徒步、登山、潜水、漂流、攀岩、探洞、滑雪、热气球旅行、骑自行车、自驾车船、乘伞滑翔等。

（二）行程控制

由于特种旅游的特殊性，其旅游的相关环境及有关条件必然不同于常规旅游，所以在操作及旅游的实施控制上比常规旅游要复杂和困难，同时旅游风险性也比常规旅游大。这就要求必须特别注意以下两点：第一，线路的安全性。受特种旅游的性质所决定，在旅游过程中将会遇到种种不可抗拒的或无法预料的自然因素，面临种种可能性。所以在设计线路及实施操作时应尽可能地避免能够预料的风险，把风险性控制在最低的程度。第二，控制的严密性。由于特种旅游方式的多样性和旅游对象的奇特性，以及旅游中的配套服务各个环节不可能全部完善，所以必然存在着许多难以预测的特殊因素和不利因素的影响，这就要求在组织实施上应把握住各个环节，备有行之有效的各种应急措施和手段，对行程的各个细节严密分析控制，从而使旅游者得到较为满意的服务。

（三）规范化管理

特种旅游活动通常是由若干特殊旅游点、特殊地域单元通过线路组合起来的综合性产品，管理工作的协调和各点之间业务操作的衔接，均要求达到较高的水平。为确保特种旅游活动的顺利进行，应逐渐地创造条件，使管理活动规范化、程序化和标准化，逐步减少人为因素和随机因素的干扰。为此，第一，特种旅游的管理应以维护我国旅游业声誉和国家安全为前提，旅游主管部门应尽快按国家有关法规制定出特种旅游的管理细则，让从事特种旅游经营的各旅行社有章可循。第二，应为各从事特种旅游业务的旅行

社提供一个接受国家安全机关审批的通道。第三，对已基本具备开办特种旅游业务的旅行社进行必要的考核，并授予特种旅游经营权，在短期内为全国旅行社开办特种旅游业务的规范化作出科学、可行的样板，再推而广之。

（四）协调机制

特种旅游业务的开展目前没有太多的实践经验可借鉴，是以对现存的各种可能性因素的挖掘和组合为基础的，这就决定了开发特种旅游产品的复杂性。经营者在开发特种旅游产品的过程中要直接面对各种各样的矛盾，需要军事、交通、海关、外交、宗教、文化甚至一些特定自然人等的支持和帮助。怎样才能用制度或政策为经营者打开方便之门，并规范各方面的行为，形成规范性的运作机制，减少不必要的消耗和障碍，这单靠经营者的自发性行为是不够的。旅游行政主管部门如果能考虑建立一个协调机构，加以指导或帮助解决矛盾和困难，必然会增强经营者对开发特种旅游的信心。

（五）队伍专业化

从事特种旅游作业的人员素质直接关系到接待质量，而接待质量不仅关系到能否获得完善的经营效益，而且关系到特种旅游产品的寿命。特种旅游接待不同于常规旅游接待主要表现在难度更大、要求更高、操作规律和方式更具有专门性，这就需要经营者的产品开发部门与接待部门密切配合，形成相对稳定的接待班子。从事特种旅游的相关人员如外联、计调、导游、司机等，都必须具备丰富的特种旅游的相关知识、经验和技能。从事该项业务的旅行社，应培养和拥有一支自然、历史知识丰富，能吃苦耐劳，国家安全意识强，熟悉民俗民风，能严格执行民族政策，有志于特种旅游的专业队伍。

总之，特种旅游的发展在全世界以及我国尚属初创时期，其发展呈现出蓬勃的生命力。确立特种旅游在旅游业中的地位，对开发我国极其丰富的特种旅游资源，开拓旅游市场，招徕更多的海内外旅游者，推动我国旅游事业向纵深发展具有不可估量的作用。

【知识链接】

旅游类型的划分

在我国旅游界，关于旅游类型的划分仍然存在着不同的观点。一种观点是按主体所获得的旅游感受程度将旅游划分为观光旅游（侧重于对外在景观的感知）、度假旅游（侧重于休闲性和享受性）、特种旅游（侧重于参与性和体验性）三种类型，前两类亦合称为常规旅游。这种观点较为普遍。另一种观点是按旅游客体的性质与主体的感受相结合的方法把旅游划分为常规旅游（包括观光旅游、度假旅游）、专题旅游（包括文化旅游、宗教旅游、民族风情旅游等）、特种旅游（包括自驾旅游、非赛事旅游、科考旅游等）三种类型。这种分类较为细致。

第二节　个性化产品定制

随着人们社会经济生活水平的提高，旅游已从奢侈行为转变为生活必需，在市场经济和现代企业制度下，带薪假日、休假已成为规律性的活动。随着五天工作制的实行和余暇时间的增多，人们不再是偶然地出游，而是有计划地多次出游。即便是传统的以疗养、休闲为目的度假方式，其中也结合了观光活动，或登山或涉水。新兴的旅游更是融进了体育锻炼、文化体验、考察学习、环境保护等意识，因此，按功能的不同可将特种旅游产品分为以下几种：疗养健身型、体育运动型、修学考察型等。

一、疗养健身型

环境和气象医学认为，优美的自然景观、适宜的气候和适量的气流变化、较高的空气湿度和高浓度负离子空气对人的身心都有良好的调节作用。因此开展健身型度假主要的去处是那些植被茂盛、气候温润的中纬度山区和夏季海滨、湖区等。中国传统的风景名胜区中有很多适合这种类型的度假，主要有河北北戴河，山东青岛，浙江西湖、莫干山、雪窦山，江苏太湖，江西庐山、井冈山，河南鸡公山，广东星湖，广西北海，黑龙江松花江、镜泊湖、五大连池，吉林长白山，辽宁大连、兴城，新疆天山等。

二、体育运动型

近几年兴起的一些特种运动项目，需要在特定的地理环境和气候条件下，或需要借助特定的设备进行，如骑马、赛马、滑雪、滑沙、滑水、漂流、狩猎等项目。这类活动深受青年人的欢迎，一些有条件的省份已经在陆续开发专项体育旅游产品。这类度假区按运动项目划分主要有：

（一）滑雪

黑龙江亚布力滑雪场、青云滑雪场、桃山雪场、玉泉雪场、龙珠二龙山滑雪场，吉林松花湖、北大湖、净月潭、朱雀山、北山冰雪大世界、长白山冰雪训练基地，沈阳辉山，湖北神农架山地滑雪场，重庆仙女山，四川都江堰龙池，云南丽江玉龙雪山，河北木兰围场、崇礼塞北滑雪场，宁夏塞北滑雪场，新疆乌鲁木齐凤凰山庄等。

（二）滑沙

宁夏沙湖，河北昌黎黄金海岸海滨，内蒙古响沙湾，甘肃敦煌鸣沙山。

（三）滑草

河北承德木兰围场等。

（四）天然攀岩

阳朔月亮山攀岩旅游，宜昌西陵峡口攀岩。

（五）滑翔俱乐部

北京京城坝上草原，北京飞人天地滑翔伞俱乐部，保定雨燕滑翔伞俱乐部，华联航空俱乐部，昆明伊格尔滑翔伞俱乐部和嘉峪关滑翔机旅游基地。

（六）漂流

河北张家口永定河峡谷，山西吉县壶口瀑布——禹门口，内蒙古托克托县黄河河口，黑龙江伊春河、汪河、沿河、黑龙江、巴兰河，吉林松花江、鸭绿江、图们江、长白山大峡谷，安徽屯溪新安江，浙江温州楠溪江、桐庐天目溪，福建福州大穆溪、武夷山九曲溪，湖北神农溪、清江，湖南猛洞河、茅岩河、郴州东河，河南郑州黄河段、洛阳黄河小浪底、三门峡黄河，广东韶关九曲十八滩、肇庆九沈十八滩，桂林漓江、资源资江、龙胜三江河、柳州融水贝江、宣州古龙河，重庆武隆芙蓉江、长江大宁河小三峡，四川江油白龙宫，贵州杉木河、樟江、马岭河峡谷地缝，云南蜿町瑞丽江、西双版纳罗梭江，西藏雅鲁藏布江、拉萨河，陕西壶口、商洛丹江，甘肃兰州黄河段，青海长江、黄河上游，宁夏黄河沙坡头段，新疆叶尔羌河、塔里木河、和田河。

（七）海上运动

北戴河——黄金海岸游泳，辽宁大连金石滩摩托艇冲浪、滑水、帆板，山东青岛百老人海水浴场、滑水、帆板，浙江杭州阳光海岸游泳、宁波皮划艇比赛、摩托艇冲浪、滑水、海上跳伞、海中垂钓，浙江朱家尖海边捡蛤贝、海浴、沙浴、划泥船、沙滩排球、沙滩风筝、访古渔村，福建厦门海上跳伞、摩托艇冲浪、帆板，福建东山摩托艇冲浪、滑水、帆板，广东珠海潜艇海底观光、海上跳伞、潜水训练、手摇舢板、海中垂钓，广西北海海上跳伞、帆板、摩托艇冲浪、沙滩排球、沙滩足球、沙滩自行车、沙雕、海豚表演，海南三亚潜艇海底观光、潜水观海底生物、摩托艇冲浪、滑水、海上跳伞。

（八）狩猎旅游

黑龙江桃山动物猎场、连环湖水禽猎场，吉林露水河国际狩猎场，福建罗源湾帝苑狩猎俱乐部，湖南郴州五盖山猎场，云南思茅蔡阳河猎场，甘肃张掖肃南康隆寺猎场，新疆且末县阿尔金山狩猎场。

（九）沙漠探险旅游

甘肃敦煌玉门关、阳关沙漠，新疆塔里木盆地塔克拉玛干沙漠、胡杨林景观，内蒙古科尔沁沙地、巴丹吉林沙漠、库布齐沙漠，陕西榆林沙漠（沿古长城）。

（十）森林探险游

湖北神农架，云南西双版纳，新疆阿尔泰哈纳斯湖，西藏林芝巴扎松错。

（十一）登山探险旅游

北京鹫峰、灵山，河北雾灵山，山西恒山、忻州禹王洞，内蒙古包头九峰山、巴林喇嘛山，山东泰山、崂山、蒙山，河南嵩山、鲁山百人山，四川小金四姑娘山、松潘雪宝鼎、泸定贡嘎山，甘肃团结峰、党河山、大雪山、冷龙岭、七一冰山，青海阿尼玛卿山等。

三、修学考察型

这是近年从美国开始兴起的一个热点旅游方式。每年有很多人通过修学旅游的方式度假，亲身参与一种文化来更深刻地了解异地他乡，而非仅仅作为一般的观光旅游。中国也开始推出这样的旅游度假产品，如以山东曲阜、邹城为核心的儒家文化研修活动，以西安碑林为核心的书法之旅，以江西景德镇为目的地的陶瓷制作工艺学习。目前这种旅游产品的主要消费者还是海外游客，但随着国内旅游市场的不断成熟，会有越来越多的旅游爱好者加入修学之旅的行列。目前国内推出的主要有以下几种：

（一）中国烹饪研修之旅

北京、广州、上海、成都、南京旅游学校，福建省福州旅游干部培训学校烹饪培训中心。

（二）华侨、华人学生修学旅游

北京小学，上海师大、复旦大学，厦门大学，福建武夷山，国际兰亭书院黄山修学，安徽师大，陕西师大、西北大学。

（三）气功、武术及特异功能之旅

北京中国传统功法旅游保健中心、四川都江堰青城山国际生命科学院、河北医疗气功学院、河南登封市、上海武术馆。

（四）"蛇文化"旅游

广东番禺"飞龙世界"，辽宁大连蛇岛，福建武夷山蛇园，广西梧州蛇场。

（五）杂技之乡旅游

河北吴桥杂技大世界。

（六）青少年修学游

北京中国历史博物馆、长安街、居民区、中学生交流活动；江苏南京中山陵、城

墙、明孝陵、大学生交流；无锡民俗村、三国城、中学生交流；上海居民区、中学生体育比赛；大泽学校交流、联欢活动、市民家居；陕西历史博物馆、碑林博物馆、西安中学、关中书院、咸阳中医学院、文物复制、市民农民家居；山东曲阜儒家学说讲座、中国书法、历史、民乐、绘画、武术、中医、烹饪、孔府、孔庙、孔林；河南郑州少林寺武术学校、塔林、观星台；开封中国书法、绘画、宋都御街；洛阳佛教学说讲座、白马寺。

（七）历史寻踪之旅

中国是人类的发源地之一。广博的大地上有无数印证人类进化史的遗迹，这些考古及历史研究成果，仿佛一本立体的科学历史教科书，向人们诉说着过去，并揭示人类文明的发展规律。历史寻踪游是以时间为轴，结合地理分布特点，以考古与历史研究成果，即各类遗址和遗迹为游览主体的各种旅游路线。例如，古猿遗址游、青铜时代之西北文明游、春秋战国之秦国游等。

【复习思考题】

1. 什么是特种旅游？
2. 特种旅游具备哪些特征？
3. 简论特种旅游开发的内容。
4. 简论特种旅游个性化产品定制。
5. 根据中国的行政区划，针对不同的区域设计独具特色且具有可操作性和可行性的特种旅游个性化旅游线路。

【案例分析】

记得自己第一次感受特种旅游是 2003 年的 6 月，9 年前的"非典"时期。那个时候，国内的旅游团是停滞的。约了两个好友，选择去徒步虎跳峡。

虎跳峡徒步，可以走下路、中路、高路，沿途看的景色也就有差别。下路是指顺着金沙江边沿着往里走，可以欣赏一路的峡谷风光，偶尔会有山石从山上滚落。中路是走的哈巴雪山半山腰上的羊肠小道向前，对面就是玉龙雪山。高路，顾名思义，羊肠道在能行走的最高处，因为海拔比较高，对体力耐力也是最高的挑战。现在的虎跳峡徒步线路，是指的中路。我们当年也是选择的中路徒步。这是一条比较专业的虎跳峡徒步线路。第一天，从桥头出发，住纳西雅阁。第二天，走二十八道拐，当晚住宿选择 half way，tina's，张老师家都行。第三天，走天梯，一线天，最后抵达渡口，渡江而过到丽江牦牛坪脚下。

二十八道拐果然不负盛名啊，道窄的地方只容放下一只脚，一路的转弯，像极了随手扔到山上的羊肠子。终于到了休息地，是二十八道拐上稍微宽敞的一个小台子。十多分钟后，继续前行。却没想到，之后的路程中，视野逐渐开阔起来，树林多了翠绿葱茏，阳光从密林中照射下来，点点滴滴透着愉悦。眼前突然一亮，有不知名的小瀑布从山尖上飞跃而下，阳光照射着，在地上积起了三四个清澈冰凉的小小水潭，我们都忍不住欢呼了起来。更好的是，前面大约500米，就是茶马客栈了，我们终于可以吃上中餐，这个时候是下午的4点左右了，我们整整步行了大约8个小时，这对办公室一族来说，平常要连续走路8小时，那几乎是不可能的事情。到了茶马客栈，老板开始捉鸡烧洋芋，我们迫不及待地打开了两个房间，躺到床上的瞬间，由衷地体会到了平日里忽略了的"幸福"。

分析题：

1. 特种旅游线路如何设计，如何预防突发事件的发生？
2. 特种旅游对旅游者而言可以获得哪些方面的体验？

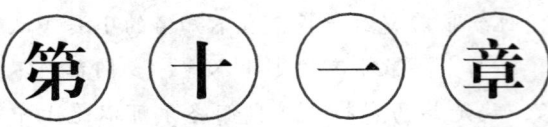

第十一章

旅行社危机管理

本章导读

　　旅行社自身经营管理的特点使得我国旅行社培养危机意识、进行危机管理势在必行。本章分三节介绍了旅行社危机概述、旅行社危机管理概述和旅行社危机管理机制的建立。

【学习目标】

　　通过本章的学习，学生应：熟悉旅行社危机的定义和表现形式；熟悉旅行社危机管理的定义；理解我国旅行社危机管理的必要性；理解我国旅行社危机管理现状，并能清晰地认识出现这一现状的原因所在；掌握旅行社危机管理的危机防范、危机处理和危机恢复等三个主要过程，特别是危机防范过程中危机预警机制的建立和危机处理过程中危机应变的工作程序。

【导入案例】

国旅"购物门"引发行业形象信任危机

　　2013 年 3 月 23 日，央视播出了一条名为"国旅总社澳洲游，定点有猫腻"的新闻报道牵出中国国际旅行社总社的"购物门"，其中投诉游客在参加国旅总社澳大利亚旅游团的行程中，被强行带入当地的指定购物商店购买与实际市场价格相差多达十倍的"天价"商品，而且有不少宝石类商品回国经鉴定后为假冒伪劣产品。而央视记者在随后与游客一同前往国旅总社并与其相关客服人员沟通过程中，国旅总社客服人员态度强硬恶劣，甚至"叫嚣"游客可以去法院报案，并明确承认带游客去指定购物店导游是有回扣的。

　　之后，北京商报记者通过查询公开信息、深入行业调查发现，包括国旅总社在内的多家大型旅行社都曾出现同款产品差价大、导游私扣身份证、旅游强制购物等侵害旅游者权益的行为。例如，2010年6月30日，郑州中青旅香港旅游团也被曝出因强制购物纠纷甩客的事件；2012年5月11日，中国旅行社旗下分社的港澳旅游团被曝出强制游客购买旅游光盘和手表的丑闻。

一份对北京地区1406位跟团旅游消费者随机问卷调查显示，消费者对景点安全、景点环境、景点总体氛围和景点管理，以及旅行过程服务质量的评价较好。不过，11.09%的消费者称碰到过旅游陷阱，71.43%表示只碰到过一次，常见的旅游陷阱有导游误导误购、强迫消费，以及导游的服务质量差、景点缩水等。这份调查中显示，60.67%的消费者认为最难以忍受的旅游陷阱是强迫消费，其次是导游的误导误购，占43.28%，擅自改变合同约定也占到30.83%。

为避免旅游消费过程中可能出现的权益纠纷，主管部门和专家通常会建议"游客在报团时选择正规大型旅行社"。但目前面对大型旅行社被频繁曝出问题，人们不禁会问，被旅游业立作标杆的大型旅行社究竟是怎么了？让游客在选择旅游服务商时如何抉择？

第一节　旅行社危机概述

一、旅行社危机的定义

旅行社危机是指负面事件的发生及其引起的连锁反应，使旅行社的经营活动脱离常态，不利于旅行社的生存与发展，而且可能威胁到旅行社相关利益主体的人身与财产安全的现象。

二、旅行社危机的表现形式

根据我国旅行社发展现状，旅行社危机类型如表11-1所示，而其中主要的表现形式大体又可分为以下五种：

表11-1　旅行社危机类型

诱因	危机类型	危机实例
外部原因	政治危机	巴以问题、"9·11"
	经济危机	金融危机、经济衰退
	社会危机	治安环境不稳定，犯罪行为猖獗，特别是针对旅游者的犯罪
	生态/公共卫生危机	海啸、"非典"等的暴发
	技术危机	GPS技术出现、竞争对手设备设施改进、计算机病毒入侵

续表

诱因	危机类型	危机实例
旅行社产品供应链链条内部原因	旅游饮食安全危机	食物中毒
	旅游住宿安全危机	酒店入室抢劫
	旅游交通安全危机	交通事故
	旅游娱乐/设施安全危机	游乐设施存在安全隐患
	旅游购物安全危机	欺诈旅游者的现象
企业内部原因	财务危机	现金流出现问题
	营销危机	销售收入直线下降
	人才危机	关键人才跳槽
	顾客投诉	旅游团漏接

（一）市场营销危机

1. 产品危机

长期以来，国内旅行社的产品主要以团体、全包价、观光旅游为主，度假、商务、散客及一些特种旅游产品相对贫乏。同时，因为旅行社产品容易被抄袭，很多旅行社不愿耗费成本设计和生产自己的线路，"搭顺风车"的现象常常出现，旅游线路表现出结构单一、雷同率高、鲜有创新等问题。因此，从整个行业来看，旅行社产品整体质量标准化程度较低，质量参差不齐，部分产品质量甚至算得上低劣，重复利用率较高。

中国消费协会曾根据投诉情况总结消费者对旅游业的十大不满，与旅行社直接相关的主要有四类：一是旅行社不遵守承诺，擅自减少参观景点或旅游时间，或者不完全履行合同；二是旅游时吃住行的档次低于事先约定的标准；三是擅自将旅游者转团、拼团；四是导游强制收费、变相收费。这些投诉归根结底都是因为旅行社的产品质量不过关。

2. 价格危机

旅行社的价格危机主要源于内部和外部两种因素，在外部是政府的调整、竞争对手等原因，特别是市场上千篇一律的大众旅游线路，导致旅行社直接竞争的主要形式为价格竞争策略。打"价格战"使得旅行社不得不想办法降低成本，降低成本就很可能导致产品质量低劣，以次充好。在内部则主要是受自身条件、实力、规模等的影响。

3. 营销、推广危机

我国旅行社普遍规模较小、数量较多，对产品的营销与推广较少下功夫、投资不力，特别是在营销渠道的建设上和中间商的选择上很难具备较强的议价和选择能力，推广手段上也是雷同率、重复率较高。

（二）品牌形象危机

品牌形象是指企业或其某个品牌在市场上、在社会公众心中所表现出的个性特征，它体现公众特别是消费者对品牌的评价与认知。品牌形象与品牌不可分割，形象是品牌表现出来的特征，反映了品牌的实力与本质。品牌形象包括品名、包装、图案广告设计等。形象是品牌的根基，所以企业必须十分重视塑造品牌形象。对企业来讲，美好的品牌形象是一项重要的无形资产。旅行社良好的品牌形象是建立在优质产品和优良服务的基础上的。但旅游产品质量、服务质量等方面的问题，常常会给旅行社整体形象带来损害，使旅行社信誉降低，给旅行社造成品牌形象危机。特别是近年来，随着旅游业的飞速发展，旅游投诉事件也在一路攀升，一些黑社或超范围经营，或非法、变相转让许可证，或采用零团费与负团费欺诈客户，或使用虚假广告，或出现黑车、野导、回扣等现象，导致旅游企业信誉危机严重，其影响殃及整个旅游行业。

（三）人才危机

旅行社作为一个人才密集型、知识密集型的服务性企业，人才是检验其是否具备长远发展能力、是否能不断强化自己核心竞争力的根本。企业的竞争关键在于人才竞争，对现代旅行社来说，掌握旅行社核心客源、商业机密的人员以及外联、营销方面的骨干都是其在市场竞争中取胜的重要资本，如果这些人才突然流失，就会使旅行社陷入人才危机，严重影响旅行社的经营活动。

旅游行业实际上属于劳动密集型而非技术密集型产业，行业进入门槛低，决定着这一行业潜在从业人员数量庞大。持续的岗位供应大于岗位需求决定着行业的基本工资水平较低。旅游行业的工资水平低与行业不健全、秩序混乱存在着一定的联系。旅行社低价竞争为了获取成本优势，严重剥削导游的基本工资。国家旅游局明确不允许导游收取回扣，而现实是多数导游只能通过回扣增加收入，这种情况又加剧了行业秩序的混乱。进入率低和高流失率现象的出现，与旅游行业低进入门槛和低工资有密切关系，同时也与社会形成的服务岗位的形象认知有关。

总之，我国旅行社目前在人力资源上，一方面是输出过多，流失严重；另一方面是输入不足，高级导游人才、优秀外联人才，尤其是高级管理人才严重不足，良将难求。在此双重压力下，旅行社的人才队伍在质量层次及结构等方面每况愈下，面临危机。

（四）突发事件危机

旅行社在运行过程中难免会遇上突发性事件：

1. 不可抗力

自然灾害或其他特殊原因造成的重大伤亡事故。如飞机失事、火车碰撞、轮船沉没、缆车坠落、火灾、海啸等恶性事故，社会上突然出现的大动荡等事件，给旅行社带来的各种突发的无法预知后果的各类事件。

2. 人为因素

由于管理失误或产品质量等人为因素造成的服务及产品质量信誉危及游客或旅行社生存的事件，如旅游活动计划和日程的变更、漏接空接错接事故、误机（车、船）事故、旅游者证件及财产的丢失事故、旅游者走失事故、旅游者患病及意外伤亡事故、交通安全事故等，如果旅行社的经营者对旅游者的投诉或者所发生的事故处理不当，就很可能会导致旅游者对旅行社的不满，导致旅游者向旅游行政管理部门或司法机关投诉，损害旅行社在旅游市场的声誉，从而造成旅行社今后的发展危机。

3. 新闻媒介的不利报道

有些是新闻媒介的报道内容准确无误，但事实却对旅行社非常不利，使组织处于被动地位，受到严重影响；有些是新闻媒介的报道不正确或歪曲事实，对旅行社造成威胁性的影响。

4. 谣言

任何获得公众注意的旅游组织都有可能遇到一些外界的谣言。谣言可能起因于无足轻重或者是无意识为之的小事，但对旅行社有可能造成极坏的影响，如游客对提供的食物不满，传播为食用后有中毒现象等。

总之，自然发生的恶性事故，人为形成的工作事故，不利的社会舆论，公众的强烈指责以及对抗行为等都属于突发事件危机。这些危机会使旅行社陷入巨大的舆论压力之中，小则失去公众的信任，大则丢失市场份额，甚至威胁旅行社的生存与发展，给整个旅行社行业带来严重的恶性影响，造成旅游市场的一蹶不振。

第二节　旅行社危机管理概述

旅行社危机管理是指针对旅行社危机的发生发展规律和旅行社危机的各种类型，在旅行社危机的不同阶段，通过危机的预防、危机的处理和危机发生后的善后工作，进行危机管理的全过程。

一、旅行社危机管理的必要性

（一）旅行社危机管理是顺应企业危机管理发展的客观要求

现代社会，市场竞争日趋激烈，企业要生存，就要有竞争优势，企业在增强自身竞争力时，除了要考虑常规的因素如市场需求、消费者、竞争对手、政策环境外，还必须重视危机管理，因为现代企业不可避免地要面临危机。美国《危机管理》一书的作者菲特普曾对《财富》500强的高层人士进行了一次调查，在调查中，高达80%的受访者认为，现代企业面临危机就如同人不可避免地要面对疾病和死亡一样，14%的人则承认自己曾面临严重危机的考验。危机的不可预见性和破坏性非常强烈，以致"非市场原因的天灾人祸"能够使一个原本很有竞争力的企业突然死亡或者陷入深度休克；而已经成为世界第一大产业的旅游业，在某些国家、某些地区的国民经济中已经达到立国、立区、立市的地位，作为旅游企业的旅行社，其独特的性质决定了它在经营过程中会不可避免地发生危机。所以，危机管理是旅行社经营管理过程中非常重要的内容。

（二）旅行社危机管理是顺应旅行社行业高敏感性的客观要求

旅行社是旅游中间商，旅游产品依赖于旅游目的地的供应系统和旅游客源地的客源市场而存在。从供给方面看，旅行社的供给能力受制于其他各旅游企业的生产能力，其业务操作过程中契约关系较多，易受不确定性的影响；从需求方面看，整个旅游市场的需求波动较大，除淡旺季的规律性的变化之外，社会经济发展状况、国民收入水平、各国各地区的旅游政策、社会福利政策、国际局势、旅游地的安全保障、海关手续、出入境制度、汇兑率、旅游地的自然气候条件、吸引力、旅游基本服务的价格、客源地和旅游地语言、文化、习俗的异同等，这些因素的变化都会影响旅游需求。因此，旅行社行业具有很强的高敏感性，旅行社有必要进行危机管理来增强抵御风险的能力。

（三）旅行社危机管理是市场竞争的客观要求

一方面，随着我国加入世界贸易组织和全球经济一体化进程深化，旅行社企业之间的竞争走向国际化，具有雄厚经济实力、现金技术、优质服务和丰富市场经验的外国旅行社，作为竞争对手进入中国，对我国旅行社企业构成强大威胁，缺少创新精神和责任意识，没有危机感，将会使我国旅行社面临极大的危机。另一方面，随着科技的发展，旅游供应企业和最终的旅游消费者之间能够建立起更直接的关系或有更先进便捷的网络实体中间商的出现，使旅行社面临传统市场被更多的竞争者所分割的挑战。旅行社行业市场主体的过度进入，导致产业绩效呈递减趋势，全行业处于低利润状态。

（四）旅行社危机管理是旅行社企业经营体制环境的客观要求

多年来我国的旅行社受国家政策的保护，其企业管理制度没能实施根本性的改革，产权关系不明晰，经营观念落后，企业缺乏活力，不能适应我国越来越开放的旅行业业市场。因此，必须加速行业分工体系的调整、企业制度的调整、行业管理制度的建设，这是直接关系到每一个旅行社企业生死攸关的现实问题。

二、旅行社危机管理现状和原因分析

（一）危机管理现状

目前我国旅行社虽然大多还未完全形成旅游危机管理的概念和系统，但作为开展旅游活动的主要企业，对旅游活动中的安全问题还是很重视，对一些重大突发事件也比较关注，笔者通过对昆明部分旅行社的调查了解到其主要表现在以下几个方面：

1. 通过旅游保险和业务外包的形式减少安全事故带来的损失

旅游保险主要包括责任险和意外伤害险，其中责任险是针对旅行社的责任而投保的险种，意外伤害险则是主要针对游客责任而投保的险种。通过旅游保险这一形式作为减少安全事故损失的重要手段。此外，针对导游和从业人员的安全，旅行社一般可投保车难险和团体意外险。

旅游活动过程交通属于安全事故的高发领域，为了转移风险，旅行社主要是通过租赁的方式来使用旅游汽车公司的旅游汽车（旅行社一般是与汽车公司脱钩的，旅游车也是属于旅游汽车公司所有）。

至于旅游汽车公司也会通过保险（旅游车的保险金额一般高于普通车辆，具体来说，一般客运车保险为 2 万 ~ 3 万元，而旅游车的保险额一般为 20 万 ~ 30 万元）加强对司机的安全培训、不断改进安全设备等形式来预防各类旅游交通事故的发生。

2. 建立旅游突发事件应急处理预案

根据国家和地区的旅游突发事件应急处理预案，一些旅行社也根据旅游活动中的实际情况建立了自己旅游突发事件应急处理预案。例如，昆明康辉旅行社于 2005 年 10 月 1 日根据国家和地区有关规定编制印发了《旅游突发事件应急处理暂行办法》，对旅游活动中的突发事件分成黄、橙、红三级建立相应的处理预案。

3. 面对 SARS、海啸等突发性危机事件时，旅行社大多处于被动应对的局面

在发生行业外部危机，影响到旅行社的顾客量的时候，大多时候都处于被动应对的局面，如泰国发生海啸时，康辉的泰国业务部门几乎处于歇业状态；再如 SARS 时整个旅行社都处于歇业状态。分析其原因，主要是由于国内旅行社的旅游业务目前还是靠团队客人为主，所以业务量相对单一，当发生危机的时候无法进行业务转移。

4. 对各类旅游危机和安全事故，建立档案进行管理

对各类危机和安全事故，大多数旅行社并未建立档案进行管理，主要是靠回忆，材料还在，但并未整理、利用。

5. 对旅游安全的培训一直没有间断

旅行社对安全问题是相当重视的，部分旅行社每年会组织除导游年检外的座谈会，召集在家的导游谈谈环境的变化，并对基本的安全常识进行强调。

（二）原因分析

纵观我国旅行社危机管理现状，部分旅行社建立了旅游活动、相关设施设备安全问题、投诉问题等应急处理预案；对已发生的危机和安全事故有所记录，但加以总结利用的较少。危机管理机制已开始构建，但还未形成高效、系统的管理机制，造成这一问题的原因在于：

1. 旅游危机管理意识淡薄

自改革开放以来，整个国家的旅游业都得到了快速发展，尽管期间遭遇到、一些突发性的、对国际旅游业造成重要影响的事件，但中国旅游业仍然坚定地持续快速发展。

这一持续发展一方面说明我国旅游业顽强的生命力，而另一方面也造成旅行社行业从业人员危机意识淡薄、对危机准备不足。此外，从心理学角度来讲，很多人都有一种侥幸心理，就算知道危机不可避免，但还是宁愿相信天天无险、日日平安的可能性，认为危机的发生还是小概率事件。企业也如此，目前大多数旅行社的管理体系始终是建立在一种常态的假设之上，缺乏危机管理意识。

具体来说，首先，领导者的旅游危机管理理念欠缺，如危机前没有防范措施，在旅游线路设计和安排过程中没有考虑到线路和景点的安全性和潜在事故；危机中缺乏合理的救援行动；危机后缺乏恢复管理等。其次，导游（领队）人员的素质影响旅行社旅游危机的产生与应对。在防范方面，导游（领队）如果不警惕危险源并向旅游者作出警示，危机产生的可能性就会提高。在应对方面，危机发生时，导游（领队）的言行直接代表旅行社的态度，其对危机处理不当则可能产生很多纠纷，导游（领队）处理危机的能力直接影响危机处理的结果。

2. 旅游危机管理的相关法律和政策有待完善

到目前为止，虽然我国已建立了相关的旅游业危机应急预案，但它们的涉及面还比较窄，而且还只是停留在国家、政府层面，旅行社还较少建立此类应急预案，只有部分旅行社建立了突发事件中涉及安全事故的应急预案。因此，整个旅行社行业危机管理的相关法律和政策都有待完善。

具体来说，首先，实践中，危机管理常常被旅行社忽视，目前我国旅行社行业中中小旅行社占大多数，大部分旅行社仍为传统的独资企业。有相当多的小型旅行社没有建立应急预案，缺乏相应的管理制度。其次，缺乏良好的旅游危机沟通机制和应急机制。旅行社沟通机制的不完善或缺乏使得旅行社处于封闭状态，对内不了解企业管理存在的问题，对外不了解环境的变化、利益相关者的建议以及消费者的需求变化，从而不利于企业的决策制定，加大了旅游危机产生的可能性。在旅游危机状态下，旅行社需要作出及时反应，采取一系列措施，消除旅游危机的影响。旅行社应急机制的缺乏影响旅游危机的应对和危机升级的可能性。

3. 非正规的经营模式必然导致高风险

我国旅行社业经历了近 30 年的发展后，已经发展成为一个具有相当规模的产业。旅行社业在规模迅速发展的同时也出现了很多问题，主要表现为中小企业定位不明确，导致旅游产品同质化严重。为争夺旅游者，市场上出现了低团费、零团费、负团费等低价恶性竞争现象，导致接待旅行社通过降低服务质量、安排低档次接待设施、雇用非专业司机、强制游客购物、不购买保险等方式来赚取利润，因而这种非正规的经营模式必然导致旅游者个人安全风险的增加。

4. 缺乏资金、资源投入

要进行旅游危机管理的研究和实施，肯定需要投入一定的物力、财力和人力，这是需要有一定的资金支持的，这部分资金无处可寻也是目前旅行社危机管理活动无法全

面、有效开展的重要原因之一。例如，旅行社应该对导游进行急救知识、救火、逃生等方面的培训，但往往因没有资金而无法有效开展。虽然这只是安全问题中一个细小的方面，但也反映出资金问题如果不解决，任何机制都无法有效建立的道理。

此外，旅行社外部环境中的包括政治、经济、社会、生态、公共卫生和技术等在内的某些突发性大型或群体型事件的发生，以及旅游产品供应链链条内供应商（食、住、行、游、购、娱）的问题和不可控行为都会造成旅行社危机的发生。同时，旅游者安全危机意识的淡薄也是旅行社危机发生的诱因之一。近年来，多起旅游者意外伤亡事件及遇险事件，均与旅游者个人的旅游危机安全意识淡薄密切相关。

第三节 旅行社危机管理机制的建立

一、危机预防

安迪·格鲁夫说："没有准备的企业在危机中消亡，优秀的企业能成功地安度危机，只有伟大的企业在危机中发现机遇。"企业如何应对危机，如何化险为夷，又如何有效预防，已成为当前阶段企业面对的重点课题。危机的产生虽有其突发性、人力不可控性的一面。但是，就多数危机来讲，又都是有一定规律可以遵循的，是可以预见的，在一定程度上可以避免的。因此，旅行社应根据可预见性，树立危机意识，采取积极而明智的策略，制定出一套预防危机、对危机事件作出反应的有效措施。

危机预防是指组织对危机隐患及其发展趋势进行监测、诊断与预控的一种危机管理活动，其目的在于防止和消除危机隐患，保证企业经营管理系统处于良好的运行状态。

一般而言，除了一些自然灾害，车船失事等非人为突发危机事件外，大多数旅行社危机事件都有一个潜伏期，无论如何隐蔽总有一些先兆表现出来。

（一）建立危机预警系统

在旅行社内部建立预警系统可以及早发现危机的早期征兆，可能将危机消除于萌芽状态，这是危机预防的重要手段，其核心是善于监测和积极反馈信息。企业危机管理预警系统的建立，可根据图 11 – 1 所示的旅行社危机预警机制构建过程来进行。

1. 预警检测指标选择

在最关键的信息检测和反馈指标的选择上，可根据旅行社的经营管理特点，从旅行社内外环境对其风险领域预警指标进行识别和确认。为了保证危机预警系统的可靠性，减少危机预警信息收集的盲目性，对旅行社各个重要领域需要选出能及时反映组织内外部环境发生本质变化的指标。同时，要注意所选择的指标最好能够比较清晰地说明在何种情况下可能要提高警惕性，也即要能便于说明危机发生的概率和可能性。此外，在选择指标时，还要考虑将来收集信息资料时组织在经济上是否能够承受。具体指标可根据具体旅行社经营管理情况，从图 11 - 2 所示的指标中挑选。

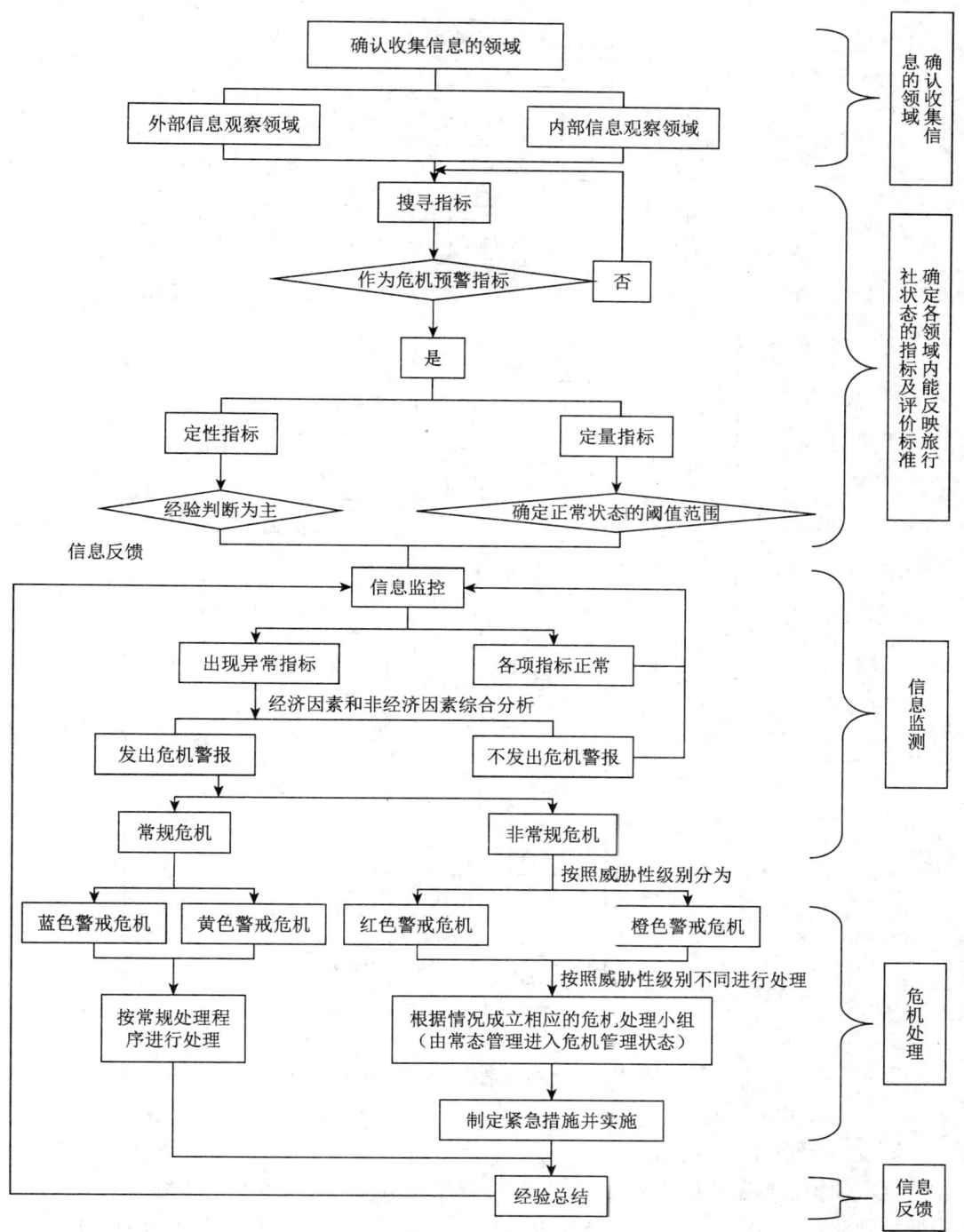

图 11 - 1 旅行社危机预警机制构建过程

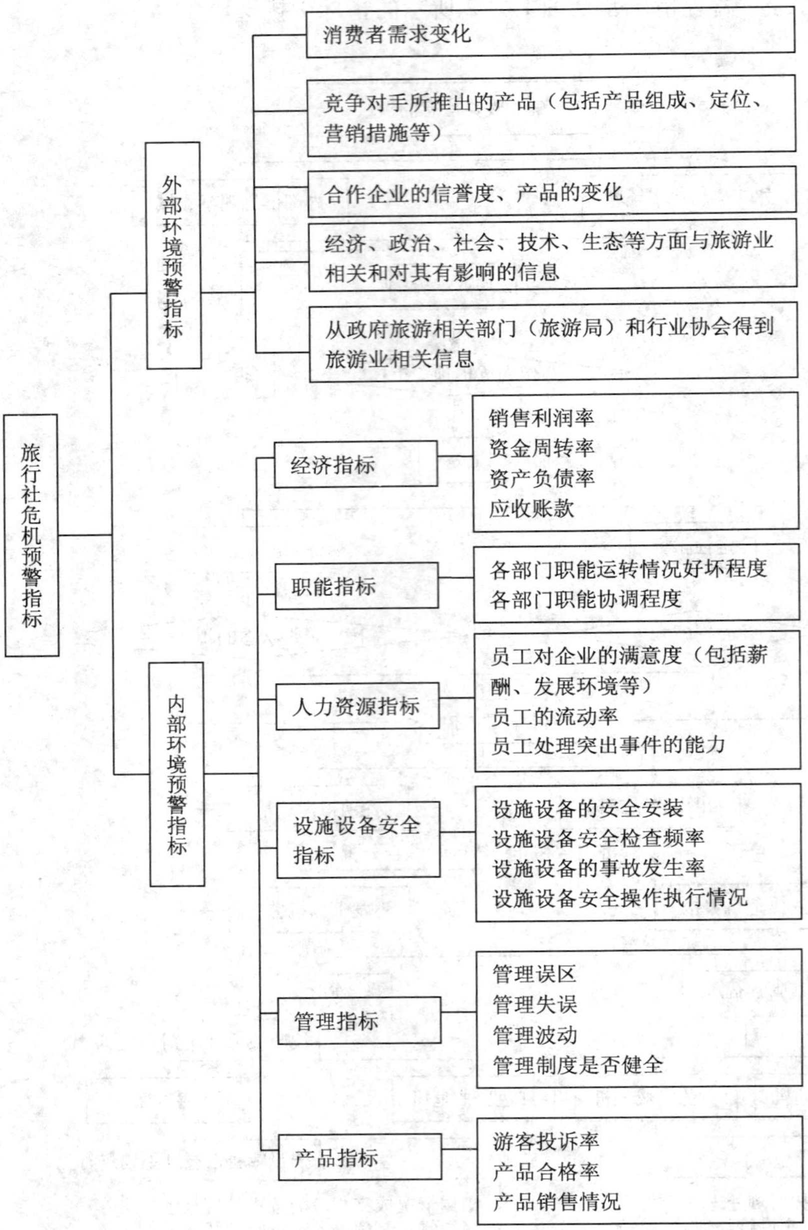

消费者需求变化

竞争对手所推出的产品（包括产品组成、定位、营销措施等）

合作企业的信誉度、产品的变化

经济、政治、社会、技术、生态等方面与旅游业相关和对其有影响的信息

从政府旅游相关部门（旅游局）和行业协会得到旅游业相关信息

外部环境预警指标

销售利润率
资金周转率
资产负债率
应收账款

经济指标

各部门职能运转情况好坏程度
各部门职能协调程度

职能指标

员工对企业的满意度（包括薪酬、发展环境等）
员工的流动率
员工处理突出事件的能力

人力资源指标

设施设备的安全安装
设施设备安全检查频率
设施设备的事故发生率
设施设备安全操作执行情况

设施设备安全指标

管理误区
管理失误
管理波动
管理制度是否健全

管理指标

游客投诉率
产品合格率
产品销售情况

产品指标

内部环境预警指标

旅行社危机预警指标

图 11－2　旅行社危机预警监测指标体系

2. 危机预警信息监测

危机预警信息监测最主要是要确认危机警报发出的临界点和危机等级。在这一过程中要特别注意，组织重要领域的各项指标发生波动，甚至旅行社已经意识到危机发生的可能性达到了警戒线，并不一定意味着要发出警报，这是因为以系统论的观点来看，任何旅行社都有一定的自我恢复能力，同时还要考虑发出危机警报后的成本问题，究竟是

发出危机警报的成本高还是不发出危机警报的成本高。

3. 危机处理预案的制订

危机事件的威胁主要来源是其突发性和处理时间的紧迫性，事发突然、情况紧急，因此如果能在对可能发生的危机进行预测的基础上，根据危机事件的不同等级拟定处理程序和规则，落实相关处理的责任人及其职责权限，并在条件允许的情况下，对某些类型的危机处理进行模拟演练，可以从一定程度上降低危机的不确定性。危机处理预案就是这样一种对危机进行预防和演练的预备方案。具体来说，危机处理预案一般包括危机事件管理组织机构和职责、应急响应、后期处置、保障措施、宣传培训和演练等主要内容。危机处理预案给管理者提供了应对危机的"通用"方法，指明了如何配置和使用资源，提高了应对危机的效率，减少了组织系统的混乱以及由此带来的资源使用不当和浪费，也就使得危机管理更加科学合理。

（二）设立危机处理机构

旅行社设立危机处理机构通过行之有效的工作，可在有危机先兆时防患于未然；而一旦危机发生，即能加以遏制，以减少其对旅游组织形象的损害程度。

1. 危机处理机构的主要作用

（1）对企业所有的员工进行危机培训，使每一名员工都有危机意识。通常可将危机预测和处理的设想编印成通俗易懂的危机管理手册，发给每一个员工，同时通过多种方式向员工介绍应对危机的方法，让他们对危机的可能性和应对方法有足够的了解，这样即使发生意外事件，组织员工也能从容应对。对员工进行处理危机的模拟培训，以锻炼员工在紧急情况下冷静处理问题的能力，积累处理公共关系危机的经验，都为我们应对危机提供了宝贵经验。

（2）拟订危机管理计划，作为整个管理活动的纲领。针对已发生过的危机和可能发生危机的种类、性质、规模、影响范围，请相关的专业人士分析、预测和发现潜在的危机，编制危机管理手册，拟订危机管理计划，对常规性危机做必要的事先准备及风险评估，制订出详细的危机公关方案。一旦危机发生，即可对不同的公众采取不同的措施。

（3）在遇到危机时能够全面、快速地处理危机，并能够监测危机的发展及有关公司政策的执行。

（4）在危机结束时，能够及时调整公司的各种行为，运用各种手段恢复公众对公司的信任，重新塑造公司的美好形象。

2. 旅行社的危机管理机构的主要组成部分

（1）信息系统。信息系统主要负责对外工作，包括信息整合、信息对外交流和咨询管理。信息整合指对外信息的收集、整理和评估鉴定；信息对外交流指向公众、媒体、利益相关者公布信息，并回答咨询；咨询管理指分析危机的影响包括危机在大众和利益相关群体中的反应，然后向决策者报告。

（2）决策系统。决策系统由旅行社的最高层管理者组成，负责处理危机的全面工

作。同时，根据具体危机的情况，可组成长时或临时的危机处理小组，人员可由旅行社领导，公关专业人员，专业智囊团，生产、服务品质保证人员，人力资源部，法律工作者，热线电话接待人员等组成。

（3）运作系统。运作系统负责与旅行社可能发生危机的相关单位（包括新闻媒介、公安部门、各国大使馆、保险公司、航空公司、酒店等）建立联系，形成网络，一旦危机出现时能及时有效地进行沟通。另外与各部门协调，把危机管理者的策略计划付诸实践。

二、危机处理

古人云："智者千虑，必有一失。"旅游业是公认的"朝阳产业"，但当一些意外的危机发生后，旅游业总是变得苍白无力，遭受损失和重创。旅游业多数"靠天吃饭"的先天不足，更是旅游业应当考虑的一个重要问题。在有效的预防危机体制中，有些危机可以消除，但有些危机却需要在爆发后进行有效的处理。旅行社危机处理，是指旅行社充分调动各种可利用的资源，采取各种可能或可行的方法和方式，限制和消除危机以及因此而产生的消极影响，从而使潜在的或现存的危机得以解决。

（一）处理原则

1. 及时主动原则

第一时间作出迅速恰当的反应是防止危机事件继续恶变的"第一法宝"。危机发生的第一个24小时至关重要。如果你未能很快地行动起来并已准备好把事态告知公众，你就可能被认为有罪，直到你能证明自己是清白的为止。危机一般包括突发期、扩散期、爆发期、衰退期四个时期。如果在危机开始的突发期和扩散期积极反应、遏制危机，往往成本较低，效果也较理想。一旦到了爆发期，处理和平息危机的成本将呈几何倍数增长，情形就难以收拾了。

旅行社发生消费者投诉、新闻界曝光等事件后，不能掉以轻心，采取拖延态度，而应迅速召集领导层和公共关系人员共同商议妥善的处理办法。如对消费者或社会公众造成人身伤害，应尽快同新闻媒介沟通，以防止负面影响的扩大；对直接上门投诉的消费者，应热情接待，及时答复和妥善解决投诉纠纷。

2. 消费者至上原则

危机事件发生后，旅行社会遭受到很大损失，但旅行社首先考虑的应是消费者的利益，消费者利益高于一切，保护消费者利益应该是旅行社危机处理第一原则。危机发生后，消费者一般会关心两个问题：一个是物质层面的问题，物质利益永远是消费者关注的焦点。因此，旅行社应首先主动承担损失和责任，及时向消费者道歉，并切实采取措施补偿损失，待真相澄清后可能得到消费者的喜爱。另一个是精神层面的问题，即旅行社是否在意消费者的心理情感。因此，旅行社应该站在消费者的立场上表示同情和安慰，必要时用媒体向消费者乃至社会公众发表谢罪广告以解决深层次的心理情感问题，从而赢得消费者和社会公众的了解和信任。

3. 公开性原则

旅行社若发生重大危机，很多时候会立即引起政府部门、社会大众和相关媒体的关注和报道，此时作为危机事件的当事人，不论是否具有主观上的过错，都应在事件涉及的范围内，向公众公开事件的真相，公布事件的原因、结果及自己的态度，而不能藏头露尾，含糊其词，更不能置公众意愿于不顾，封锁消息，自行其是。在高度信息化的现代社会空间中，一个组织很难隐瞒信息，特别是对自己不利的信息，及时公布信息，可以避免流言蜚语、小道消息所造成的负面影响。"沉默是金"的对策在危机中是使用不得的。

4. 连续性原则

当发生重大危机后，旅行社不能作简单处理，而应组织一个专门处理危机事件的机构，制定出工作计划，24 小时开通联系热线，连续不断地通过新闻媒体，向社会公众公布调查取证、事故原因、明确责任、采取的善后措施、改进办法等方面的信息，从而使公众对事件有一个全面、客观的了解，对旅行社所持的积极态度和工作效果产生良好的印象。

（二）处理的工作程序

危机的处理，需要有正确的工作程序和要求，这是规范化处理危机的前提。

1. 深入现场，了解事实

这是危机处理中必需的第一步。当危机来临时，危机处理相关人员必须具备良好深入现场、了解事实的心理素质，保持镇静，接受既成的事实而不惊慌失措，然后迅速查明有关危机的基本情况。有的危机事件旅行社领导人还必须亲自出马。具体来说：

（1）组织人员，奔赴现场。得知发生危机事件后，应立即组织有关人员奔赴现场，开展工作。

（2）保护现场，寻求援助。危机人员赶到现场后，应该想尽一切办法保护现场，了解人员伤亡程度和人数，了解事态的发展及控制情况以及公众在事件中的反应，调查相关受影响顾客和人员在危机事件中的要求，找出处理危机事件的关键。

（3）深入细致，了解情况。应迅速与目击者或当事人取得联系，了解事件发生的时间、地点、原因。

（4）整理分析，形成报告。要将在现场听到的、看到的所有情况认真记录下来，在可能的情况下可用照相机、摄像机拍摄现场镜头，用录音机录下某些内容，以便帮助分析。在全面搜索有关信息的基础上将材料进行分类整理和分析，认真查找事件的真正原因，形成危机事件调查分析报告，并上交有关部门。

例如，2006 年 9 月 11 日上午 9 时许，我国台湾一旅行团乘车去长白山旅游，旅游车于延边汪清县境内翻入 30 米深的河沟中。据现场初步核实，两名台湾游客和一名司机在车祸中死亡，18 名游客受伤，18 名受伤台胞中 3 名重伤、15 名轻伤，均在汪清县

医院接受救治。事发后,汪清县立即启动事故应急预案,相关部门立即赶到现场,组织公安、交通、卫生、水利、旅游、民政等有关部门进行紧急救援。当地群众和附近企业职工自发行动起来,积极参与、配合救援工作。仅两个小时,就把所有的伤者全部送到县医院救治,并妥当安置死难者遗体。随后,延边州台办相关人员赶到事故现场和相关医院,进行死亡人员的善后和伤员的安抚工作。国家旅游局副局长王志发也赶赴当地,本着对台湾同胞高度负责的态度,共同协助做好救助工作和妥善处理各项善后工作。

2. 迅速隔离危机,控制危机

在了解事实的同时,要迅速控制危机,以免危机蔓延扩大。隔离危机可从人员隔离和危机隔离两方面入手。

(1)人员隔离,是指把旅行社的工作人员划分为处理危机和维持日常工作两部分并规定:领导人中何人负责危机处理,何人负责日常工作;一般人员中,哪些人参加危机处理,哪些人坚守原工作岗位。不能因危机发生造成日常管理无人负责、日常工作无人从事的局面而使旅行社经营陷入混乱,造成更大危机。

(2)危机隔离,即对危机本身实施隔离,对危机的隔离在发出警报时就应开始。警报信号应明确标示危机的范围,以便保持其他部分工作秩序,减少危机损失,同时也为危机处理创造条件。如处理旅游管理景区内的交通线路中断事故,要马上告知其他部门、其他线路的车辆马上改换线路,尽快组织人力修复道路,或临时开辟其他的线路和途径,尽快疏散人群,不影响群众。

3. 分析情况,确立对策

在全面调查了事故情况以后,要将获取的信息整理、分析,制订危机处理的方案,包括如何对待受害游客、如何对待媒介、如何联络有关公众、如何具体行动等内容。

(1)旅行社自身对策。把事情的发生和组织对策告知全体员工,号召大家齐心合力、共渡难关,要统一对外的口径。如果是因为个别员工恶劣的服务态度引起的恶性事件,旅行社负责人应先稳住顾客情绪,责成当事人向顾客当面赔礼道歉;然后,相关部门负责人代表旅行社向顾客道歉,并从精神和物质上给顾客以赔偿,以求得顾客谅解。要制订挽回影响和完善组织形象的工作方案与措施,奖励处理危机事件有功人员,处理有关责任者、并通告各有关方面及事故受害者。

(2)受害顾客及相关人员对策。在危机事件发生后,即使起因在受害者一方,旅行社都应主动承担义务,积极进行处理。事实上,处理危机时你绝不可以改变已有的事实,但可以改变人们对事件的看法。即使有千条理由,此时都应先安抚受害顾客和相关人员,真心诚意地取得他们谅解,这样危机才有可能顺利地化解。无论受害者是顾客、旅行社员工还是其他工作人员,都应立即通知其家属或亲属,并提供一切条件,满足他们的要求。如果责任在旅行社,要公开道歉,听取受害者及其家属的意见,主动赔偿受害者的损失,尽量满足受害者的要求,不要在现场追究,最好等危机时间平息后再妥善处理。如果双方都有责任,旅行社要尽力避免为自身辩护,积极争取受害者的谅解与合作，承担其应负的责任。要把事实真相毫不隐讳地告诉受害者及其亲属，并表示歉意、安慰和同情。要耐心地等待受害者及其亲属充分宣泄了他们的愤怒、悲伤和不满后，再同他们商谈有关赔偿问题，千万不要在他们怒气未消时就急着谈具体问题，那会引起麻烦。在商谈过程中要耐心听取他们的意见，最后共同确定损失赔偿的办法。在危机事件处理过程中，如无特殊情况，不要更换负责处理问题的人员。

（3）上级领导部门对策。事件发生后，应及时向政府部门及上级领导部门汇报，不要文过饰非，更不允许歪曲真相，混淆视听。在事件处理过程中，应定期报告事态的发展，求得上级领导部门的领导和支持。事件处理后应详细报告处理经过、解决办法及今后的预防措施等。

（4）新闻媒介对策。重大危机事件发生后，各种传闻、猜测都会发生，新闻媒介也会自始至终针对事件的发展持关注态度，如何对待新闻媒介，将成为旅行社的一项重要工作。可设立临时性记者接待站，确定一位高级负责人作为新闻发言人，统一对新闻界的口径；由新闻发言人代表组织集中处理与事件有关的新闻采访，给记者提供权威性资料。

4. 多方沟通，加速化解

确认那些在危机时刻，其利益可能与旅行社一致的公有或私人团体、权威机构，尽可能争取第三方的合作与支持，协助解决危机，这是增加旅行社在公众心目中信誉度的有效策略和技巧。

5. 有效行动，转化危机

危机事件发生后，旅行社应迅速会同有关职能部门，采取积极有效的行动，像灭火一样迅速果断地将火扑灭，变风险为机遇，最大限度地消除负面的影响，改变旅行社的不良形象，协调改善旅行社内外部环境。

三、危机恢复

危机结束期的恢复工作主要包括危机善后工作、危机管理评估等。

（一）危机善后工作

危机处理对策制定后，旅行社要积极组织力量，实施既定的消除危机事件影响的活动方案。旅行社需要通过各种媒体和广告等宣传攻势来重新树立旅行社的形象，并不断向媒体传达危机处理的后续工作。如果危机处理得当，并且很好地通过媒体向公众传达企业的社会责任感，旅行社的声誉就不会因出现的危机而在市场上受到影响，反而使其知名度大为提高。总之，旅行社要善于利用正面材料，冲淡危机的负面影响，重新树立本旅行社在旅游者心目中的良好形象。

（二）危机管理评估

在危机结束后，旅行社需要成立一个调查及评估小组，对整个危机管理活动做调查及评估的工作，以供总结经验教训。这里面包含两个层面的总结：第一个层次总结是针对所发生的危机本身的总结。对危机发生的原因和相关预防及处理的全部措施进行系统的调查，即调查问题是怎样发生的，查明问题的原因，对危机涉及的各种问题综合归类，分别提出整改措施，并责成有关部门逐项落实。第二层次总结是针对旅行社的危机管理的总结，即反思检查旅行社应对处理整个危机的全过程，检查旅行社在应对危机中所做的决策和所采取的行动，从中发现旅行社危机管理的不足之处，进一步完善旅行社的危机管理程序与制度。

【复习思考题】

1. 简述旅行社危机的主要表现形式。
2. 简述旅行社为什么必须进行危机管理。
3. 简述旅行社危机管理机制建立过程。
4. 制定一份旅行社危机处理计划。
5. 旅行社危机管理中危机预防与危机处理相比，哪个更关键，为什么？

【案例分析】

雾锁长水致上百旅游团滞留　昆明旅行社应急预案很给力

2013 年 1 月 3 日，昆明长水机场一天之内 440 个航班被取消，万名旅客滞留机场，机场广播"失声"，旅客闹事打砸。

值得旅游业界欣慰的是，在多家媒体对"雾锁长水"的报道中，无论是云南组团出港旅行的团队，还是游览完云南后返乡的团队，均没有出现一例云南旅游团队在机场因航班取消或延误滞留机场闹事的报道。记者从云南省旅游业协会旅行社分会了解到，"雾锁长水"的两天时间，受大雾影响的进出港团队上百余个，滞留团队旅客近千人，没有一起旅行团队因滞留机场投诉旅行社的案件。

昆明康辉旅行社执行总经理肖刚表示，机场关闭后，昆明康辉进出港的 60 多个团队共 900 人没能准时起飞。昆明风光国际旅行社有限公司总经理朱伯威告诉记者，受大雾影响的两天时间里，昆明风光约有 10 余个团队、共 300 余人出行受阻。昆明锦爱国际旅行社有限公司总经理朱洪应透露，仅 3 日、4 日两天，受长水机场关闭影响的出港团队约 16 个，从国内各地入滇旅游的 600 余名游客返乡受阻。尽管受阻团队的影响面各有不同，但毫无例外，云南的旅游企业在收到机场因大雾关闭的信息后，全都在第一时间启动了紧急疏散旅游团队的应急预案。按照应急预案流程，由旅行社及时通知当日送团的导游和领队，将所有已送抵昆明长水国际机场的团队游客集合撤离机场，避免因机场人员聚集较多而引发团体性事件。同时由旅行社联系旅游车公司，紧急调派旅游大巴车前往机场接团，送达与各旅行社合作的酒店住宿，食宿费用全由旅行社承担。仅留下在机场办理团队改签机票以及了解相关航班进出港信息的旅行社工作人员。据一位在现场指挥团队的业内人士介绍，当天因大雾被迫延误起飞的出港旅行团队，3日晚间7点就已全部紧急撤离了机场。与因应急预案低效滞后而导致混乱的机场相比，云南旅行社企业处理紧急事件的能力由此可见一斑。

这不禁让人反思：缘何最容易集结形成势力聚众闹事的旅行团队，却能在"雾锁长水"的混乱期内没有出现一例因航班延误滞留机场的滋事丑闻？

（资料来源：春城1网 . http：//wb. yunnan. cn. 来源：《春城晚报》（2013 - 01 - 09）有删改。）

分析题：

1. 试对上述案例中旅行社的危机管理过程进行评估。

2. 机场的危机处理能力可从哪些方面进行提高？

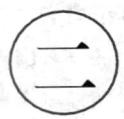

第十二章

旅行社人力资源管理

 **本章导读**

旅行社人力资源管理是指在人力资源的获取、开发、培养、保持和使用等方面所进行的计划、组织、控制和协调的活动。本章将介绍旅行社人力资源管理方面的知识。

 【学习目标】

通过本章学习，学生应理解人力资源的含义和特点，掌握旅行社人力资源开发与管理的内涵及特征，了解旅行社人力资源开发与管理的基本内容，熟悉并掌握旅行社招聘、培训和薪酬制度的相关内容和方法，掌握旅行社人员的开发与管理，理解旅行社企业文化的内涵和构建的途径，掌握旅行社职业经理人、旅行社导游、旅行社领队、旅行社计调应具备的能力素质以及相关的能力素质培育形成的途径。

【导入案例】

春秋国旅对导游组织的教育培训活动

1. 岗前培训

新导游要参加为期7整天30个课时的岗前培训。岗前培训由导游管理公司负责和培训教育中心实施。岗前培训的主要内容分为两个方面：第一是导游线路知识培训。这部分的讲课老师由在各条线路如华东线、绍兴线、宁波溪口、安吉线、临安线、千岛湖线、桐庐线等常规线路上的资深导游担任。第二是学习接团规范和礼仪仪表教育。在此基础上，必须要通过参加接待一个旅游团游览一条旅游线的实际讲解的考核。

2. 每月一会

事先计划和确定会议时间、地点、人员与内容。一般安排在每月 20 日，会议的内容有公司最新动态、团队质量及案例分析、请老师上课等。

3. 导游沙龙

每两周一次导游沙龙交流，内容有导游心得和参观访问等。

4. 教育培训计划制定与实施方式

首先，由导游管理公司制订出每月的教育培训计划。例如，2006 年计划学习《全国导游基础知识》，教材有 10 章，分 12 个月学习。另外，计划学习有关的法律、法规知识，学习春秋旅行社的规章制度，学习重大事故处理的案例，还要配合春秋航空公司飞行的旅游线路，学习旅游目的地的知识，如 2006 年 1 月学习海南的旅游知识，2006 年 2 月学习昆明的旅游知识。一个季度实施全员考试，检验学习结果。其次，由分公司的导游科与导游协会负责实施教育培训计划。导游教育培训活动的经费来源于各部门的支持，导游每年缴纳的导游协会会费为一天的导游费，用于平时的考察学习、福利支出等。

（资料来源：姚延波. 旅行社经营管理［M］. 北京：北京师范大学出版社，2010.）

第一节　旅行社人力资源管理概述

旅行社是人才智力密集型企业，人力资源是旅行社最为宝贵的资源，旅行社人力资源开发与管理的水平，直接关系到旅行社的生存与发展。合理地配置与管理人力资源，有效地招聘与培训员工，科学系统地对员工进行考评，建立效率优先、兼顾公平的分配模式，最大限度地调动员工的创造性和积极性，进而创造旅行社在激烈市场竞争中的人力资源优势，是关系到旅行社发展壮大的重要方面。

21 世纪以来，我国旅游持续发展，成为世界上发展最快的旅游大国。作为旅游业三大支柱之一的旅行社是人才密集型企业，主要靠员工的自身投入在企业的经营中发挥主导作用。可以说，人是旅行社的核心，是整个企业的支柱，也是企业中唯一的能动要素；旅行社市场竞争的强弱，归根到底取决于员工的素质. 因此，加强人力资源管理对旅行社的发展起着重要的作用。人力资源的开发与管理水平直接关系到旅行社的生存与发展。有效地招聘人力资源，合理地配备人力资源，积极地开发人力资源，将促使组织和个人最大限度的发展。未来学家奈斯比特认为，在新的社会中，关键的战略资源已转变为信息、知识和创造性。管理大师德鲁克断言：知识已成为生产力、竞争力和经济成就的关键因素；知识已成为最主要的工业，这个工业向经济提供生产需要的重要中心资源。因此，旅行社应加强对人力资源的管理，并在动态环境中，既要重视人事管理实务，确保人与工作的最佳组合，更要重视员工的社会心理，通过各种手段，有效地激发

员工的积极性和创造性，发挥员工的潜能。

【知识链接】

"人力资源"这一概念早在 1954 年就由现代管理学之父彼得·德鲁克在其著作《管理实践》提出并加以明确界定。20 世纪 80 年代以来，人力资源管理理论不断成熟，并在实践中得到进一步发展，为企业所广泛接受，并逐渐取代人事管理。进入 20 世纪 90 年代，人力资源管理理论不断发展，也不断成熟。人们更多地探讨人力资源管理如何为企业的战略服务，人力资源部门的角色如何向企业管理的战略合作伙伴关系转变。战略人力资源管理理论的提出和发展，标志着现代人力资源管理的新阶段。

人力资源管理，是指在经济学与人本思想指导下，通过招聘、甄选、培训、报酬等管理形式对组织内外相关人力资源进行有效运用，满足组织当前及未来发展的需要，保证组织目标实现与成员发展的最大化的一系列活动的总称。就是预测组织人力资源需求并作出人力需求计划、招聘选择人员并进行有效组织、考核绩效支付报酬并进行有效激励、结合组织与个人需要进行有效开发以便实现最优组织绩效的全过程。学术界一般把人力资源管理分八大模块或者六大模块：人力资源规划、招聘与配置、培训与开发、绩效管理、薪酬福利管理、劳动关系管理。

人力资源管理阶段的发展分为两个阶段：第一是人力资本管理阶段，将人视为一种资本来进行管理。人作为资本参与到生产活动中，具有以下的特点：人力资本可以产生利润；人作为资本，可以自然升值；对人力资本的投资，可以产生利润；人作为一种资本，参与到利润分配中；第二是以人为本管理阶段，将人视为经营活动中最重要的、应首先考虑的因素。在企业中，客户的"上帝地位"被员工取代。以人为本的管理理念是，当企业满足了员工的各种需求的时候（如工作环境、薪酬、尊重等），员工的工作效率、创作力将会极大提升，可以为企业发展作出更多的贡献。

一、旅行社人力资源的概念和特点

（一）旅行社人力资源的概念

"人力资源"约在 20 世纪 70 年代后出现，并逐渐取代"人事"或"人力"等狭隘的字眼。这种转变并非偶然，而是发达国家在过度强调物质与财务资源之后，认识到了人在组织中的关键地位，再回头给予重新定位，并视人为组织中最重要的资产。容器商店（Container Store）和思科公司（Cisco Systems）、美国西南航空公司（Southwest Airlines）都发现将员工放在第一位是他们成功的基础。人本身就是资源、能源，人可以被用于搬运物品、制造产品、作战等。但人的作用并非仅仅如此，人的作用还在于能统合其他资源，结合物质、财务和人力三者的效益，使之脱离纠资源的地位，进而创造更高的价值。但人力要成为有效的资源，必须对其加以有效率的运用。因此，人力资源可定义为人所具有的知识、技能、态度、理想、创造力等特质，以及应用上述特质而获得的效果。

旅行社人力资源目前无统一的定义，大致可以描述为：能够独立参加旅行社的劳动，并能推动旅行社整个经济和发展，具有智力和体力劳动能力的人口的总和。根据人力资源的含义，我们可以把旅行社人力资源定义为：能够推动旅行社企业发展和实现企业预期经营目标、具备旅行社需要的劳动能力的旅行社现岗人员和潜在人员的总和。

从目前我国旅行社企业看，其人力资源主要由管理人员、业务人员两大部分构成。

1. 管理人员

包括总经理、副总经理、部门经理、主管人员等，负责旅行社的各项管理工作。

2. 业务人员

业务人员主要有导游人员、外联人员及内部操作人员等。

（1）导游人员。包括专职导游人员和兼职导游人员。许多大旅行社有自己的专职导游，但大部分中小旅行社只有少量或者没有专职导游，在旅行社需要派出导游时由社内其他人员充任。无论大社小社，在旅游旺季时都会从社会上招聘一些兼职导游。

（2）外联人员。在旅行社负责组织客源，进行促销和销售活动的人员。很多中小旅行社的外联人员经常兼做导游。

（3）内部操作人员。包括计调人员（负责落实外联部门所销售的产品的各具体环节，并平衡社内的客流量）、策划人员（旅行社广告策划、企业形象策划）、财会人员、行政人员等。另外，有些旅行社还包括司机等员工。

（二）旅行社人力资源的特点

旅行社是典型的人才智力密集型企业，旅行社的人力资源除了应具有一般人力资源的特征外，还应具备受教育程度高、知识范围广、专业技术强等特征，是一种高素质的人力资源。旅行社人力资源具有以下特点：

1. 创造性

旅行社的业务以旅游者为服务对象，必须针对旅游者追求新、特、异的消费特点，提供具有新颖奇特创意和功能的产品，才能够满足旅游者不断变化着的消费需求，在竞争激烈的市场环境中得以生存和发展。另外，旅行社是一个以人力资源为主要资源的企业，人力资本在其资产构成中所占比重很大，其经营管理人员与业务人员是否具备较强的创造性，对于旅行社的经营和发展具有重要意义，正是这些因素导致了旅行社的人力资源具有明显的创造性的特点。

2. 主动性

多数国家或地区的旅行社行业属于零散型行业，即行业内有许多旅行社在进行竞

争，没有任何一家旅行社占有显著的市场份额，也没有任何一家旅行社对整个行业的发展具有重大的影响。即便在少数旅游发达国家（如德国、美国、英国），尽管一些大型旅行社已经形成了较大的企业集团，但是同其他行业的大型企业集团相比，企业的规模仍然较小，企业的经营实力仍相对较弱。旅行社规模小、实力弱、经营分散的现状，导致旅行社的抗风险能力普遍较差。因此，旅行社必须比其他行业的企业更加积极主动抢抓市场机遇，在激烈的竞争中发展壮大，从而增强抗风险的能力和提高企业的经营效果。对于旅行社来说，任何因循守旧、不思进取、盲目乐观和故步自封的经营思想和经营人员都是致命的缺陷，将导致旅行社无法继续生存。然而，旅行社的恶劣生存条件也造就了大批具有较强的主动性和进取意识的经营管理人员和具体业务人员。

3. 独立性

旅行社业务的一个突出特点是分散性，即由某一位员工单独实施和完成某一项产品销售、旅游服务采购或旅游接待任务。尽管旅行社制订了各种请示汇报的制度，但是，由于旅行社的许多业务活动必须现场完成（如旅行社产品信息的咨询），或者员工需要远离旅行社所在地实施（如导游员带领旅游团在外地进行游览观光），所以必须授予从事这些工作的员工一定的现场处置权力，允许他们先斩后奏，当场作出决定，事后再向有关领导汇报。旅行社的这种工作性质导致其员工比其他旅游企业员工（如饭店的服务员）具有更大的独立性。

4. 流动性

旅行社行业进入壁垒较低，造成行业内的企业数量众多，并产生了对旅行社专业人员的大量需求。相形之下，旅行社人才市场的供给则相对不足，从而导致旅行社人力资源的较大流动性。旅行社人力资源流动性的特点既给旅行社及时招聘所需人才提供了良好机遇，也向旅行社提出了如何保留和吸引优秀人才的严峻挑战。

5. 知识性

旅行社是知识密集型企业，不仅导游人员需要掌握较多的知识和接受较高层次的教育，具有较高的文化修养，而且其他的工作人员如产品开发人员、销售人员、财务人员等都必须具备较高层次的知识水平，接受过专业教育。有关资料显示，各个旅游行业中，旅行社行业的员工平均受教育的程度和知识层次均名列前茅。

二、旅行社人力资源管理

（一）旅行社人力资源管理的概念

人力资源成为现代社会和组织的战略资源，一方面来源于现代社会的性质——知识和信息社会；另一方面来源于人力资源所具有的特性。它是一种能动资源，即它在经济和管理中起主导作用和处于中心地位；它发起、使用、操纵、控制着其他资源，使其他资源得到合理、有效的开发、配置和利用；同时它是唯一起创新作用的因素。可见，人力资源是组织系统的动力。维持与提升组织人力资源的质量就成为组织持续经营与发展的战略与活动，而这一切都离不开组织对人力资源的有效管理。

旅行社人力资源管理是指在人力资源的获取、开发、培养、保持和使用等方面所进行的计划、组织、控制和协调的活动。它是通过人力资源的招聘、选择、录用、工作绩效考核、评价、培训、提升、调配、奖励和福利等诸多环节，研究旅行社组织中人与人关系的调整，人与事的协调，以充分开发人力资源，挖掘人的潜能，调动人的积极性，达到因事而求才、因才而施用，使每个人的品德、才能、资历与其所承担的工作相吻合，提高工作效率，实现旅行社的经营目标。

（二）旅行社人力资源管理的特点

在人力资源共同特性的基础之上，从旅行社的工作性质和工作内容出发，不难发现旅行社人力资源管理工作的特点也是十分突出的，它集中体现在复合性、分散性、独立性。

1. 复合性

一方面，旅行社人力资源管理具有劳动密集型的特点。首先，除了少数大型旅行社之外，绝大多数的旅行社所拥有的固定资产的价值均很小，而旅行社员工的工资支出占其全部经营成本支出的比重很大。其次，旅行社是以提供劳务产品为主的服务性企业。最后，旅行社的主要收入来源是通过其员工提供的劳务，如导游服务、单项旅游服务项目的代办等。另一方面，旅行社人力资源管理同时又具有智力密集型的特点。旅行社的经营成功与否，在很大程度上取决于它所拥有的员工的知识水平和工作能力。旅行社的主要业务之一是为旅游者提供旅行生活服务和旅游景点导游讲解服务，这是一项复杂的脑力劳动，要求工作人员有广博的知识和较高的文化素质。因此，无论是旅行社的管理人员、导游人员，还是产品设计人员和旅游服务采购人员，都必须接受比较系统的专业教育，必须具有较高的旅游专业知识、管理专业知识和文化知识水平，具有较强的学习能力和对知识的运用能力。

2. 灵活性

旅行社的业务涉及方方面面，旅行社的员工的工作性质也比较灵活。尤其是导游人员，他们每天工作流动性大，工作内容变化大，带团的时间不等，上、下班时间不规律；导游经常在外面带团，在社里时间少，管理者很难了解员工工作的全过程。同时，旅行社对旅游者提供的是无形服务，对其服务质量的评价标准很大程度上来自旅游者的感受，不像有形产品一样易于按照明确的标准来考核。这就增加了旅行社人力资源管理部门对员工绩效考核的难度。因此，旅行社控制和管理他们较难，这也就要求旅行社的人力资源管理部门要灵活处理管理工作，以适应企业的特点。

3. 独立性

独立性大是旅行社的工作特点，尤其是导游接待人员往往独立带团，独立思考、独立开展工作。作为人事管理部门如何了解他们的表现，怎样评价他们的工作业绩，如何充分发挥他们的才干，是旅行社人力资源管理面临的一个难题。

（三）人力资源开发与管理的基本内容

1. 环境评价

确定人力资源开发与管理的第一步是对企业内部及外部环境的变化作出评价，以获取有关对该企业未来绩效发生影响的变化的信息，最终制定人力资源开发与管理的战略。对环境的评价来自外部领域和内部组织两方面。

（1）人力资源开发与管理的外部环境。包括：

——政府需要、社会期望和社团期望。主要涉及国家及政府有关劳动人事的法律、法规和政策，以及社会和团体对企业的要求、期望和看法。

——经济形势。不断变化的外部经济条件不仅直接影响企业的运行，而且也影响企业人力资源的开发与管理。经济高涨时，企业的市场空间相对较大，对人力资源的需求增加，劳动力市场竞争激烈，员工的收入水平也会随之提高；而经济萧条时，市场疲软，产品滞销，企业开工不足，裁员或降薪是企业通常要考虑的措施。

——劳动力市场的状况。劳动力市场的状况主要包括劳动力市场的供求状况、劳动力结构以及劳动者对工作和薪金的期望。

（2）人力资源开发与管理的内部环境。包括：

——企业的目标和战略。企业的目标和战略，是企业内部环境中最重要的因素。它在人力资源配置和管理中起着关键作用。

——工作性质和工作质量。它对企业配备什么类型的员工以及对员工的工资、奖金等收入的高低会产生重要影响。

——工作群体。员工在群体中工作关系状况会直接影响员工的工作效率。

——领导者。上级的领导方式和工作方法，会影响员工个人及其所在的工作集体，进而影响人力资源管理的最终结果。

——员工。每一个员工都是具有一定的知识、能力、性格、兴趣、爱好、价值观、生活方式的个体。作为领导者，如何因势利导，是发挥员工潜能的重要因素。

2. 人力资源规划

人力资源规划，是为保证企业发展目标的实现和各项工作得以顺利进行，而对一定时期内的人力资源开发与管理工作所进行的预测、分析和安排。企业人力资源规划的作用主要有两个方面：一方面是保证人力资源的管理工作与企业的战略方向和战略目标相一致；另一方面是保证人力资源管理各个环节的一致。

3. 用人计划

企业必须对其所需招聘的人员的数量、质量和类型作出计划。如果企业现有的员工过剩，机构臃肿，便应制订出裁员或减薪计划；如果企业员工不足，则需制订招聘计划；如果企业员工结构不合理，则需通过人员的培训，流动和调配，调整员工结构，使人员结构趋于合理。

4. 职务分析和工作设计

职务分析和工作设计，是人力资源管理的基础，在组织决策、人员选聘、绩效考评、报酬奖励和职务升降等方面，都要以此为依据。职务分析，是对各个岗位的任务、责任、性质及工作人员的条件进行分析研究并作出明确规定；工作设计，则是依据职务设计而对工作内容、工作方法、工作职能和工作关系作出规定。

5. 招聘

招聘是企业为了补充其所需要的员工，而寻找和发现符合其要求的求职者的过程。

6. 事业生涯开发

事业生涯开发是指根据员工个人的性格、气质、能力、兴趣和价值观等特点，同时结合企业的需要，为员工制定一个事业生涯发展规划，并依此不断开发员工的潜能。

7. 绩效评价

绩效评价，是指通过考核员工工作绩效并及时作出反馈，奖优罚劣，进一步提高和改善员工的工作绩效。

8. 培训与开发

通过培训，提高和完善员工个人和群体的知识、素养、能力、工作态度和工作绩效，进一步开发员工的潜能。

9. 激励机制

（1）工资福利。企业根据员工工作绩效的大小和优劣，给予员工不同的报酬，并根据企业的条件和能力，决定员工可以享受的福利待遇。

（2）安全与保健。为了保障员工的健康而采取的必要措施。

（3）劳资（干群）关系。是指企业的管理者与企业内部有组织（包括非正式组织）的员工群体，就员工的工资、福利、工作条件以及其他待遇所进行的交涉与协调。

（4）职务晋升。是指企业从工作绩效突出的员工中，选拔有管理能力和培养前途，符合企业发展要求者，提升到更高层次的工作岗位上去。

（四）旅行社人力资源开发与管理的意义

人力资源的开发与管理是涉及旅行社生存与发展全局的战略性问题。旅行社必须充分认识到加强人力资源开发与管理的重要意义。

1. 加强人力资源的开发与管理是增强旅行社市场竞争力的需要

旅行社业是以提供服务为主的劳动密集型行业，也是人才智力密集型行业。从旅游线路的设计与开发、市场促销与销售到翻译、陪同与导游服务，均须由人去完成。员工的创新能力、工作责任心和业务水平，直接关系到旅行社经营管理的水平与服务的水平。特别是在知识经济的背景下，人力资源的作用将会更加突出。因此，旅行社市场竞争力的强弱，归根到底取决于员工队伍的素质；旅行社之间的竞争归根到底是人才的竞争。

2. 加强人力资源的开发与管理是旅行社吸引优秀人才的需要

在市场经济条件下，我国已经初步形成了人才市场和劳动力市场。传统的就业观念已被打破，旅行社与应聘者之间形成了双向选择关系。而且旅行社的人才流动、业务骨干的"跳槽"，对旅行社的稳定与发展产生了较大影响，对旅行社人力资源管理提出了严峻的挑战。应当特别指出的是，我国已于1998年年底颁布了有关在我国开办中外合资旅行社的管理条例，外资旅行社即将成为国有旅行社的强大竞争对手。这对国有旅行社的生存与发展带来一定威胁。这种竞争首先是人才的竞争，国有旅行社首先面对的是来自于中外合资旅行社对其优秀人才和业务骨干的竞争。

3. 加强人力资源的开发与管理是调动员工积极性，充分挖掘员工潜能的需要

旅行社的从业人员，一般所受教育程度比较高，业务潜力相对比较大，但由于旅行社可以提供的晋升岗位有限，他们往往在职务晋升方面的竞争比较激烈；他们一般有较强的民主管理意识和较高的对自己的职业和生活的关注度。针对这些实际情况，旅行社必须制定有效的人力资源管理政策，实行公开、公正的人才选拔机制；注意倾听员工的意见和建议，发动员工参与企业管理，赋予员工适当的责任；在工作安排方面尽可能考虑员工个人生活方式的特点，最大限度地调动员工的积极性；充分挖掘员工的业务潜力，为员工创造更多的发挥其才智的机会。

第二节　旅行社员工的招聘和培训

招聘和选择是人力资源管理的重要内容。克拉克将招聘定义为"吸引人们应征职位，雇用最适当的人选、并引导成功的候选人了解组织政策和实践的过程"。可见，招聘是为组织空缺职位寻找并吸引合格人选的过程。

一、旅行社员工的招聘

旅行社招聘员工的基本目的，是要争取以最低的花费去获取能够最大地满足旅行社需要的合格员工。员工的招聘工作主要包括三个阶段：确定招聘需求、制订招聘计划、实施招聘计划。

（一）确定招聘需求

确定旅行社用人需求是员工选聘的第一个阶段。人员变动导致职位空缺，必然会引起招聘的需要，而职务分析可以说明工作的性质和对工作责任人的要求，这种分析可以发现工作效率不高的原因有时是因为人力资源使用不当，这就需要调整人力资源的结构，而这种结构调整也会导致招聘的需要。同时，旅行社由于不同时期对人员有不同需要，特别是旅行社到了新的发展阶段，会由于业务扩大、规模扩大或调整结构等原因而需要进行人员招聘。

（二） 制订招聘计划

在决定招聘后，要制订招聘计划，包括确定招聘的数量、类别和条件，选择招聘工作人员，制定招聘政策，选择招聘方案等。招聘的人员数量、类别和条件是由人力资源规划决定的。人力资源规划明确了职务分析、职务说明和任职条件，这实际上是由工作对人的要求决定的，这些要求在使用前一般应经过高级主管人员和使用部门的认可。

（三） 实施招聘计划

在上述工作的基础上，准备好招聘信息。包括准备旅行社的基本情况、岗位的具体要求、工作条件、工资福利、必备能力等信息，选择适当的方法和途径（即内部招聘或外部招聘）做好招聘工作。接下来，就是发布招聘信息。招聘信息发布的时间、方式、渠道与范围是根据招聘计划来确定的。由于招聘的岗位、数量、任职者要求的不同，招聘对象的来源与范围的不同，以及新员工到位的时间的限制，招聘信息发布的时间、方式、渠道与范围也是不同的。发布招聘信息应注意以下几点：

1. 发布的范围

这是由招聘对象的范围决定的。发布信息的面越广，接收到该信息的人就越多，应聘者也就越多，这样可能招聘到人选的概率也越大。相应地，招聘的费用则会增加。

2. 发布的时间

在条件允许的情况下，招聘信息应尽早向人们发布，这样有利于缩短招聘进程，而且有利于使更多的人获得信息，使应聘人数增加。

3. 对象的层次性

招聘对象均是处在社会的某一层次上的，要根据岗位的要求与特点，向特定的人员发布招聘信息。

二、影响旅行社选择员工的因素

（一） 外部环境因素

1. 宏观经济形势

不断变化的宏观经济环境不仅直接影响旅行社的运行，而且也影响旅行社对员工的选择。当经济高涨时，旅行社的市场空间相对较大，对员工的需求量增加；当经济衰退时，旅游消费市场疲软，旅行社产品滞销，导致旅行社对员工的需求量减少。

2. 政治与法律环境

旅行社在选择员工时还要受到其所在国家或地区政治与法律环境的影响。政治与法律环境是指旅行社所在的国家及其政府有关劳动、人事等方面的法律法规和政策的相关规定。这些法律法规和政策对旅行社的用工制度起着指导和规范的作用，是旅行社在选择员工时必须考虑的重要因素。

3. 社会环境

社会环境是指社会对旅行社的期望和看法。旅行社在选择员工时，会在一定程度上受到所在地的居民、社会团体及当地舆论的积极或消极影响。

4. 劳动力供给状况

劳动力市场的供求状况、劳动力结构的变化以及劳动者对工作和薪金的期望，对旅行社选择员工具有重要影响。当劳动力的供给大于劳动力的需求时，旅行社选择员工的余地较大，反之，则选择的余地则较小；当劳动力结构的变化有利于旅行社时，旅行社能够招聘到全部符合岗位标准的员工。反之，则旅行社要么无法完成其招聘计划，要么只能招聘到一部分符合条件的员工，而被迫招聘另一部分不符合上岗条件的员工，对他们进行额外的培训，使之达到岗位要求。后一种做法增加了旅行社的成本；当劳动者对工作和薪金的期望值较低时，旅行社可以用较低的工资招聘到其所需要的员工。反之，旅行社则被迫支付较高的工资，或者减少招聘的数量。

（二）旅行社方面的因素

1. 旅行社的经营目标

旅行社的经营目标，是其选择员工的一个重要因素，它决定了旅行社设置哪些部门和岗位以及这些部门和岗位对员工的选择标准和招聘数量。

2. 旅行社的发展战略

旅行社的发展战略决定了其对所招聘员工的潜在素质的要求，并且在一定程度上影响着旅行社招聘新员工时的考查重点。

3. 旅行社的业务性质

旅行社的业务性质在决定旅行社招聘的人才类型具有重要影响。经营入境旅游和出境旅游业务的国际旅行社，往往需要招聘外语程度较高的人员，而专门经营本国公民在国内旅游业务的旅行社则不需要此类人员。

4. 旅行社自身的财力资源

旅行社选择员工时，还必须根据自身的财力资源，量力而行。一般来说，财力相对充裕的旅行社有能力支付较高的薪酬和提供较好的工作待遇，因而能够招聘到业务能力较强和文化水平较高的人才，而财力资源相对紧缺的旅行社则不可能承担同样的负担。

5. 旅行社的人力资源现状

旅行社在招聘员工时，必须根据其现有员工的构成和不同部门或岗位人员缺位的实际情况，制订招聘计划，进行招聘。

（三）应聘者方面的因素

1. 能力因素

能力是指一个人所具备的知识与才能，它包括人的智力创造力和特殊能力。旅行社在员工选用方面，应坚持学历与技能并重，适当向技能倾斜的原则。

2. 性格因素

性格是一个人长期习惯所形成的一种稳定的心理特征，是影响其工作绩效的一个重要因素。不同的工作岗位对于员工的性格有着一定的要求。旅行社在选择员工时，应详细了解员工的性格，根据其性格的优缺点合理安排其工作岗位。

3. 价值观因素

每个人均会有自己不同的价值取向，不同的价值观指导人的思维产生不同的行为。旅行社应选择那些具有与旅行社相同或相似的价值观的应聘者，以增加相互之间的认同感，避免因价值观方面差异所导致的损失。

（四）旅行社与员工的选择

在员工遴选阶段，最重要的就是要看应聘者是否符合职务要求。旅行社可以通过填申请表、面试、知识或技能测试、核实材料、体格检查等环节来确认应聘者的任职资格。在选拔环节应当坚持以下原则：第一，有些素质极高的应聘者，如果不能适应岗位要求，也要勇于割舍。第二，要注意旅行社各部门的整体年龄、性别比例。第三，对特殊岗位一定突出强调应聘者是否能够经常出差等具体条件。此外，由于旅行社的员工经常要与各方面打交道，人员必须具备比较开朗健康的心态，同时具有较强的与人打交道的能力。对于这一点，在选拔员工时要特别注意。

应聘人员的选择方法有多种，归纳起来有三种：笔试、面试和其他测试。

1. 笔试

它是选拔人才最常用的传统的考核方法。主要目的是了解应聘者的记忆理解能力、逻辑能力、决策能力、推理判断能力以及综合分析等能力，旅行社尤其是要通过笔试来考查应聘者对某一问题的观察力和独到见解。

2. 面试

面试是挑选员工的一种最重要方法。它为旅行社和应聘者之间提供了一次直接交流的机会，使旅行社能直观地了解应聘者的仪表、语言表达力和社交能力。也有利于加深双方的相互了解，有利于双方作出是否录用或是否应聘的决定。

3. 其他测试

各种其他测试是采用统一的标准，对应聘者的各种素质进行公正而客观的评价。测试是选聘过程中重要的辅助手段，特别是对那些有关个人素质、兴趣、品格等方面的情况，通常需要通过测试来了解。测试可以分为两类：一类是素质测试，包括对应聘者的智力测试、性格测试和职业适应性测试等；另一类是特长测试，包括对应聘者的技能测试、职业兴趣测试等。

三、旅行社员工培训

旅行社员工培训是旅行社人力资源开发与管理中的重要环节，旅行社业人才流动频

繁，在当今时代变革、人才竞争日趋激烈的社会背景下，旅行社要想获得长足的发展，必须对员工的培训给予高度重视。

（一）旅行社员工培训的意义

培训的直接目的就是使员工迅速适应岗位工作，实现旅行社和员工本人的同步发展。培训不仅是提高员工素质的重要手段，也是提高企业管理水平和服务质量的根本措施。现阶段旅行社业的竞争主要是人才，只有不断加强员工培训，提高员工素质，旅行社才能在激烈的市场竞争中处于不败之地。

（二）旅行社员工培训的内容

1. 职业道德培训

职业道德培训，是旅行社人力资源培训的一项重要内容，包括：使员工了解国家发展旅游业的意义和旅行社在旅游业中的作用，帮助员工树立主人翁意识、职业自豪感和荣誉感；使员工了解本旅行社的经营目标、经营理念，自觉维护企业形象；培养员工正确的劳动态度和敬业精神，树立良好的服务意识，增强职业责任感，自觉养成良好的职业道德；增强员工的团队意识与合作精神，培养精益求精的工作作风；提高员工遵纪守法的意识和道德水准，使其自觉地遵守国家的法律、法规，遵守旅行社行业的规章和本旅行社的各种规章制度，坚持诚信原则，树立正确的价值观，培养高尚的道德情操。

2. 知识培训

旅行社应顺应时代，适应宏观和微观经营环境的变化，通过培训使员工掌握工作所必需的大量知识，实现旅行社人力资源的现代化和知识化。知识培训的主要内容包括：

（1）专业知识。包括旅行社产品知识、旅行社市场知识、旅行社资本运营知识和旅游接待知识。

（2）旅游理论知识。包括旅游学知识、旅游经济学知识、旅游心理学知识、管理理论和消费者心理学知识。

（3）相关学科知识。包括地理、文化、自然、科技、历史、民俗、政治、经济、社会等相关学科的知识。

（4）旅游法规知识。包括旅游法规、经济法律法规、消费者权益法律法规等法律法规知识。

（5）其他相关知识。包括礼仪知识、外语知识、旅游电子商务等方面知识。

3. 能力培训

旅行社通过能力培训，使员工掌握完成本职工作所必须具备的各种能力。这些能力包括：

（1）业务能力。指旅行社员工为开展相关的业务工作所必须具备的能力，包括旅行社产品设计与开发能力、旅游服务采购能力、导游接待能力、公共关系能力、谈判沟通能力、销售能力和应对突发事件的能力。

（2）管理能力。指旅行社管理人员为保障企业的正常经营活动所实施有效管理活动的能力，包括决策能力、计划能力、组织能力、协调能力、信息汇集处理能力和财务管理能力。

（3）经营能力。指旅行社为实施经营活动所应具备的能力，包括市场开拓能力、创新能力、实践能力、资本运营能力、语言运用能力和创新能力。

（4）学习能力。指旅行社的员工为胜任工作岗位的要求和实现个人发展所具备的学习各种知识和技能的能力。学习能力包括严肃的治学态度、严谨的学风和理论联系实际的学习方法。

（三）旅行社员工培训的方式

1. 岗前培训

岗前培训，是提高旅行社员工素质的重要措施。根据国家旅游局提出的在旅游行业中实行"先培训后上岗"的制度，新员工在进入旅行社之后，应接受岗前培训。岗前培训的课程有旅行社介绍、敬业精神、服务观念、服务意识、操作规范、业务知识、导游知识、外事纪律、旅行社规范、规章制度等。

2. 在职培训

在职培训，又称岗位培训，是指对具有一定业务知识和操作实践经验的职工进行有组织的集中教育，不脱产或短期脱产的培训。培训的内容基本上贯穿于整个旅行社的工作过程。开展岗位培训能提高现有员工的业务素质，不断提高现有水平。

3. 脱产培训

脱产培训是指旅行社的员工离开工作岗位到有关院校或培训机构接受比较系统且专业的教育。学习的内容包括语言、政策法规、旅行社业务知识、导游知识、管理知识、旅游经济学、旅游心理学、旅游市场学等知识。其特点是学习的知识比较系统、全面，对于文化层次比较低或希望提高自己学历的员工较为适合。

4. 适应性培训

适应性培训，又称应用性培训或转岗培训，是指旅行社针对一些员工因工作需要，从一个岗位转向另一个岗位时，由于工作内容完全变了，因此对转岗人员进行的培训，要求转岗的员工在短时间内掌握新的工作知识和技能。培训的方法可采用请专家讲课、现场观摩等。

5. 专题性培训

专题性培训是指旅行社针对员工在某些知识领域的需求，聘请有关专家或社内工作经验丰富的人员就某一个专题进行培训。培训的内容包括外国语知识、客源国（地区）的相关知识、旅游目的地国家（地区）的相关知识、旅游法律法规知识等。

第三节　旅行社员工的报酬管理

报酬的实质是企业根据员工（包括管理者）给企业所做的贡献，包括他们实现的绩效、付出的努力、时间、学识、技能、经验和创造而付给的相应的回报与答谢。这实质上是一种公平的交换或交易，体现了社会主义市场经济的分配原则。

一、旅行社确定报酬的主要依据

（一）绩效考评的结果

绩效考评是旅行社评价员工工作成绩、奖优罚劣的基本依据。员工的报酬必须与绩效考评的结果直接挂钩，这是旅行社制定报酬制度的基础。

（二）职位的相对价值

旅行社应当系统地评定各个职位的相对价值，依照每一职位的工作对旅行社的相对重要性、工作性质、工作经验、特殊技能、履行职责的风险等，来评定各个职位的排列顺序，并以此作为获取报酬的依据。

（三）劳动力市场的供求状况

在市场经济条件下，劳动力市场的供求状况直接影响着人们对其报酬水平的期望。劳动力市场的供求状况是调节劳动力流向，进而调节报酬水平的重要杠杆。

（四）旅行社的财务状况

旅行社的财务状况，直接影响旅行社的报酬水平，特别是影响那些非固定收入部分的水平，如奖金、福利等。

（五）当地居民生活水平

旅行社在制定报酬制度的时候，必须考虑居民的生活水平。虽然旅行社的收入水平相对较高，但客观上与居民生活水平存在着比较关系。旅行社把自己的报酬水平确定在什么标准上，与当地社会居民的收入水平、生活水平是什么样的关系，这也是旅行社管理者在制定报酬制度时应考虑的因素。

二、旅行社制定报酬制度的原则

（一）公平性原则

公平性是制定报酬制度的首要原则。员工对报酬分配的公平感是影响巨大而又十分敏感的因素。强烈的不公平感会使员工士气低落、工作消极，使工作突出者的积极性受到打击，造成人际关系紧张、人才外流，妨碍旅行社的稳定与发展。

（二）竞争性原则

这是指旅行社的报酬标准在社会上和人才市场中要有吸引力，能够吸引和招聘到旅行社所需要的人才。

（三）激励性原则

报酬制度要贯彻按劳分配、多劳多得的原则，起到破除平均主义、奖勤罚懒、保护先进、淘汰落后的激励作用。

（四）经济性原则

提高旅行社的报酬水平，固然可以提高其竞争性和激励性，但同时也会导致人力成本的上升。所以，旅行社在制定报酬制度时要充分考虑经济制约因素，权衡成本与工作绩效的关系，使报酬的增长率低于利润的增长率。

（五）合法性原则

旅行社的报酬制度一定要符合国家的法律、法规和政策，要遵守《公司法》《劳动法》和《妇女权益保护法》。工资制度的改革是我国经济体制改革中的一个重要方面，目前广泛实行的是结构工资制和岗位技能工资制两种分配制。

三、旅行社报酬的构成

（一）工资

目前我国比较广泛实行的是结构工资制和岗位技能工资制两种分配制度。结构工资制是由若干具有不同功能的工资组合而成的分配制度。它主要包括基础工资、职务工资、工龄工资、技术津贴等。结构工资制在一定程度上体现了按劳分配的原则，但也包含有一定的平均主义色彩。随着改革的深入，旅行社将越来越多地实行岗位技能工资制。岗位技能工资制是以按劳分配为原则、以工资与经济效益挂钩、以岗位工作评估为基础、以岗位技能工资为主体的工资制度。岗位技能工资制由基本工资和辅助工资两部分构成：基本工资包括岗位工资和技能工资；辅助工资则由奖金、津贴和各种补贴构成。

（二）奖金

奖金是对员工超额劳动的报酬。奖金的形式多种多样，如按奖励内容可分为单项奖和综合奖；按奖励对象可分为个人奖、集体奖；按奖励时间可分为月度奖、季度奖、年终奖等。奖金的发放必须以员工所付出的超额劳动为基础、以绩效考评为依据，使之具有明显的针对性、差异性和激励性。

（三）福利

福利是报酬的一种补充形式。其作用主要是满足员工的安全需要，让员工体验到企业人本管理的温暖，培养员工对企业的认同与忠诚。福利往往不直接以金钱方式支付，常见的福利项目有各种保险（如劳动保险、医疗保险、待业保险等）、带薪假期、职工或子女教育补贴、节日赠品、各种后勤服务（如子女入托、免费工作餐、制作工作服、职工班车等）等。

第四节　旅行社企业文化建设

一、旅行社企业文化的内涵

企业文化是 20 世纪 80 年代由美国学者提出来的新概念，它已经在企业中得到了广泛的认同和运用，成为现代企业的核心竞争力。

（一）企业文化的内涵

企业文化是指企业在一定的政治、经济、文化背景下，在长期的生产经营过程中，逐步形成和发育起来的具有本企业特点的、日趋稳定的企业价值观念、人文环境、经营方针、经营策略、哲学以及与此相适应的思维方式和行为方式的总和，是由企业领导者倡导、为全体员工所认同的本企业的群体意识和行为准则。

企业文化由物质文化、制度文化、精神文化三个层次构成。物质文化是指可见之于形、闻之于声、触之于物的表层文化，如企业内部的设备、设施、企业环境、员工形象、产品形象等；制度文化是指企业的领导体制、各项规章制度、组织机构及内、外人际关系等中间层文化；精神文化是由企业的经营哲学、行为规范、价值取向、道德观念等组成的内层文化。

（二）企业文化的功能

企业文化经常被人们称为企业职工广泛接受价值观念以及由这种价值观所决定的行为准则和行为方式。职工的行为会自觉地甚至是会不自觉地受到这些价值观和行为准则的影响。因此，企业文化作为一种企业系统，往往会体现出以下主要功能：

1. 融合功能

企业文化可以通过培育企业职工的认同感和归属感，建立起职工与企业之间的相互信任关系，使个人的行为、思想、信念、习惯以及沟通方式与整个企业有机地整合在一起，形成相对稳固的文化氛围，凝聚成一种无形的合力，以此激发出企业职工的主观能动性，激励职工在特定的环境中表现出符合企业需要的行为。

2. 规范功能

企业文化能从根本上改变职工旧有的价值观念，使之适应企业外部环境变化的要求。一旦企业文化所提倡的价值观念和行为规范被职工接受，它会引导职工自觉地作出符合企业价值观的行为选择。因此，企业文化具有某种程度的强制性和改造性，其效用是帮助企业指导职工的日常活动，使其能快速地适应外部环境因素的变化。

3. 导向功能

企业文化是一种软性的理智约束，通过企业的共同价值观不断地向个人价值观渗透，使企业自动形成一套自我调控机制，以一种适应性文化引导着企业的行为和活动。受同一价值观的影响，企业职工在不同时空的行为准则必然会趋向相互协调一致。

二、旅行社企业文化的主要内容

（一）企业目标和企业精神

企业目标是企业行为的目的和要求，是企业的发展方向和前景，是依靠职工共同努力而实现的期望值，是激励职工为之奋斗的一种精神力量。旅行社可以制定在一段时期内能够达到的、明确具体的、对企业发展有重大意义的目标，以此来提高职工的信心，进而激发职工的积极性。

企业精神是在继承和发展企业优良传统的基础上，为适应时代发展的要求和突出企业鲜明的个性，而由企业策划、汇聚、总结、提炼、倡导并被企业职工所认可的一种先进的、起主导作用的群体意识和精神力量，它是企业文化建设的核心，是企业发展的重要精神支柱。它一般用一句话或几个字表示，来凝聚和调动职工的积极性和创造性。旅行社的企业精神是指在为谋求生存与发展、为实现自己的价值体系和社会责任而从事经营的过程中，所形成的一种人格化的群体心理状态的外化；是经过长期培育形成并为员工所认同的一系列群体意识的信念和座右铭；是旅行社的精神支柱和精神动力。

（二）企业价值观与企业道德

价值观是人们对生活、工作和社会实践的一种评价标准，即区分事物的好与坏、对与错、美与丑、可行与不可行的观念。对于旅行社而言，价值观是旅行社管理者和员工用来判断是非的标准。在全体员工中培养和树立正确的价值观，对于统一员工的思想和增加企业的凝聚力具有积极意义。

企业道德是指员工职业行为规范的总和，又称为职业道德，它是以社会公德为基础，以企业价值观为指导，来规范和评价旅行社及其员工的行为规范，从而调整企业与员工、员工与员工以及企业与社会等方面的关系。旅行社作为服务性企业，要特别注意在员工中提倡职业道德，以维护企业的声誉和形象。

（三）企业制度与企业民主

企业制度是企业管理的重要内涵，是指旅行社的各种管理制度，如管理体制、组织机构、社规社纪等，是旅行社企业文化的基本要素之一。企业制度的健全对规范旅行社的经营与管理起着重要的作用。

企业民主即企业的民主管理，它是旅行社制度的一个方面，包括职工的民主意识、民主权利、民主义务等一系列参与企业经营管理的措施和活动。通过发扬民主和民主管理，可以调动职工的积极性，提高旅行社的经营管理水平。

（四）企业形象

企业形象是指企业产品、服务、公共关系和经营方针或作风在社会上所产生的总的印象，是得到社会认可的企业文化的综合反映和外在表现。一个成功的企业，不仅内部具有良好素质，而且在社会上也具有良好的形象，这就是社会主义企业形象的内外统一。企业形象是指旅行社及其行为在人们心目中留下的印象和获得的评价。旅行社的形象有两个方面：一是无形形象，如通过过去的努力，在顾客及社会上所形成的诸如经营能力、服务质量、工作效率等方面的印象；二是有形形象，如企业标志、员工着装、办公楼、营业厅以及公关活动等。

三、旅行社企业文化构建的过程

旅行社企业文化是旅行社在长期的经营活动中，把职工具有的先进性、代表性理想和信念经过理论升华，精炼成简明、具体、生动、形象的语言文字，进而普及推广，获得的一种群众意识。要想让人们认可和信守企业文化，不是一日之功，更不能一蹴而就，需要有一个过程，即做细致的思想工作，因此，构建企业文化是一个实践、总结、再实践的过程。

旅行社企业文化建设是一个较为复杂而漫长的实践过程，可分为：

（一）表层文化的建设

所谓的表层文化，就是表露在外的有关文化要素，如表露在外的企业形象，即旅行社面貌、社徽及环境等；表露在外的企业行为，如信守合同、热情服务等；表露在外的职工作风上的诚挚待人、文明礼貌、遵章守纪等。为此，一方面要强化职工教育，提高思想认识，摸索出规律，使职工教育制度化、规范化、科学化；另一方面，要精心设计旅行社的企业形象等。

（二）中间层文化的建设

中间层文化建设主要是制度建设，它主要是由旅行社的组织形式和各种规章制度构成。为此，旅行社就要相应地建立健全有关的规章制度和操作规程；建立健全旅行社的组织机构和组织形式，并不断完善，逐步形成完整的、系统的东西。

（三）深层文化的建设

深层文化，亦可称为内层文化，是精神层面的文化建设。它隐藏在旅行社文化的深层，积淀在人格化的企业"心灵"之中，渗透在职工的心里，形成群体之力，决定着旅行社的发展方向，是制约旅行社有机体成功运行的文化。深层企业文化的核心就是企业的哲学、企业精神和企业的价值观。为此，旅行社就要深入研究和挖掘民族文化的优秀成果，建立适用于本企业的哲学思想体系和价值观念体系。同时，也要注意研究深层文化建设的形式、方法和手段等。

第五节　旅行社职业经理人应具备的能力素质

能力素质的研究始于20世纪60年代后期，直到1973年，心理学家麦克利兰在《美国心理学家》杂志上发表文章《测量能力特征而非智力》认为，从第一手材料直接发掘的、真正影响工作业绩的个人条件和行为特征就是能力素质。美国心理学家斯班瑟在1993年给出了一个较完整的定义，即能力素质模型是指能和参照效标（优秀的绩效或合格绩效）有因果关系的个体的深层次特征。能力素质是管理学、心理学名词，也叫胜任力。能力素质是由"知识、技能"等水面以上的"应知、应会"部分，和水面以下的"价值观、自我定位、驱动力、人格特质"等情感智力部分构成的。知识技能等明显、突出并且容易衡量，但真正决定一个人的成功机会的，是隐藏在水面以下的因素，它们难以捕捉，不宜测量。能力素质是公司个体具备的多种条件的综合。它是一个整体的、综合性的概念，在这一框架中，各种不同的知识、技能与职业素养共同作用、影响个体行为，它们的组合便构成了个体的能力素质结构。

素质通常为天赋、资质、修养、精神、品格、毅力、风度，以至于性格、仪表、兴趣等的统称，概括起来就是德、智、体、能。旅行社作为劳动密集型的企业，旅游社员工的能力素质对企业的发展壮大具有重大的意义和作用。本章主要研究旅行社具有典型性的员工如旅行社职业经理人、旅行社导游和领队、旅行社计调人员的能力素质要求。

一、旅行社职业经理人

由于旅行社投资主体的复杂性，多数投资人（组织）没有精力或能力亲自（或派组织内部人员）管理旅行社，所以对职业经理人的需求就应运而生了。旅行社职业经理人分为高级职业经理人和职业经理人。旅行社高级职业经理人是指拥有较高的理论知识和实践能力，以自己的管理才能为投资人服务，能够在投资人授权范围内从事高层次战略管理和整体运作的旅行社经营管理人员，在现实中表现为旅行社总经理、副总经理以及不设副总经理的旅行社总监级管理岗位。旅行社职业经理人是指具有一定的理论知识和实践能力，以自己的管理才能协助旅行社高级职业经理人员为投资人资产的保值、增值

服务，能够从事旅行社某一部门或某一职能的管理工作的经营管理人员，在现实中表现为旅行社部门经理、副经理、经理助理以及大型旅行社主管级管理岗位。旅行社职业经理人与旅行社规模、所有制性质等外在因素无关，现代旅行社的管理者应该成为旅行社职业经理人。虽然目前中国旅行社的很多管理者达不到这一标准，但随着时代的进步、行业的发展成熟以及中国加入世界贸易组织之后对旅行社业造成的强烈观念冲击，未来的旅行社管理者必然是与国际惯例接轨的职业经理人。

二、旅行社经理人员应具备的基本素质

（一）思想道德素质

作为企业的领头人，旅行社经理要求真务实、吃苦耐劳，带领企业员工艰苦创业；有强烈的事业心和责任感，锐意进取，敢闯敢拼；勇于承担经营风险，自觉抵制行业不正之风；严于律己，宽以待人。具体表现为：

1. 有理想与求实

理想是与奋斗目标相联系，符合客观实际的想象；是人们对于目标的追求和信念；是人们政治立场和世界观的表现，是人生观的灵魂。奋斗目标来源于坚定的信念。作为一个旅行社的经理，首先应树立远大理想和必胜信念，要有为之长期奋斗的政治心理素质。理想目标的实现是要脚踏实地，一切从实际出发，发扬实事求是、对事业执着追求的作风。要尊重科学，按客观经济规律组织好旅行社的生产经营活动，不断扩大企业的规模，形成规模效应，为国家多做贡献，为员工多谋福利。

2. 事业心与责任感

成功的事业要靠心血和汗水来浇灌。旅行社的所有者把创造财富的资源交给了旅行社经理，因此旅行社的经理必须具备强烈的事业心和高度的责任感。事业心强才能使旅行社的经理全身心地投入工作，不怕吃苦，乐于奉献，以企业的兴旺为己任，使企业的经济效益年年有较大幅度的增长，企业规模不断地上升到一个新的台阶。责任心强才能驱使旅行社的经理针对旅游业的脆弱性及风险性，以旅游为主，发展多业经营，以避免企业的经营风险。

3. 敢于冒险

现代旅行社企业的经理应该是能攻能守、以攻为主的战略家。国外管理学家认为，企业家是创新者，企业家精神就是创新精神，他们永不满足于已经取得的成绩，不断否定自己的昨天。他们把变化看成是一种发展准则，看成是企业发展的条件和契机，有勇气也有能力迎接变化的挑战。他们总是在寻找变化，从不墨守成规，敢于标新立异，获得"出奇制胜"的效果。但是，敢于冒险的领导却绝不是赌徒，因为他们只去冒那些经过深思熟虑的必要的风险，他们的愿望是要获得成功。运用自己的智慧和毅力克服困难，通过努力获得实际的成就。

4. 宽容与严格

宽容指旅行社管理人员不计较个人得失，不为个人的私欲所困扰，且能容纳方方面面的意见，甚至过分苛求。有这种气度方能团结一批忠心不二、敢于直言不讳的优秀人才。旅行社的一些部门具有远离组织、单独行动的特殊性，领导者要敢于大胆放权，虚怀若谷，善于倾听，充分调动部下的自尊心和积极性，使他们的聪明才智得到很好的发挥。同时，由于旅行社的工作带有半军事化的特色，领导者犹如指挥官，要想带领这支队伍打胜仗，首先要有严明的纪律，令行禁止，步调一致听指挥。作为领导一定要坚持原则，赏罚分明。否则员工自由散漫，像一盘散沙，这支队伍就将丧失战斗力，就会溃不成军。

（二）知识智能素质

旅行社的经理人员必须具有良好的知识素质，掌握文化知识、政治知识、管理科学知识、公关知识、社会生活知识、专业知识、经济知识等，才能胜任复杂的经营管理工作。旅行社的经理把知识和经验有机地结合起来运用于经营管理，并且能用得得心应手，卓有成效，这才是旅行社经理人员的智能素质。

1. 知识结构

知识就是力量，知识与能力成正比，知识面越广，思想越宽，视野越远，接受新事物、研究新问题、创造新成果的能力就越强。旅游企业领导者的知识结构应为"T"字形，上"横"代表掌握的知识要"广"，包括文学、法学、历史学、地理学、社会学、行为学、伦理学、逻辑学、国际关系学、美学、艺术等横向的基础知识。在发展市场经济和新技术革命不断深入的今天，领导者只有不断拓宽自己的知识面，才能使自己跟上时代前进的步伐。下"竖"即代表掌握的知识要"专"，包括企业管理学、领导学、经济学、心理学、方针政策等。领导者必须不断地充实完善自我，努力提高决策水平和领导水平。

2. 能力结构

能力是人们战胜自然、改造自然的力量，包括思维的敏感性、洞察力、预见性和应变能力。旅游企业领导者的能力结构是指他的思维能力、驾驭能力、应变能力、外交能力及内聚能力。

旅行社经理人员的企业管理涉及自然科学和社会科学，领导者要运用马克思主义哲学指导工作和思维，使之具有科学性、逻辑性、预见性、抽象性，并通过模拟思维和联想思维来实现。因此，领导者要有较强的思维能力。

驾驭能力一般是指企业领导驾驭全局的能力，这是领导者的统帅地位所决定的。在该能力中，决策能力是核心。决策能力集中体现于领导者的战略决策，就是要求领导对企业的发展规划进行周密细致的调查、研究后，作出准确而有远见性的决策。组织与协调能力是保证。组织能力是指领导者能够运用组织原理，把旅行社经营活动中的各个要素，各个环节，纵横交错的相互关系、时间空间的相互联系，科学地、合理地、配套完

整地、高效精干地组织起来。同时，由于旅行社的行业性质和特点，这就需要领导者具备协调各方面关系的能力，包括企业内部各部门之间、人与人之间的平衡与协调；企业外部与主管单位，上级领导、政府之间、社会公众之间以及协作单位之间（如交通运输部门、各宾馆饭店、旅游点、旅游商品经营者等）的关系协调，尽可能地为旅行社创造一个良好的内外协作空间。控制能力是与指挥相辅相成的统驭能力。为了有效地发挥控制能力，旅行社领导者必须建立健全企业内部的规章制度。俗话说，没有规矩，难成方圆。作为领导，首先要加强企业的基础管理。其次，在规章实施以后，要建立一套信息反馈管理系统，及时准确地了解和掌握各种信息反馈，以便于领导者检验、修正、控制导向目标。再者，要使每个员工增强责任心，具有相应的自控调节能力，使旅行社的经营活动始终处于有条不紊的有效控制和自我控制状态之中。

旅行社企业的领导者必须具备应付变化多端的现代社会的能力。要随时地调整既定的目标、方针、策略和管理方式，以适应经常变化的内外环境。要以变应变、以变应不变，在变中求不变、在不变中求变。旅行社领导者对主客观环境的变化要及时调查、了解、审时度势，调整主观条件，与之相适应。

旅行社企业的经营管理活动也是一种社会活动，因此，旅行社企业领导者应该是一个社会活动家。外交能力表现在与旅行社外部的方方面面进行交往，为旅行社树立起良好的形象。旅行社企业是处在以下这种纵横交错的立体环境之中，从时间上分过去的、现实的和将来的不同情况，从空间上则有国际的、国内纵向的和国内横向的不同对象；从层次上又有宏观的、中观的和微观的不同范围；从性质上还涉及政策的、经济的和文化的不同领域。外界各种因素都对旅行社有着重大影响和制约作用，关系着旅行社的生存和发展。优秀的领导者能在不同的时间、空间和领域做到善于社交，精于谈判，为企业赢得更多的客户和投资者，使企业处在强有力的外界支持系统之中。

最后，旅行社企业要搞活，要发展，单靠领导者个人的才能是不够的，它需要全社上下拧成一股绳。企业内部的凝聚力不仅要求领导者具备表率作用，德高望重，而且还要任人唯贤，让部下参与企业的民主管理，给部下一个施展个人才华的良好环境，使他们在为企业做贡献的过程中实现自身价值，增强他们的主人翁意识。同时，积极引进人才，形成企业内部的竞争力，也是企业领导者创业成功的一种不可缺少的动力。

（三）身体素质

作为旅行社企业的领导者，担负着决策、指挥、协调、组织活动的重任，不仅需要有足够的心智，而且更要有健壮的体魄。只有这样，才能保持每天有充沛的精力和饱满的热情来完成旅行社大量的工作。首先，要有坚持日常工作的体力，能够承受每天连续10小时甚至以上的工作，并具有敏捷的思路和有效的工作效率；其次，能适应特殊环境下的超负荷工作，遇到突发事件，具有较强的应急能力；最后，要注意长期的自我维护，坚持每天锻炼身体，科学饮食，增强体质。

第六节　导游应具备的能力素质

一、导游人员应具备的基本素质

（一）政治素质

导游人员应具有爱国主义意识，爱自己的国家，爱自己的民族，爱自己的家乡，在为旅游者提供热情有效服务的同时，首先要自觉维护国家利益和民族尊严，遵纪守法，如果连自己的家乡都不爱了，可以想象其在其他地区是怎么服务的。

热爱家乡是一个导游人员的首要条件。导游人员不仅是旅行社的代表，更是一个地区的代表。导游人员的一言一行都与本地文化息息相关，尤其是海外游客，他们更通过导游人员的言行举止来观察、了解你所在的地区，了解中国。而且导游人员向游客讲解介绍内容都是祖国灿烂的文化、壮丽的河山、辉煌的成就和美好的未来，这些都必须时刻充满着爱国主义的成分。再者，导游人员所从事的工作是祖国整个国家经济事业的一部分，国家培育了导游人员，为导游人员创造了良好的工作环境和发挥自己智慧和才能的条件。因此，导游人应以热爱祖国、热爱民族、热爱家乡的激情来完成每项接待任务。

遵纪守法是导游人员必须具备的政治素质，也是每个公民应尽的义务。作为旅行社代表的导游人员尤其应该树立高度的法纪观念，认真学习并模范遵守国家有关法律、法规，遵守旅游行业规章，严格执行服务质量标准，严守国家机密和商业秘密，维护国家和旅行社的利益。

（二）思想素质

导游人员应有优秀道德品质和高尚的情操，遵守公德、尽职敬业。为人民服务是职业道德规范的核心，集体主义是职业道德体系的原则。应在全体人民尤其是导游人员中提倡为人民服务和集体主义精神，提倡尊重人，关心人，热爱集体，热心公益，为社会做好事，反对和抵制拜金主义与利己主义。正确处理好个人、集体和国家的关系。旅行社和各接待单位实际上组成了一个大的接待集体，导游人员则是这个集体的一员。因此，导游人员在工作中应从这个大集体的利益出发，从旅游业的发展出发，依靠集体的力量和支持才能将工作做好。导游人员应发扬全心全意为游客服务的精神，并把这一精神与宾客至上的服务宗旨紧密结合起来，热情为旅游者服务。

高尚的情操是导游人员必备的修养之一。导游人员要不断学习，提高思想觉悟，努力使个人的功利追求与国家的利益融合起来；要提高判断是非、识别善恶、分清荣辱的能力；培养自我控制能力，自觉抵制形形色色的污染，始终保持高尚的情操。

导游人员应模范遵守社会公德，讲文明、讲礼貌、讲礼节、举止大方、端庄稳重、表情自然、诚恳和蔼，努力克服不合礼仪的生活习惯。导游工作是一项传播文化、促进友谊的服务性工作，因而也是一种很有意义的工作。导游人员在向八方来客提供旅游服务时，不但可以结识众多的朋友，而且能增长见识、开阔视野和丰富知识，导游人员应该为此感到自豪。因此，导游人员应树立远大理想，将个人抱负与事业的成功紧密联系起来，立足本职工作，尽职敬业，刻苦钻研业务，不断进取，全身心地投入到工作之中，热情地为游客提供优质服务。

【同步案例】

我是导游，先救游客！

2005 年 8 月 28 日下午 2 点 35 分，在陕西省延安市洛川境内 210 国道上，一辆大货车不顾雨天路滑，突然超速改道超车，占用对面左车道，与湘潭市新天地文花枝所带团队的旅游车迎面相撞，发生严重车祸。车祸发生 2 分钟后，洛川县警方与当地群众就赶到现场施救。坐在旅游车前排的司机和西安古城旅行社的地接导游已经罹难。营救人员想先将坐在前排的导游员文花枝抢救出来，当时她的左腿受创严重，胫骨断裂，骨头外露，腰以下部位被卡在座位里动弹不得。但是文花枝急切而镇定地说："我是导游，后面都是我的游客，请你们先救游客。"由于两车碰撞得十分严重，每次救援一个游客都需要等很长的时间。在等待救援的时候，文花枝多次昏迷苏醒，但每次醒来她都忍着剧痛给受困的游客鼓气，给救援人员加油，她对游客们说："我们一定要坚持，我们一定要活着回去。"她的声音虽然微弱却透着一股沉稳、坚定，让受惊的游客从死亡的绝望与恐惧里看到了生的希望。其实，在这起 6 人死亡、14 人重伤、8 人轻伤的重大交通事故中，文花枝是伤得最重的一个，但重伤的她一直牢记着自己的神圣职责。当施救人员一次次向她走过来，她总是吃力地摇摇头说："我是导游，我没事，请先救游客！"直到下午 4 点多，当最后一名游客被送上救护车，她才接受救援。

在洛川县人民医院检查后发现，文花枝伤势十分严重，她左腿 9 处骨折，右腿大腿骨折，髋骨 3 处骨折，右胸第 4、第 5、第 6、第 7 根肋骨骨折。由于延误了宝贵的救治时间，伤口已经严重感染，她随时都有生命危险。院方于是决定在 29 日凌晨 3 点将她转到医疗条件更好的解放军第四军医大学附属西京医院。29 日下午，为了避免伤势的进一步恶化，西京医院专家小组决定立即为她做左大腿截肢手术，这个才 23 岁正值青春年华的姑娘就这样失去了自己的一条腿。她的主治医生解放军第四军医大学附属西京医院李军教授十分惋惜地说，如果她能及早得到救治的话，就有可能避免截肢。半个多月后，得知自己失去了一条腿的残酷事实，出事之后一直没有流泪的花枝流泪了。但几分钟后，再抬起头的她眼里已没有了泪水。从这天起，文花枝还是像从前那样，总是用微笑面对一切。2006年，文花枝被评为全国模范导游员和全国十大杰出青年。

问题：作为一名优秀导游在面对突发情况时应怎样应对？

（三）业务素质

导游人员应具备较强的组织、协调、应变等独立工作能力和语言表达能力。导游人员往往是一个人带领旅游团在外旅游，远离旅行社本部甚至远离所在城市，更甚至走出国门。团队的全面组织工作、旅游行程的全面实施、团队气氛的调控、旅游讲解、与有关方面的联络沟通、交通票据的确认或落实、团队的生活服务、突发事件的处理等，都靠导游人员本人去做并临机处置。这就要求我们的导游人员必须具备下列5项基本技能：

1. 独立执行政策和独立进行宣传讲解的能力

导游人员必须具有高度的政策观念和法制观念，要以国家的有关政策和法律、法规指导自己的言行和工作；要严格执行旅行社的接待计划；要积极主动地讲解中国悠久灿烂的历史文化、现行的方针政策；介绍中国人民的伟大创造和社会主义建设的伟大成就及各地区的建设和发展情况；回答游客的各种询问等。

2. 较强的组织协调能力和灵活的工作方法（团队管理方面）

导游人员领受任务后要安排落实旅游活动计划，带领全团人员游览好、生活好。这就要求导游人员需具有一定的组织、协调能力，在安排活动日程时有较强的针对性并留有余地，在组织各项具体活动时讲究方法并及时掌握变化着的客观情况，灵活地采取相应有效措施，尽力当好参观、游览、购物、民族活动等的导演。

3. 善于与各种人打交道的能力

导游人员的工作对象广泛复杂，善于和各种人交往是导游人员最重要的能力之一。与层次不同、品质各异、性格相向的中外人士打交道，需要导游人员掌握一定的公关知识并能熟练运用，具有灵活性和较强的理解能力并能适应不断变化着的氛围、随机应变地处理问题，搞好各方面的关系。导游人员具有相当的公关能力可方便工作，有利于提高导游服务质量。

4. 独立处理事故的能力

果断、沉着、正确地处理意外事故是导游人员最重要的能力之一。旅游活动中意外事故在所难免，能否妥善地处理事故是对导游人员的一种严峻考验。临危不惧、头脑清醒、遇事不乱、处事果断、办事利索、积极主动、随机应变是导游人员处理意外事故时应有的品质。

5. 导游人员必须具有一定语言表达能力和技巧

导游人员是靠自己的嘴"吃饭"的。导游讲解就是通过导游人员的语言表达，向旅游者传达各种信息，使之从中陶冶情操，增长见识。这就要求导游人员的嘴上功夫要过硬，专业知识更得过硬。导游讲解是否动听，层次是否深远，能否吸引住旅游者是导游工作成败的一个极其重要的因素。导游讲解时应运用各种讲解技巧，无论是使用外国语、普通话、地方语还是少数民族语言，都应做到语言准确、精练、生动、形象、切中要点、引人入胜和富有表达力。

（四）文化素质

导游人员应具有较广泛的基本知识，尤其是政治、经济、历史、地理以及国情、风土人情、民俗等方面的知识。随着时代的发展，现代旅游活动更加趋向于对文化知识的追求。人们出游除了消遣度假外，还想通过旅游来增长见识，扩大阅历，获取教益，这是要求导游自己知识及将来知识理论增加的主要来源，对导游人员提出了更高的要求。实践证明，导游人员的导游讲解和日常交谈，都是旅游者获取当地知识及文化的重要途径，因为游客的这种需要，导游人员知识面要广，要有真才实学，上至天文，下至地理均应知晓。这样讲解才能以渊博的知识做后盾，做到内容丰富、言之有物。由此可见，丰富的知识是做好导游工作的前提。导游人员需掌握的知识包罗万象，下面简要作一概括。

1. 语言文学知识

古人曰："工欲善其事，必先利其器。"导游人员是靠自己的嘴吃饭的，他们的"利其器"便是过硬的语言表达能力和扎实的语言功底。语言文学功底雄厚的导游人员讲解起来会自然流畅、委婉动听，具有良好的吸引力。

2. 政策法规知识

政策法规知识是导游人员必备的知识。现在是法治的社会，人人都必须学法、懂法、守法。政策法规是导游人员工作的指针，也是导游人员处理问题的锐利武器。导游人员应掌握的法律法规知识有与旅行社及其经营有关的法律法规、与导游人员有关的法规、与消费者权益保护有关的法律法规、旅游服务质量方面的行业规章、导游服务质量方面的国家标准及旅游行业标准等。

3. 旅游地理知识

这是导游讲解的主要素材之一，包括自然旅游资源的地理概貌、概况及其在地理方面的相关知识等。

4. 旅游文化知识

中国有悠久的历史，这悠久的历史又孕育了灿烂的中华文化，包括历史知识、自然旅游资源的传说、宗教知识、文学艺术、古建园林、风物特产、民族民俗风情、禁忌习俗以及人文旅游资源的沿革等，这些都是导游讲解的主要素材之一。

5. 心理学和美学知识

导游人员是做人的工作，而且往往是与之短暂相处，因而掌握必要的心理学知识具有特殊的重要性。导游人员要随时了解游客的心理活动，有的放矢地做好导游讲解和旅途生活服务工作，有针对性地提供心理服务，从而使游客在心理上得到满足，在精神上获得享受。事实证明，向游客多提供心理服务远比功能服务重要。

旅游活动是一项综合性的审美活动。导游人员不仅要向游客传授知识，也要传递美的信息，让他们获得美的享受。一名合格的导游人员要懂得什么是美，知道美在何处，并善于用生动形象的语言向不同审美情趣的游客介绍美，而且还要用美学知识指导自己的仪容、仪态，因为导游人员代表着国家（地区），其本身就是游客的审美对象。

6. 政治、经济、社会知识

由于游客来自不同国家的不同社会阶层，他们中一些人往往对目的地的某些政治、经济建设和社会问题比较关注，询问有关政治、经济建设和社会问题，有的人还常常把本国本地的社会问题同出访目的地的社会问题进行比较。另外，在旅游过程中，游客随时可能见到或听到目的地的某些社会现象，也引发他们对某些社会问题的思考，要求导游人员给以相应解释。所以，导游人员要掌握相关的社会学知识，熟悉国家的社会、政治、经济体制，尤其是我国社会主义建设的巨大成就，特别是旅游地的经济建设成就等就显得十分必要。

7. 旅行知识

导游人员率领游客在目的地旅游，在提供导游服务的同时，还应随时随地帮助游客解决旅行中的种种问题。因而，导游人员掌握必要的旅行知识，这对旅游活动的顺利进行显得十分重要。旅行知识有交通知识、通信知识、货币保险知识、卫生防病知识、旅游业知识等。

8. 国际知识

涉外导游人员还应掌握必要的国际知识，要了解国际形势和各时期国际上的热点问题，以及中国的外交政策和对有关国际问题的态度；要熟悉客源国或出游接待国的概况，知道其历史、地理、文化、民族、风土民情、宗教信仰、礼俗禁忌等。了解和熟悉这些情况不仅有利于导游人员有的放矢地提供导游服务，而且还能加强与游客的沟通。并且，导游人员若熟悉两国文化的差异，就能及早向游客讲明来龙去脉，使他们意识到在异国他乡旅游不可能事事都与自己的家乡相同，从而使其产生领略异国、异乡风情的游兴，对许多不解之处，甚至一些令人不愉快之处也能理解、谅解并与导游人员配合。

（五）身体素质

身体健康是《导游人员管理条例》对导游人员的基本要求之一。导游工作是一项脑力劳动和体力劳动高度结合的工作，工作纷繁，量大面广，流动性强，体能消耗大，而且工作对象复杂，诱惑性大。因此，导游人员必须有一个健康强壮的体魄。

（六）心理素质

导游人员的心理素质主要指导游人员善于掌握和调节旅游者心理情绪的能力和自身

良好的意志品质两个方面。要提高导游服务质量，必须向旅游者提供高质量的功能服务，更为重要的是提供有针对性的心理服务。为此导游人员要了解旅游者及其心理活动和情绪变化，同时强化自身的心理承受能力。这就要求导游人员具备良好的心理素质。

1. 导游人员应有良好的观察能力和感知能力

导游人员要善于观察旅游者并敏锐地感知其不同的心理反应，及时调整导游讲解和相应服务，采取必要的措施、运用多变的手法，保证旅游活动的顺利进行。

2. 导游人员应善于调整旅游者的情绪，激发其游兴

旅游期间，旅游者往往处于既兴奋又紧张的状态之中。紧张感容易使游客疲劳，影响游兴，而兴奋感则促使他们随导游人员去探险、求奇、寻觅美。游客情绪高、游兴浓、精力充沛，旅游活动就有可能顺利达到预期目的。因此，调节旅游者情绪，保持并提高其游兴是对导游人员的工作能力和导游才能的重要考验，也是导游活动成功与否的一个重要标志。

3. 导游人员应具备良好的意志品质

意志是人的积极性的特殊形式，它是人们自觉地调节行为去克服困难以实现预定目标的心理过程。良好的意志品质是一个人事业成功的基本保证之一。导游人员的意志品质主要表现在思想健康、头脑冷静和心理平衡诸方面。

思想健康指导游人员应有一个健康的思想状态。对带团过程中可能会遇到的困难或波折甚至挫折应有充分的认识和思想或心理准备。但又不应过分悲观，应有解决问题的勇气和毅力。顺利时不要得意忘形，受挫时应勇于面对，积极寻求解决的办法。

头脑冷静指导游人员在旅游过程中应始终保持清醒的头脑，处事沉着、冷静、有条不紊。处理各方面关系时要机智、灵活、友好合作；处理突发事件以及游客挑剔、投诉时要善于应对，要合情、合理、合法。心理平衡能力也称心理承受能力。导游人员自我感情克制是搞好导游服务的又一个基本保证。在带团过程中，怪客、难事、不顺利不顺心之事随时可能出现，导游人员应始终保持精神饱满，热情友好，自觉地"服侍"各种各样的旅游者。这里需要特别说明的是，导游人员是最直接、最长时间面对游客的，游客对旅行社、旅游行程有何不满，都会首先向导游人员发泄，此时，导游人员成了代人受过的"出气筒"；此外，旅途中还会出现各种各样意外情况，比如地接导游未能按时到接，一时与其联系不上，时已深夜等；又如旅游结束时游客没有给付"小费"，有些导游可能会觉得很委屈，甚至哭了起来，等等。一个心理健康的导游人员应笑口常开，决不把丝毫不悦的情绪带到导游工作中去。因此，导游人员确实需要很强的自制力和心理调节能力。

二、如何提高导游人员的素质

（一）养成良好的生活习惯，保持健康的体魄

导游人员日常工作紧张，压力大，生活没有规律，饮食时饥时饱；带团外出接触三

教九流、五花八门，难免受到各种不良诱惑，越是这样越要注意保持自己的良好生活习惯和坚持身体锻炼。

（二）注意在日常生活中加强个人修养

我们中国的传统文化中，历来提倡和注重个人的精神修养，比如说，"吾日三省吾身"，说的就是人在日常生活中要时时注意反省自己，这确实是提高自身修养的好办法；古人还提倡"慎独"，就是说越是在无人监督的情况下越是要注意自己的行为。导游人员工作独立性强，经常远离领导的监督，非常需要这种"慎独"精神，有了这种精神，在各种不良诱惑面前才能做到"出淤泥而不染"。

（三）注意在紧张的日常工作中养成随时随地学习的习惯

导游人员的学习除了正规的系统的书本知识的学习之外，更重要的是日常工作生活中在社会这个大课堂上学习，这种学习需要"三勤"精神，即"口勤手勤脑勤"，也就是勤问勤记勤思考；要注意向你周围的人学习，"尺有所短，寸有所长""三人行必有我师"，你的领导、同事包括你接触的游客，都是你的良师，要注意吸收他们的长处。

随着中国的旅游业发展迅猛，大量的人员进入导游队伍，新鲜血液的进入对中国旅游业的发展起到了一定的作用，但是导游从业人员鱼目混珠、良莠不齐的现象也逐渐显露出来，开始成为某些地区或某些旅游景点发展的瓶颈，因此关注导游人员的基本素质，加强导游人员的素质培养应该是一项常抓不懈的工作。

【知识链接】

目前我国导游人员的实际素质状况及成因

我国的导游人员队伍是在 20 世纪 80 年代以后，随着我国现代旅游事业的发展而从小到大逐步建立起来的，导游人员为我国旅游事业的发展作出了自己应有的贡献，付出了艰辛的努力，也涌现出不少优秀的人才和先进的事迹。难能可贵的是，我国导游人员是在普遍缺少稳定的工资收入，缺乏可靠的社会保障的情况下作出上述成绩的，这也说明我国导游人员的基本素质大部分还是好的。但是我们也应该清醒地看到，与世界旅游发达国家相比较，我国导游人员的素质尚存在很大的差距，还不能适应和满足当前我国现代旅游事业持续快速健康发展的形势和需要；目前我国导游人员队伍中的确存在着鱼龙混杂良莠不齐的现象，个别导游人员素质低下能力欠缺，甚至见利忘义缺乏诚信的行为也时有发生，这些现象已经和正在败坏我国导游人员队伍，影响我国导游人员的职业形象。近年来，我国社会上对导游的职业评价一直欠佳，说明我国导游人员整体素质的确不尽如人意。

造成上述现象的原因是复杂的、多方面的：党风和社会风气的根本好转尚有待时日和有赖于全社会的共同努力；我国旅游行业的劳动用工制度、社会保障制度亟待纳入法制的轨道；我国旅游行业普遍存在的内部低层次竞争和无序竞争现象；行业行政管理滞后于旅游市场的快速发展；对导游人员的培训从形式到内容都有待改进；行业准入门槛较低导致的从业人员政治素质文化素质偏低等，影响着我国导游人员的整体素质。

第七节　出境旅游领队应具备的能力素质

一、领队的概念和作用

（一）领队的概念

"出境游领队"，是从国外引进的词语，英语为"Tour Conductor"，"Tour Leader"，"Tour Manager"，或者是"Tour Escort"，意思是领导、指挥旅游的人；日语称为"随员""添乘员"，意思是跟随团队旅游的服务人员。"领队"一词首次出现在1996年颁布的《旅行社管理条例》，其中第二十五条规定，旅行社为组织旅游者出境旅游聘用的领队，应当持有省、自治区、直辖市以上人民政府旅游行政管理部门颁发的资格证书。此后于1997年颁布的《中国公民自费出国旅游管理暂行办法》中也明确规定：团队必须在领队带领下进行出境旅游。

上述旅游法规中所指的领队，即出境旅游的领队。根据《旅行社出境旅游质量行业标准》，出境旅游领队是指取得领队资格，受组团社委派，从事领队业务的工作人员。这表明：领队是指依法取得领队资格和领队证的人；领队是接受组团社委派从事领队业务的人；领队的服务对象主要是中国人，工作环境主要在境外；领队的工作范围包括带领旅游者出入境、督促落实旅游计划、为旅游者提供与出境旅游有关的服务。

对领队人员的资格各国各地要求不尽相同：通常出境旅游较发达国家，对领队资格不作限制，由旅行社选派人员随团，以服务信誉作担保；出境旅游发展较晚的国家和地区，为保证组接团社的服务质量，维护旅游者和旅行社的合法权益，政府旅游主管部门会对领队资格作出相应的要求。与世界旅游业发达国家或地区相比，我国在20世纪90年代以前没有专业领队，主要原因是我国开办公民自费出国旅游时间较晚，市场需求不明显。1996年颁布的《旅行社管理条例》确立了领队资格认证制度。2002年7月生效的《中国公民出国旅游管理办法》进一步规定了领队的职责和权利义务，为完善我国领队资格的认证和领队管理制度打下了良好的基础。

（二）领队的作用

领队是出国旅游团队计划的执行者和旅行活动的组织者，在旅行社接待业务中起着桥梁和纽带作用。一个优秀的领队不仅能够圆满地完成旅游计划，实现旅行社开办出境旅游业务的经营目的，还能为旅游者带来一次愉快和成功的旅行。中国领队在出境旅游中的作用主要体现在以下三方面：

1. 领队是旅游计划的执行者和监督员

领队是旅行社为旅游者服务的代表，要根据组团社和旅游者签订的合同，为旅游者提供服务。从这个意义上讲，领队的一言一行代表了一个企业的品位、质量、信誉和形象，因此，领队要努力实现无差错服务，最大限度地避免因工作失误或服务不周造成的客源流失。由于接待社是在境外具体负责执行旅游计划的企业，领队人员要协调好和接待社的关系，要求接待社按计划游览，维护旅游者和组团社的利益。

2. 领队是民间大使

领队不仅代表企业，而且从一定意义上代表着国家，中国领队工作是目的地国家的公民了解中国的"窗口"。在境外，领队不仅应当为旅游者提供优质的旅游服务，还要向目的地国人民恰如其分地宣传我国的历史文化、风土人情，让他们更多地了解中国。

3. 领队是旅游者的良师益友

旅游者身处陌生的环境，对所在地的地理、法律、风俗知之甚少，在旅游过程中或会遇到突发事件，在生活中或会遇到障碍与困难。在这个时候，就需要领队以自己的知识和经验为旅游者排忧解难。领队所需的知识单靠企业培训或仅仅依赖于实践积累是不够的，这要求领队自己通过自觉主动学习，不断提高知识水平，拓展知识面。领队的经验来自于工作中的总结和积累，经验越丰富，处理问题和突发情况就越镇定。

【同步案例】

泰国芭堤雅海边的活动项目是多彩诱人的。在那里，游客可以在细软的金沙上奔跑嬉戏，踢沙滩足球，也可以乘坐海上摩托艇、香蕉船等。这天，领队小周又带着一个旅游团来这里。游客们玩得兴致极高，虽然坐一次水上摩托最便宜也要250元，坐一次香蕉船在海上飞驰七八分钟则要400元，但很多游客认为既然花了那么多钱来了，就要"潇洒一回"，不在乎这几百块钱，因此大多数游客都掏钱去玩了摩托艇、香蕉船等。返回的途中大家都说很开心。可有一位游客却不高兴，他说他开了一次摩托艇却花了2500元。经了解，才知道原来这位游客是被宰了一回。起初，他并不想坐摩托艇，但禁不住一位摩托艇主人的一再鼓动。上艇之后，先由摩托艇主人驾驶，主人非常热情，一边开，一边问长问短。一会儿工夫后，摩托艇驶入深水后，摩托艇主人要他试一试，并说非常简单。可这位游客驾驶了

一会儿工夫，摩托艇就熄火了。这时，摩托艇主人一口咬定是这位游客把摩托艇弄坏了，要他赔偿，不赔偿的话，就把他扔在深水不管。没有办法，经过一阵讨价还价这位游客只得答应"赔偿"2500元。

问题：
1. 你认为全陪小周是否应当对此事负有一定的责任？
2. 如果你是小周，你会怎么处理这件事情？
3. 领队应如何在今后的游览过程中避免此类事件的发生？

二、领队的素质要求

领队作为团队的核心，既要在境外旅游活动中维护国家尊严，又要使旅游团队全体成员尊重所在国的法律和风俗习惯，还要维护旅行社和旅游者的利益，保证服务质量。因此，领队工作极富挑战性。出境旅游领队担负的工作政策性强，责任重大，因而担任领队的人应当具有良好的素质，即具有良好的政治思想素质、业务技能素质、身体心理素质以及文化艺术素质。

（一）政治思想素质

强烈的爱国主义思想、良好的思想品德和高尚的道德情操，是做好工作的基础。改革开放以后，随着我国社会经济的迅速发展，人民生活水平的逐步提高，有越来越多的中国公民参加海外旅游，这是中华民族伟大复兴历史过程中的新生事物，是社会主义中国改革开放蒸蒸日上的又一鲜明写照。这种朴素的、自发的思想感情普遍存在于到海外旅游的中国公民中间，而积极保护和培养，妥善、正确引导广大游客这种宝贵的思想感情，是每一个领队人员的责任。领队要把自己热爱祖国、报效祖国的拳拳之心认真倾注在为广大游客的优质服务之中，以自己合格的政治素质和出色的实际工作激发广大游客的爱国主义情怀。

领队人员要自觉处理好国家、企业、游客、个人之间的利益关系，要有先公后私、先人后己的高尚境界，要有顾全大局、相让为国的恢宏气度。领队人员要一丝不苟地坚持"外事无小事"的原则，严格遵守法律和纪律，自觉维护国格和人格，并以自己的模范行动来感召和带动广大游客。

（二）业务技能素质

业务技能素质是领队人员做好本职工作的基本条件。领队的工作，环境特殊，头绪繁杂，责任重大，又是独立工作，要把工作做好，既要用力，更要用心，既要积累经验，更要开掘智慧。

1. 应具有一定的语言能力

领队一方面应当通晓英语，具备与境外各界语言交流的能力；另一方面，要对汉语有深入的掌握，语言要流畅、生动、幽默和富有文采。领队的语言地道，能够拉近人们之间的距离，能够拓展自己的影响。领队要尽可能全面地掌握各种国际知识和有关目的地国的知识，特别是要注意及时、反复地强调所去国家中容易引起游客认识上误会或行为上偏差的特殊问题，防止发生意外。

2. 应具有独立开展工作的能力

领队的一切知识和技能都是为了实际工作，要特别注重各种知识和技能的实际操作与运用。

3. 应具有从容处理各种突发事件的经验和能力

领队身处异国，遇到突发事件，无论多么棘手，一定要尽自己最大的努力，从对国家负责、对企业负责和对游客负责三个方面的统一来考虑问题和处理问题。要具备较高的政策水平，处理问题要遵守所在国的法律及国际法和国际惯例。

（三）身体素质和心理素质

领队的工作头绪多、责任重、压力大，这对领队的身体和心理的要求是比较高的。领队要有能够连续承担大工作量的身体素质，要有从容应对各种复杂局面及突发事件的冷静头脑和健康心理。对意想不到的事件，大事小情，都要全神贯注。要具有善于调节自己心理和情绪的能力，始终保证自己能够以平和的心态面对游客。

领队要在整个旅游过程中始终保持充沛的体力、旺盛的精力及平和的心态，要善于合理安排和运用自己的体力与情绪，要抓住工作的间隙及时有效地休息和放松。领队要具有调节自己饮食起居的能力，无论环境如何变化，无论自己的生活节奏如何变化，都能够抓住时机，创造条件，吃好睡好，保证自己身体健康。

（四）文化艺术素质

较高的文化和艺术素质是领队必不可少的基本素质。旅游活动的过程是游客体会目的地国家文化的过程，旅游活动的目的是游客追求美的享受，感受艺术气息。领队要具有善于发现美和体验美以及积极弘扬美和创造美的修养和能力，引导游客感知美、领悟美，在旅游活动中真正得到美的享受。

领队应当学会欣赏。因为在欣赏的过程中，必然会受到民族文化的熏陶，同时也受到艺术家世界观、道德观等方面的影响，思想得到启迪，感情得到升华，高尚的道德情操和文明习惯就会培养起来。加强审美修养和文化艺术方面的修养，对于提高领队人员的文化艺术素质大有裨益。

三、领队的职业道德

领队的职业道德是领队综合素质的重要内容，是领队的政治思想素质和职业素质的

重要表现。领队的职业道德是公民道德、职业道德在领队工作环境中的具体落实，是对旅游职业道德结合领队的工作基本特点所提出的进一步要求。领队要自觉遵守国家旅游局颁布的《旅游企业一线员工的职业道德》，认真做到由"爱国爱企、自尊自强、遵纪守法、敬业爱岗、公私分明、诚实善良、克勤克俭、宾客至上、热情大度、清洁端庄、一视同仁、不卑不亢、耐心细致、文明礼貌、团结服从、大局不忘、优质服务、好学向上"这"72字箴言"所组成的旅游职业道德规范。

强烈的爱国主义和民族自豪感不仅是领队的政治思想的基础，同时也是领队的职业道德的基础。热爱自己的祖国，热爱自己的民族，是领队必须具备的最基本的职业精神和职业道德。领队的工作环境远离祖国，要真正做好工作，必须把祖国的利益和荣誉，把民族自尊、民族气节放在第一位。作为领队，不仅自己要做一个堂堂正正的中国人，还要以自己的高尚情操和模范行动带动广大游客，在境外旅游过程中展现出中国人的堂堂正气和宽广胸怀。

领队一定要热爱企业，尊重游客，热爱工作。领队要热爱自己的企业，就应当做到：深入了解企业的现状，全面熟悉企业的产品，热心宣传企业的成就，切实维护企业的利益。对于广大游客，领队要把他们当作朋友、当作亲人，要关心和敬重他们，要有照料他们的观念。面对工作，领队要精神饱满、全力以赴，要不惧困难、不怕麻烦、耐心细致、乐观进取。领队只有热爱企业、热爱游客、热爱工作，才能真正忠于职守，真诚为游客服务，才能真正赢得游客的信任，才能真正做好本职工作。

领队要坚持和贯彻诚实为本、信誉第一的职业道德，自觉、有效地处理和维护好国家、企业和游客三者的利益。领队要坚持把信誉放在第一位。要把自己在工作中表现出来的信誉，把在与游客或外国人的交往中表现出来的信誉，同自己所在的企业的信誉，同整个国家的信誉，紧紧联系在一起。

领队遵纪守法是维护职业道德的重要保障。遵纪守法是领队职业道德中最本质的内容，应当成为领队最重要的职业习惯。在境外十分复杂的和充满各种诱惑的工作环境中，领队要保持坚强的意志和清醒的头脑，必须强调用法律和纪律自觉约束自己的思想和行为。领队要思想健康，洁身自好，只有管住自己，才能带好游客；只有防止自己出现意外，才能保证游客不出意外；只有通过自己的行为表现出合格的职业道德，才能带动游客表现出合格的公民道德。

领队要讲协作，顾大局，识大体。开放境外旅游是国家改革开放总体战略中的一个重要的组成部分，作为领队，一定要把自己的工作同国家的经济、政治、文化、外交、旅游等事业的要求联系起来认识，正确处理自己和有关部门、本企业和协作单位、企业和国家的关系；正确处理个人利益、团体利益、企业利益的关系。要特别注意对游客负责和对企业负责的一致性，要遵守法律，注重合同，讲究信义，秉公办事。

第八节 旅行社计调应具备的能力素质

一、计调人员的能力要求

（一）信息收集能力

信息收集能力主要表现在：收集、整理来自旅游业的各种信息；将汇编的信息资料下发给有关部门，并存档及使用；向旅行社的决策层提供所需信息及资料分析报告；收集旅游团的反馈信息并制作列表。

（二）统计分析能力

统计分析能力主要表现在：统计全社旅游业务月、季报表，编写接待人数月、季报告；承接并向有关部门及人员分发旅游团的接待计划；承接并安排各地旅行社的接待计划；向旅行社的决策部门、财务部门提供旅游团（者）流量、住房、交通等方面的业务统计及分析报告；编写全社年度业务计划。

（三）沟通交流能力

通过沟通交流，做好以下工作：做好昼夜值班记录和电话记录，并正确无误地进行转达与传递；全社的接待计划应做到了如指掌，并在登记表上及时标出接待团的编号、人数、服务等级、订房情况、抵离日期、下一站城市、船班或车次时间等；掌握旅游团取消、更改情况，并及时通知有关人员做好调整接待。

（四）洽谈能力

通过洽谈完成订房等工作：与饭店洽谈房价，签订协议书；根据接待计划为游客及导游预订住房；要认真负责做好预定房的变更或取消工作；制作旅行社住房流量表及其单项统计；协同财务部做好旅游团（者）用房的财务核算工作。

二、计调人员的素质要求

（一）敬业爱岗

具有高度的责任心，严谨细致的工作作风，认真负责、吃苦耐劳的工作态度。

（二）熟悉业务

认真钻研业务，熟悉各方面的业务基础知识，有很强的信息观念和竞争意识，掌握最新信息，不断提高业务水平。

（三）具有较强的公关能力

在与有关部门、单位的协作中要善于沟通，有良好的人际关系，较强的交际能力，广交朋友，谦虚谨慎，同时注意维护本旅行社的声誉。

（四）有团队精神

团结协作，顾全大局，与旅行社相关部门的工作密切配合，保证信息畅通，业务衔接准确无误。

（五）遵纪守法

要严格遵守财务制度和合作单位的各项规定，自觉维护国家和集体利益，不得谋取私利。

 【复习思考题】

1. 什么是旅行社人力资源管理？它有哪些特点？
2. 旅行社寻找新员工的可能渠道有哪些？
3. 确定旅行社报酬制度的原则和依据是什么？
4. 旅行社员工培训包括哪些内容？
5. 什么是企业文化，旅行社如何构建自身企业文化？
6. 旅行社职业经理人、导游、领队、计调应具备什么样的能力素质？
7. 模拟旅行社导游的招聘过程，包括确定招聘需求、制定招聘计划、实施招聘计划的全部过程，并现场模拟招聘的程序。
8. 为某旅行社的新入职员工（导游或计调）制定一个实现其入职需求的培训计划。

【案例分析】

走上百家讲坛的女导游

赵英健大学毕业后，到清东陵文管处当了一名导游员。由于是土生土长的遵化人，赵英健对东陵并不陌生。然而她清楚地记得，当自己第一次以一名导游的身份置身于陵群的时候，仍旧被清东陵那雄伟壮观、极尽华美的陵寝建筑和其间蕴藏的文化价值深深震撼。

清东陵是国内现存皇家陵寝中保存最完整、规模最宏大的皇家陵寝，埋葬着康熙、乾隆等 5 位皇帝和慈禧等 15 位皇后、皇妃，是清朝 268 年基业由兴到衰的历史见证，有着深厚的文化底蕴，人们能够站在这里清晰地遥望一代王朝日渐远去的背影。

赵英健暗下决心，要给游客一碗水，导游自己必须有一桶水。于是她一头扎进了清史知识的海洋里，孜孜不倦地挖掘清东陵的文化内涵，1995 年，国家旅游局首次举办全国国内导游员大赛，赵英健凭着深厚的知识功底和机敏善辩的才华脱颖而出，跻身全国20佳优秀导游员行列。2000年1月，清东陵申报世界文化遗产项目进入关键时刻。可就在联合国专家即将前来现场考察的燃眉之际，负责古代建筑介绍的工程师突遇车祸住院，遵化市委、市政府临时决定把古建筑介绍和清史介绍这两项任务一并交给赵英健。而当时离专家组来东陵仅剩下20天，20天的时间要准备好清东陵古建筑的全面汇报，要准确地介绍清东陵涵盖的清史资料，而且汇报工作的好坏直接影响着申报的成功。这让临危受命的赵英健感到空前的压力。

但她没有退缩，勇敢地挑起了这副重担。20天的时间里，她夜以继日地工作。艰辛的努力终有回报。联合国世界遗产委员会专家、国际古迹遗址理事会秘书长让·路易·鲁迅在清东陵考察期间，赵英健将清东陵源远流长的历史和精美的古建筑有机结合在一起，准确到位地将历史信息传达给贵宾。

2000年11月30日，经联合国世界遗产委员会批准，清东陵等被正式列入世界文化遗产名录。

分析题：一名优秀的导游应具备哪些能力和素质，如何培养？

第十三章

旅行社信息化管理

本章扼要介绍了旅行社信息化的基本概念、信息化时代特征和发展趋势，明确了旅行社信息化目标、信息化建设思路；分析了旅行社管理信息系统功能结构，介绍了旅行社管理信息系统开发实例、旅行社信息化管理应用及网站建设实例。

 【学习目标】

通过本章学习，学生应掌握旅行社信息化管理中的基本概念，理解旅行社信息建设的意义和作用，了解旅行社信息管理系统及网站系统的功能模块结构和各功能模块的作用。

 【导入案例】

旅行社信息化建设

前段时间，一个偶然的机会，记者出差路经无锡，拜访了无锡康辉旅行社总经理叶建军，参观了该社总部并对他们的信息化建设产生了浓厚兴趣。

在叶总的电脑实际操作之下，进入康辉管理信息系统，记者看到了"车务管理子系统""散客管理子系统""资金日报子系统""收支曲线子系统""团队操作子系统"等专用功能模块和"康辉邮件""康辉论坛""康辉信息""新品发布""员工档案""客户信息""反馈意见"等普通功能模块。这些模块可以说是内容丰富，操作简单。

据介绍，该社自 2000 年 10 月起，结合旅行社的业务特点和操作流程，对信息化建设作出了战略性规划，并积极付诸实施，现已初具规模，从门户网站到内部局域网，从日常发布通知、召集开会到导游培训、个人年终总结，从团队操作、散客报名到多级审批审核、团队质量反馈，旅行社日常事务基本上都可以依托网络完成。其中，内部管理信息系统软件 CCTMIS 是他们在原有设备基础上，依靠自己的研发人员独立开发而成，具有自主知识产权。

第一节　旅行社信息化概述

一、旅行社信息化基本概念

（一）信息化概念

《国民经济和社会发展第十个五年计划信息化重点专项规划》中界定了信息化的内涵，指出"信息化是以信息技术广泛应用为主导，信息资源为核心，信息网络为基础，信息产业为支撑，信息人才为依托，法规、政策、标准为保障的综合体系"，从而准确地表述了应用、资源、网络、产业、人才、法规政策标准在信息化体系中的位置以及相互之间的关系。

（二）旅行社信息化的含义

旅行社信息化是以旅行社为主体，以现代信息技术为基础，以信息为战略资源，以人力资源及相应的组织模式为内容，大幅度提高旅行社信息服务能力，以增强旅行社的竞争力，更好地满足旅游者的需要。

（三）信息化对旅行社管理业务的影响

——信息技术有利于实现旅行社内部信息共享，提高工作效率；

——提高旅行社的协调与监管能力；

——提高旅行社的决策能力；

——影响旅行社的组织结构，实现流程再造；

——提供旅行社新的销售渠道，利于市场促销；

——有利于客户关系管理与市场信息分析，提高市场的应变能力；

——推动旅行社发展的集团化、国际化与网络化。

二、旅行传统社接待方式特点

（一）旅行社营销手段

以传统的旅游营销方式为主，即通过报纸、电视、杂志等媒介广告宣传的手段认同企业根据技术人员自身设想或意愿研制产品，但效果往往难尽如人意，而且成本高。

（二）旅行社商品交易

旅游业的商品交易都是通过现金交易完成，顾客随身携带现金，既不安全，也比较烦琐。

（三）旅行社联系方式

旅游接待方式主要通过电话、电报、传真进行联系，时间长且费用高。落后的旅游管理手段及方式，严重制约着我国未来旅游业的发展。

三、旅行社信息化目标

（一）旅行社管理信息化可以统一管理旅行社的整体营销网络

如营业点、分公司、办事处、代理商、地接社只需配备一台具有互联网上网条件的计算机，即可连接到总部的业务服务器，获取由总部发布的实时产品报价和产品信息。无论领导或员工出差到何地，就算放假在家里，通过互联网，也可随时查看公司的销售报告及在线进行业务处理打印报价单；代理商、合作伙伴可使用由旅行社分配的账户及密码，登录代理分销子系统，了解最新团队计划、线路报价及空位情况，并直接下预订单，无须再传真或电话确认；合作地接社可使用由旅行社分配的账户及密码，登录地接合作子系统，获取交予其接待的团队的客人资料及接待标准、接待要求。

（二）旅行社管理信息化可以规范和监控企业员工的业务操作

通过自动化的工作流程将旅行社的各种业务处理紧密结合起来，这样就将单个人员的工作纳入到企业规范的整体业务流程中去，与此同时将发生的各种业务资料存储在统一的数据库中，从而避免了重复工作，以及人员流动造成的损失。

——建立公司线路数据库，制定团队计划、地接、包团报价单轻松快捷；

——建立供应商产品及协议价数据库，团队成本自动更新，一目了然；

——团队空位情况实时查询功能、销售预订情况综合统计功能、计操预订安排自动提醒功能。

（三）旅行社管理信息化可以建立客户资料库并避免客户资源流失

——往来单位资料记录齐全：单位情况资料、消费记录、采购记录、联系人资料、合同档案、拜访记录、促销执行记录；

——配合单对单的团队客户销售方式，详细适用的客户拜访记录功能，保证了不因人员离职而导致的客户跟进断线；

——散客资料库根据业务处理需求，保存了散客的个人资料、历史消费记录、护照资料、签证资料、出境表格打印所需资料；

——团体单位应收应付结算关系明晰，往来结算数据记录清楚，可为客户分类统计保留大量的分析数据；

——加速业务人员对市场的反应速度，提高企业生存能力。

（四）旅行社管理信息化可以实现信息网络交互，各类文档电子化，无纸化办公

旅行社及其营销网络之间实现信息网络交互，可以减少电话、传真等信息交互方式。降低旅行社通信费用，从而降低营运成本，并实现内部各类文档电子化存储、浏览及无纸化办公。

（五）旅行社管理信息化可以进行数据汇总、统计、分析并准确预测市场动向

利用旅行社业务管理信息化优势，将各类市场销售数据实时汇总、统计、分析，可以了解市场的最新情况，旅行社决策层可以据此从容应对市场，科学预测市场，合理制定产品价格，从而规避市场风险。

第二节　旅行社信息化建设

一、信息化时代特征和发展趋势

（一）信息化时代特征

信息产业化已经成为历史潮流，发达国家的产业结构正在实现制造经济向信息经济的转化，从而引起经济结构的调整和革命。

在生产方式上，发达国家正在由规模经济向非规模经济和聚合经济过渡，从而使受规模经济观念束缚的工业化国家和企业从信息和信息经济中获得了活力。

在组织结构上由层序化向分子化结构演变，使非集权化成为当今世界组织结构改革的主导方向，并使企业组织国际化进一步成为趋势。在国家层次上，由于组织结构的"分子化"过程和国际化组合，民族国家的地位和形式已经开始受到新概念的挑战，在全球开始出现各种类型的区域组合。

多目标社会效益和民主参与，正在成为企业和政府的重要价值观念。由于我们正在

进入的时代是以信息/知识为基础的时代，最主要的资源是全社会可以共享的信息资源，在发达国家，工业化提供的财富条件已经使社会将更高阶的关心推到了前台，人们的文化价值观念正在转向更强调社会资源、知识资源、政治资源以及人力资源。

（二）信息化发展趋势

与发展中国家的工业化过程并行，发达国家正出现以信息技术为主的后工业化扩散周期，在全球形成两个周期并行、交叉、重合的局面，由此社会的产业结构、生产活动方式、全球经济结构、组织结构、管理决策等诸方面都发生了深刻而久远的历史性变化。

国际性产业结构调整成为全球性趋势，促进了新经济秩序的出现和世界经济发展中心的转移。在一个历史时期内，世界经济所出现的以互相依赖、分工合作、协同发展（当然隐含着更加激烈的竞争）为主要内容的国际经济新秩序，以及由此建立而发生的经济发展中心东移的趋势，应当看作是信息时代经济和社会发展的一个动力因素。

由于信息和信息技术的巨大作用，政治、经济、文化等各方面的全球化已经成为不可回避的现实和趋势，市场和生产中心的全球化；传播和电信网的全球化，即信息技术的全球化；资产的全球化；企业组织全球化以及商业竞争的全球化等必将引起国家之间、企业之间经济关系和政治格局的变化。

国际社会信息化正在成为历史趋势，使得国家和人民在政治、经济和文化的各个方面都更加相互依存。伴随着信息技术的冲击，这种全球性依存关系正在影响和改变着国际政治过程和经济文化关系，并将引导历史向着未曾预料的方向发展。

二、旅行社信息化建设基本思路

（一）信息化基础设施建设

规划信息化使用环境，购置所必须网络设备及数据处理设备，建立旅行社内部计算机通信网络，扩大计算机使用范围，重组旅行社职能部门，制定科学合理的规章制度，为旅行社信息化打下良好的基础。

（二）信息系统开发及技术人员培养

根据旅行社的规模和经营范围，开发适合旅行社的管理信息系统，搭建网络平台，建立旅行社电子商务网站，同时招聘、培养旅行社自己的技术人员，保证旅行社信息化顺利进行。

（三）信息化环境扩张

建立与其他相关行业如交通、饭店、景点等部门的连接，使彼此之间信息沟通顺畅，与 IT 供应商进一步合作，为企业建立高效的电子商务。

第三节 旅行社管理信息系统

一、基本概念

（一）旅行社管理信息系统的定义

旅行社信息系统是对旅行社经营的所有信息进行综合管理和控制的以人为主体的人机系统。

旅行社信息系统的职能是对旅行社生产服务过程的管理实现信息化，从而提高旅行社的生产效率和管理效率，同时提高旅行社的市场竞争能力，满足现代人旅游的个性化服务要求。

（二）主要特点

处理的信息量大，更新快；具有较强的交叉处理能力；具备灵活的个性化处理能力。

二、旅行社管理信息系统功能结构

（一）旅行社信息系统的功能分析

1. 需求分析

不同旅行社根据其业务范围和经营规模的不同，其功能需求也不一样。其功能需求可以通过建立系统的功能结构和功能结构图具体体现。这种系统的功能结构图由各个相对独立的模块构成，每个模块完成相对独立的业务功能。

一个完整的旅行社管理信息系统一般由处理部门业务的旅游资源管理、线路设计、报价组团、计划调度、组团核算、地面接待、接团核算、票务管理、导游管理、散客综合管理、经理查询模块，以及账务核算、成本核算、人力资源管理、物资管理（或称内勤管理）等组成。

2. 旅行社信息系统的信息流程

在设计并实施旅行社信息系统之前，首先必须进行系统的分析，以便充分了解和掌握企业业务和数据的流程，合理地设计和调整数据业务过程和实现信息管理功能之间的联系。

在业务上，旅行社的各部门是由计划数据流和财务数据流串接起来的，从发生的时间顺序上来看，计划数据流（即订单产生）在前，财务数据流在后。见图 13 - 1、图13 - 2。

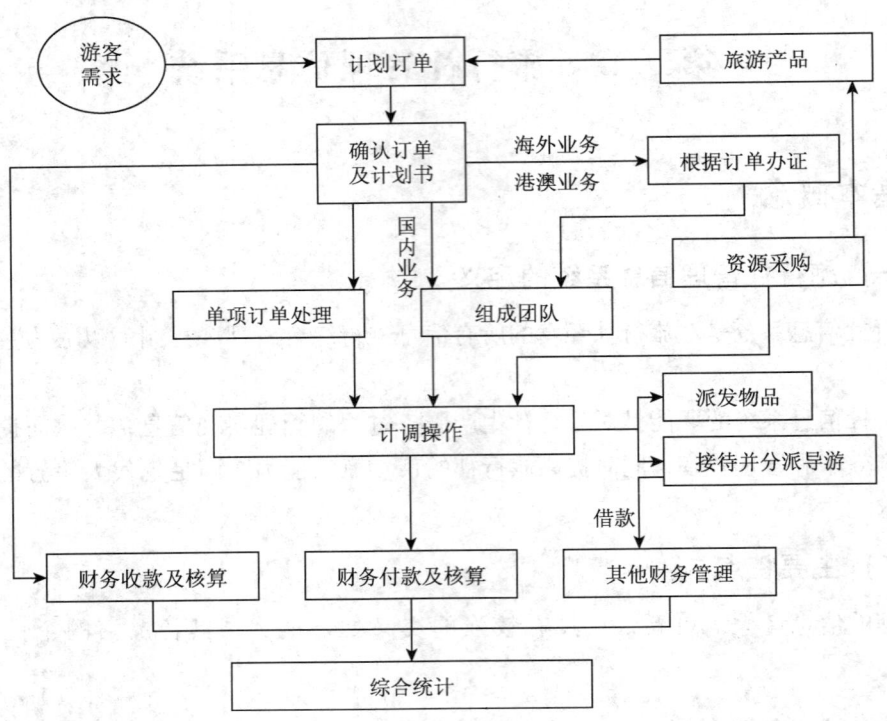

图 13-1 计划数据流

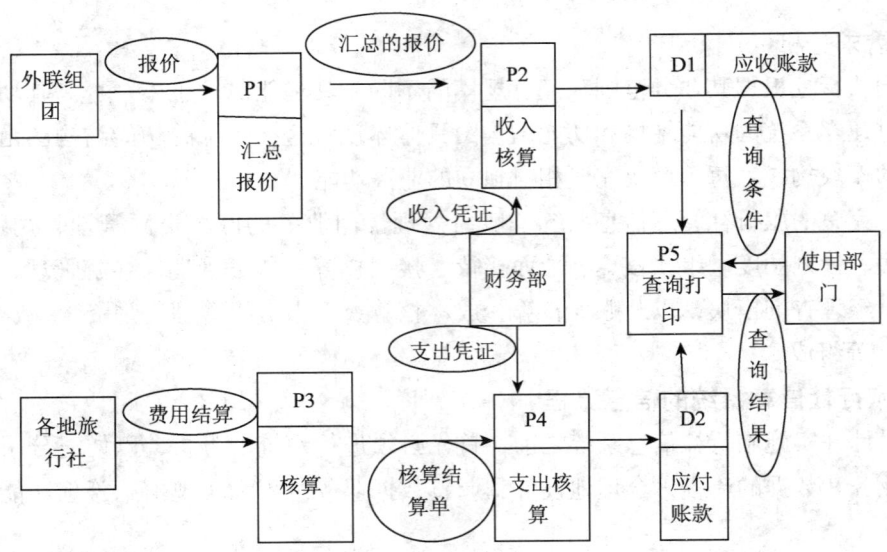

图 13-2 财务数据流

（二）旅行社管理信息系统功能模块组成

1. 组织结构模块

组织结构模块如图 13 - 3 所示。

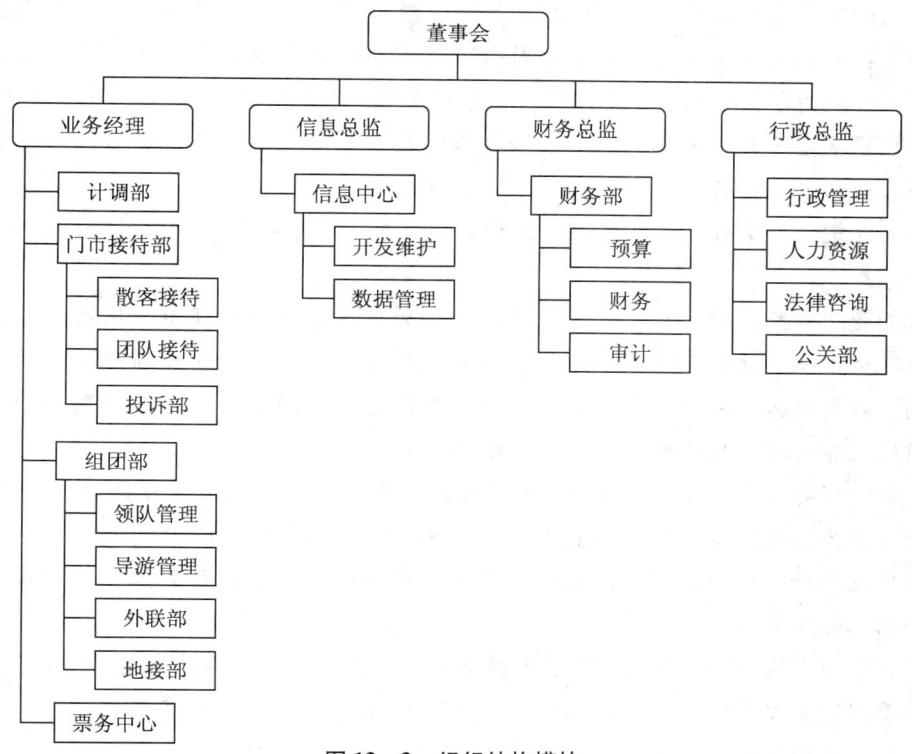

图 13 - 3　组织结构模块

2. 系统功能模块

系统功能模块如图 13 - 4 所示。

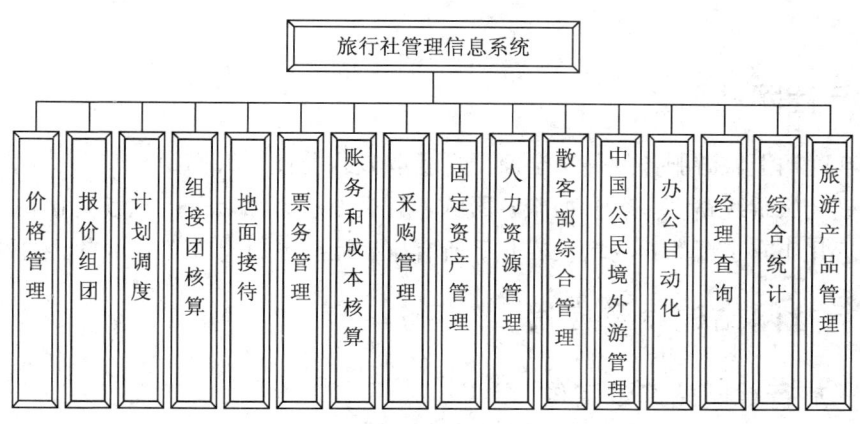

图 13 - 4　系统功能模块

【知识链接】

云管理市场平台

云管理市场平台是重庆日日月月科技有限公司战略体系（日日月月云管理商业产业链）的重要组成部分。日日月月云管理商业产业链以管理为核心，云技术为载体，致力于搭建云管理商业平台，集云管理市场链平台、云管理供应链平台、云管理资金链平台于一体，形成以云管理市场平台、云管理产业联盟、云资本应用平台为三大体系的发展格局。

云管理市场平台主要由线上（云管理网、管理圈）和线下（云管理会议中心）两部分组成。

云管理网是以云计算为技术载体，提供大数据分析的管理市场网络平台。云管理网主要是通过云管理市场具体化的表现形式，有效地管理控制规范的统一与协调，以构成集中统一、竞争机制完善、有序的云管理市场。云管理网由专家顾问团、任务大厅、服务商、资源库四大板块组成。

云管理会议中心是以会议中心为载体，以管理领域资源服务为基础业务方向，以云计算为技术载体，以中小企业机构高级管理层为核心目标群体，形成服务、交流广泛、产品集中、有序的云管理市场，集科技、信息与服务为一体的多元化综合信息管理平台。

云管理会议中心由会议大厅、交流大厅、演播大厅、产品销售大厅组成。

管理圈是以管理为中心的商业社交平台，集管理资源、商务交流、专家服务于一体的管理市场网络平台。

第四节　旅行社网站建设

一、旅行社网站概述

由于互联网上旅游服务的信息全面，且获取方式简便，人们纷纷转向从网上获取旅游信息、确定旅游线路、报名参加旅游团队、订机票、订酒店等。这使得国内旅行社网站建设在近几年有了爆炸式的增长，几乎所有旅行社和下属门市都有了自己的网站。

二、旅行社网站建设及应用

（一）旅行社网站建设定位

结合旅游行业特点，旅行社建设网站的定位应该是以介绍旅游线路和旅游景点为主，以旅游线路为核心，为旅行社的线路销售提供更便捷、直观的服务。

旅游网站功能模块较多，需要在线支付、会员管理系统和一系列查询及优惠措施，诸多功能不仅顺应了旅游业电子商务的发展方向，也容易让用户对网站产生更多交互性体验。

旅行社网站建设真正的价值在于为营销服务。

（二）旅行社网站建设目标

第一，旅行社的旅游产品能够通过互联网得到广泛的、全面的宣传，让尽可能多的旅游企业、旅游者了解和熟知。

第二，能够通过互联网找到新的合作伙伴，拓宽市场销售渠道。

第三，能够通过网站和客户之间达成直接交流，收集客户意见。

第四，旅行社通过互联网宣传企业产品的过程中能够直接收到网上的游客订单。

第五，能够帮助旅游企业在具体业务过程中提供便利、快捷的旅游信息。

（三）旅行社网站功能模块

1. 关于我们

介绍旅行社的历史、背景、文化、资质等。

2. 旅游资讯

用于发布旅游行业动态、资讯、公司促销活动等信息；通过本模块，网站管理员可以将最新资讯方便地更新、发布到网站上，所有内容均通过类似 Word 的图文混排界面进行维护，简单易用。

3. 旅游线路

对旅行社所经营的旅游线路进行详细的分类介绍、图文并茂；本模块可以方便地对线路类别、线路基本信息、线路价格、线路行程进行管理。

4. 旅游景点

主要介绍旅游线路中所包含的旅游景点的历史、文化、特色、地理位置等；除景点、目的地基本介绍外，还可以为同一目的地或景点设置电子地图、图片集、游记攻略、交通、购物、美食等其他相关信息。所有内容均通过类似 Word 的图文混排界面进行维护，简单易用。

5. 旅游酒店

按星级标准介绍各旅游景区的酒店情况，方便用户对住宿的选择。

6. 旅游票务

全面介绍火车、汽车、飞机等交通方式和收费标准等；本模块可以通过实时接口与第三方机票查询系统进行对接。

7. 旅游购物

充分展示当地旅游特色产品，为用户购物提供方便。

8. 旅游文化

展示当地历史民族文化。

9. 旅游服务

介绍旅行社所提供的服务标准、合同细则、投诉、疑难解答等。

10. 旅游常识

介绍出游中的一些小知识和技巧，为客户提供方便。

11. 旅游图库

充分展示各旅游景区景点的旅游风光，让客户更直观地了解当地的旅游景区情况。

12. 订单管理

客人在网站上可以对产品进行预订，填写必要的信息提交后系统将生成订单。所有订单将在本模块集中管理，包括订单信息查询、订单状态管理、订单打印等功能。

13. 在线客服

通过网站商务通软件，充分实现网站访客与客服之间的即时通信、并把网站的在线销售、实时客服和网站管理功能融合在一起，更好地服务客户。

14. 友情链接

通过和行业内的网站之间的相互链接，增加网站的知名度和网站排名，让更多的用户访问网站。

15. 联系我们

充分展示企业的联系方式、支付方式、网站地图等。

具体栏目可以根据客户需求进行增加或删除。

【复习思考题】

1. 简述信息化、旅行社信息化、旅行社管理信息系统的概念。

2. 简述信息化对旅行社管理业务的影响。

3. 简述旅行社信息化建设的意义及目标。

4. 通过当地旅行社提供的网络信息平台进行旅游网络体验，并对信息平台的服务功能写出体验报告（服务功能的完善意见）。

5. 旅行社应如何在信息化时代提升自身的竞争力？

【案例分析】

旅行社信息化是指在旅行作业、管理、经营、决策等各个层次、各个环节和各个方面，采用现代信息技术特别是网络技术，充分开发和广泛利用旅行社和企业内外信息资源，伴随现代企业制度的形成，建成与国际接轨的现代化旅行社的过程。信息化水平是衡量旅行社企业的现代经营管理水平和核心竞争力的重要标志。信息化建设的关键点在于信息的集成和共享，即实现将关键的准确的数据及时地传输到相应的决策人手中，为旅行社企业的运作决策提供数据。

目前国内信息化应用较成功的旅行社包括广东中旅、上海春秋、中青旅、上海国旅等，这些旅行社多实施了旅行社 BPR 管理系统、订房订票系统、客户关系管理系统等。但潘先生认为，总体而言，我国旅行社行业信息化建设起步较晚，信息化水平较之国际同行和国内其他服务行业明显落后。

深层次分析旅行社行业信息化水平落后的制约因素，可以看到有如下几个方面：

第一，相当部分的旅行社体制不适合现代企业制度。旅行社行业是中国服务业、中国旅游业改革开放最晚、最慢的行业之一，企业普遍缺乏现代企业制度和法人治理机制。

第二，旅行社经济实力单薄。投资信息化建设的实力当然不足。

第三，旅行社决策层对信息化的自觉意识不强。近年来旅游的高速增长和繁荣掩盖了旅行社经营管理深层次的问题。相当部分旅行社决策者认为，旅行社业绩不断上升，没有必要信息化。

第四，旅行社企业过多追求短期利益，忽视可持续发展。由于旅行社信息化是一个长期投资长期发展的进程，一些旅行社经营者只注重眼前利益，不重视长远利益。

分析题：作为学生的你，了解过我国旅行社信息化建设现状吗？使用过哪些旅行社信息管理平台？制约信息化发展的因素有哪些？对旅行社信息化建设有什么建议？

实训手册

1. 实训目的

"旅行社经营与管理"课程是旅游管理、酒店管理、国际导游等相关专业的必修课程和通用能力课程。设置"旅行社经营与管理"课程的实训环节旨在让学生以理论指导实践，强化学生的业务能力，提高学生综合素质，加深学生对专业的感知，引导学生深入理解旅行社经营和管理各项工作的实质，学会解决各种实际问题。

2. 实训目标

通过相关实训项目的操作和演练，加深学生对旅行社经营和管理理论的理解，并对旅行社经营和管理业务工作有深入的了解和学习，提高应用能力，解决旅行社经营和管理中出现的各种问题，培养学生的组织和策划、沟通交流、应对突发事件、外语等方面的能力，全面提高学生旅行社服务水平和质量。同时，使学生能够把专业知识和社会实际需求相结合，调整自己面向市场的能力和实力。

3. 实训内容

实训部分是对本教材理论部分的延伸和巩固，围绕本教材的章节设置以及中华人民共和国出台的旅游行业国家标准，本实训手册把实训内容分为以下六项内容：

（1）导游领队引导文明旅游实训（谢洪忠）；

（2）旅行社计调业务实训（胡锡茹）；

（3）旅游接待服务实训（张琴）；

（4）入境旅游业务实训（毛晓莉）；

（5）出境旅游业务实训（阮冬梅）；

（6）旅行社电子商务实训（何勇）。

其他实训项目，由任课老师根据实际情况，在教学过程中有针对性进行具体安排。

4. 实训要求

实训是强调实操的专业技能课程，在展开学习此部分内容前需要有扎实的理论基础，学生需要在掌握旅行社经营与管理相关的基础概念、核心理论之后，继而进行实训部分的学习，有针对性地掌握旅行社经营与管理的核心业务流程，处理好旅行中的突发事件，解决游客的各种诉求，确保旅行的顺利进行。

5. 实训课时安排

序号	项目名称	实训内容	课时	地点	备注
1	导游领队引导文明旅游实训	培训导游、出境旅游领队在旅行社组织、接待旅游（团）者过程中，掌握引导旅游者文明旅游的基本要求、具体内容和相应规范。	2	实训室	
2	旅行社计调业务实训	培训学生掌握旅行社计调业务的工作流程。学生应熟练使用传真机；掌握旅行社内部计价的基本方式；掌握旅行社对外报价的基本方式；学习制作完整的旅行社计调接待计划；熟悉旅行社计调工作的实施流程，掌握工作步骤。	2	实训室	
3	旅游接待服务实训	培训学生了解旅行社接待服务的特点和要求；掌握地陪、全陪接待服务程序和相应规范。	2	实训室	
4	入境旅游业务实训	培训旅行社入境旅游业务服务人员（包含外联销售人员、计调人员、导游员等）掌握入境旅游产品开发、外联销售及接待的业务流程、操作规范要求和入出境手续的办理相关程序和规定，并能进行相关业务操作，处理入境旅游接待中特殊情况。	2	实训室	
5	出境旅游业务实训	培训学生熟悉旅行社组织出境旅游活动所应具备的产品设计技能和服务质量要求，熟悉出境旅游业务的运作流程和旅行社出境业务的服务管理，掌握海外领队业务的工作内容和工作流程，掌握我国出境旅游管理的相关法规制度。	2	实训室	
6	旅行社电子商务实训	培训学生掌握旅游电子商务在生活中的应用，学会验证旅游电子商务资金流的过程，体验并比较旅游电子商务网站的不同，掌握网站主要内容的设计，了解如何对旅游电子商务网站进行整体构思。	2	实训室	

实训一　导游领队引导文明旅游实训

1. 技能要求

培训导游领队人员为旅游者提供服务的同时，承担引导旅游者文明旅游的职责，掌握相关业务要领，使导游员、出境旅游领队在旅行社组织、接待旅游（团）者过程中，掌握引导旅游者文明旅游的基本要求、具体内容和相应规范。

2. 实训方式和步骤

（1）指导学生掌握文明旅游规范。教师给出某出境旅游团的资料，引导学生了解出行目的地的法律法规、宗教信仰、风俗禁忌、礼仪礼节、社会公德等内容。教师应指导学生认真学习和掌握。出行目的地可安排亚洲、欧洲、北美洲、南美洲、非洲等国家。

（2）小组交流学习。学生以小组为单位，事先讨论出行目的地的文明规范，列出出行文明注意事项，并认真理解和熟记有关的文明旅游规范，能脱口讲出相关要求。

（3）角色扮演。让学生分别担任导游领队及游客，导游领队要在各个出行环节提醒游客注意文明旅游规范，指出游客不文明的地方；扮演游客的学生，要主动向导游领队提出文明旅游的相关问题，考查导游领队对文明旅游的熟悉情况。

（4）情景模拟。教师设置不同出行旅游目的地场景，考查不同的旅游场合学生作为导游领队是否尽到了引导文明旅游的职责，是否掌握了处理不文明旅游行为的方式方法。

（5）教师应根据实训内容，采用引导与互动相结合的方式，生动形象地设计实训流程，以灵活多样的方式，完成实训要求。

（6）要求学生提交实训报告，说明实训目的、实训情况、存在问题、改进和提升等内容。

（7）教师点评与考核。教师应提前制定好评分标准，通过观察学生掌握知识的熟练程度、各环节展示、自身文明修养等方面的情况，综合学生表达能力、应变能力、组织能力、沟通交流能力等方面的表现，有针对性地点评学生优缺点，及时肯定成效，指出不足，给出相应评分。

3. 实训内容

3.1 培训学生的导游领队文明素质

从知识掌握、服务意识、服务态度、沟通交流、言谈举止等方面训练学生文明素质，要求学生规范自身行为，以身作则、率先垂范、合理引导、正确沟通，对其掌握情况进行评价。

3.1.1 在掌握知识方面

（1）导游领队人员应具备从事导游领队工作的基本专业知识和业务技能。

（2）导游领队人员应掌握我国旅游法律、法规、政策以及有关规范性文件关于文明旅游的规定和要求。

（3）导游领队人员应掌握基本的文明礼仪知识和规范。

（4）导游领队人员应熟悉旅游目的地法律规范、宗教信仰、风俗禁忌、礼仪知识、社会公德等基本情况。

（5）导游领队人员应掌握必要的紧急情况处理技能。

3.1.2 在率先垂范方面

（1）导游领队人员在工作期间应以身作则，遵纪守法，恪守职责，体现良好的职业素养和职业道德，为旅游者树立榜样。

（2）导游领队人员在工作期间应注重仪容仪表、衣着得体，展现导游领队职业群体的良好形象。

（3）导游领队人员在工作期间应言行规范，举止文明，为旅游者作出良好示范。

3.1.3 在合理引导方面

（1）导游领队人员对旅游者文明旅游的引导应诚恳、得体。

（2）导游领队人员应有维护文明旅游的主动性和自觉性，关注旅游者的言行举止，在适当时机对旅游者进行相应提醒、警示、劝告。

（3）导游领队人员应积极主动营造轻松和谐的旅游氛围，引导旅游者友善共处、互帮互助，引导旅游者相互督促、友善提醒。

3.1.4 在正确沟通方面

（1）在引导时，导游领队人员应注意与旅游者充分沟通，秉持真诚友善原则，增强与旅游者之间的互信，增强引导效果。

（2）对旅游者的正确批评和合理意见，导游领队人员应认真听取，虚心接受。

3.2 培训学生熟悉导游领队引导文明旅游的总体要求

使学生掌握在法律法规、风俗禁忌、绿色环保、礼仪规范、诚信善意引导文明旅游的总体要求。

3.2.1 法律法规

导游领队人员应将我国和旅游目的地国家和地区文明旅游的有关法律规范和相关要求向旅游者进行提示和说明，避免旅游者出现触犯法律的不文明行为。引导旅游者爱护公物、文物，遵守交通规则，尊重他人权益。

3.2.2 风俗禁忌

导游领队人员应主动提醒旅游者尊重当地风俗习惯、宗教禁忌。在有支付小费习惯的国家和地区，应引导旅游者以礼貌的方式主动向服务人员支付小费。

3.2.3 绿色环保

导游领队人员应向旅游者倡导绿色出游、节能环保，宜将具体环保常识和方法向旅游者进行说明。引导旅游者爱护旅游目的地自然环境，保持旅游场所的环境卫生。

3.2.4 礼仪规范

导游领队人员应提醒旅游者注意基本的礼仪规范：仪容整洁，遵序守时，言行得体。提醒旅游者不在公共场合大声喧哗、违规抽烟，提醒旅游者依序排队、不拥挤争抢。

3.2.5 诚信善意

导游领队人员应引导旅游者在旅游过程中保持良好心态，尊重他人、遵守规则、恪守契约、包容礼让，展现良好形象。通过旅游提升文明素养。

3.3 培训学生掌握作为导游领队出行前如何引导文明旅游规范

（1）导游领队应在出行前将旅游文明需要注意的事项以适当方式告知旅游者。

（2）导游领队参加行前说明会的，宜在行前说明会上，向旅游者讲解《中国公民国内旅游文明行为公约》或《中国公民出境旅游文明行为指南》，提示基本的文明旅游规范，并将旅游目的地的法律法规、宗教信仰、风俗禁忌、礼仪规范等内容系统、详细告知旅游者，使旅游者在出行前具备相应知识，为文明旅游做好准备。

（3）不便于召集行前说明会或导游领队不参加行前说明会的，导游领队宜向旅游者发送电子邮件、传真，或通过电话沟通等方式，将文明旅游的相关注意事项和规范要求进行说明和告知。

（4）旅游出发地机场、车站等集合地点，导游领队应将文明旅游事项向旅游者进行重申。

（5）如旅游产品具有特殊安排，如乘坐的廉价航班上不提供餐饮、入住酒店不提供一次性洗漱用品的，导游领队应向旅游者事先告知和提醒。

（6）在带团工作前，导游领队人员应熟悉团队成员、旅游产品、旅游目的地的基本情况，为恰当引导旅游者做好准备。

（7）对无出境记录旅游者，应特别提醒旅游目的地风俗禁忌和礼仪习惯，以及出入海关、边防（移民局）的注意事项，提前告知和提醒。

（8）旅游者生活环境与旅游目的地环境差异较大时，导游领队应提醒旅游者注意相关习惯、理念差异，避免言行举止不合时宜而导致的不文明现象。

3.4 培训学生在登机（车、船）与出入口岸时如何引导文明旅游规范

（1）导游领队应提醒旅游者提前办理检票、安检、托运行李等手续，不携带违禁物品。

（2）导游领队应组织旅游者依序候机（车、船），并优先安排老人、未成年人、孕妇、残障人士。

（3）导游领队应提醒旅游者不抢座、不占位，主动将上下交通工具方便的座位让给

老人、孕妇、残障人士和带婴幼儿的旅游者。

（4）导游领队应引导旅游者主动配合机场、车站、港口以及安检、边防（移民局）、海关的检查和指挥。与相关工作人员友好沟通，避免产生冲突，携带需要申报的物品，应主动申报。

3.5 培训学生在乘坐公共交通工具时如何引导文明旅游规范

（1）导游领队宜利用乘坐交通工具的时间，将文明旅游的规范要求向旅游者进行说明和提醒。

（2）导游领队应提醒旅游者遵守和配合乘务人员指示，保障交通工具安全有序运行，如乘机时应按照要求使用移动电话等电子设备。

（3）导游领队应提醒旅游者乘坐交通工具的安全规范和基本礼仪，遵守秩序，尊重他人，如乘机（车、船）时不长时间占用通道或卫生间，不强行更换座位，不强行开启安全舱门。避免不文雅的举止，不无限制索要免费餐饮等。

（4）导游领队应提醒旅游者保持交通工具内的环境卫生，不乱扔乱放废弃物。

3.6 培训学生在住宿时如何引导文明旅游规范

（1）导游领队应提醒旅游者尊重服务人员，服务人员问好时要友善回应。

（2）导游领队应指引旅游者爱护和正确使用住宿场所设施设备，注意维护客房和公用空间的整洁卫生，提醒旅游者不在酒店禁烟区域抽烟。

（3）导游领队应引导旅游者减少一次性物品的使用，减少环境污染，节水节电。

（4）导游领队应提醒旅游者在客房区域举止文明，如在走廊等公共区域衣着得体，出入房间应轻关房门，不吵闹喧哗，宜调小电视音量，以免打扰其他客人休息。

（5）导游领队应提醒旅游者在客房内消费的，应在离店前主动声明并付费。

3.7 培训学生在餐饮时如何引导文明旅游规范

（1）导游领队应提醒旅游者注意用餐礼仪，有序就餐，避免高声喧哗干扰他人。

（2）导游领队应引导旅游者就餐时适量点用，避免浪费。

（3）导游领队应提醒旅游者自助餐区域的食物、饮料不能带离就餐区。

（4）集体就餐时，导游领队应提醒旅游者正确使用公共餐具。

（5）旅游者如需在就餐时抽烟，导游领队应指示旅游者到指定抽烟区域就座，如就餐区禁烟的，应遵守相关规则。

（6）就餐环境对服装有特殊要求的，导游领队应事先告知旅游者，以便旅游者准备。

（7）在公共交通工具或博物馆、展览馆、音乐厅等场所，应遵守相关规则，勿违规饮食。

3.8 培训学生在游览时如何引导文明旅游规范

（1）导游领队宜将文明旅游的内容融合在讲解词中，进行提醒和告知。

（2）导游领队应提醒旅游者遵守游览场所规则，依序文明游览。

（3）在自然环境中游览时，导游领队应提示旅游者爱护环境、不攀折花草、不惊吓伤害动物，不进入未开放区域。

（4）观赏人文景观时，导游领队应提示旅游者爱护公物、保护文物，不攀登骑跨或胡写乱画。

（5）在参观博物馆、教堂等室内场所时，导游领队应提示旅游者保持安静，根据场馆要求规范使用摄影摄像设备，不随意触摸展品。

（6）游览区域对旅游者着装有要求的（如教堂、寺庙、博物馆、皇宫等），导游领队应提前一天向旅游者说明，提醒准备。

（7）导游领队应提醒旅游者摄影摄像时先后有序，不妨碍他人。如需拍摄他人肖像或与他人合影，应征得同意。

3.9 培训学生在娱乐时如何引导文明旅游规范

（1）导游领队应组织旅游者安全、有序、文明、理性参与娱乐活动。

（2）导游领队应提示旅游者观赏演艺、比赛类活动时遵守秩序，如按时入场、有序出入。中途入场或离席以及鼓掌喝彩应合乎时宜。根据要求使用摄像摄影设备，慎用闪光灯。

（3）导游领队应提示旅游者观看体育比赛时，尊重参赛选手和裁判，遵守赛场秩序。

（4）旅游者参加涉水娱乐活动的，导游领队应事先提示旅游者听从工作人员指挥，注意安全，爱护环境。

（5）导游领队应提示旅游者在参加和其他旅游者、工作人员互动活动时，文明参与、大方得体，并在活动结束后对工作人员表示感谢，礼貌话别。

3.10 培训学生在购物时如何引导文明旅游规范

（1）导游领队应提醒旅游者理性、诚信消费，适度议价，善意待人，遵守契约。

（2）导游领队应提醒旅游者遵守购物场所规范，保持购物场所秩序，不哄抢喧哗，试吃试用商品应征得同意，不随意占用购物场所非公共区域的休息座椅。

（3）导游领队应提醒旅游者尊重购物场所购物数量限制。

（4）在购物活动前，导游领队应提醒旅游者购物活动结束时间和购物结束后的集合地点，避免旅游者迟到、拖延而引发的不文明现象发生。

3.11 培训学生在如厕时如何引导文明旅游规范

（1）在旅游过程中，导游领队应提示旅游者正确使用卫生设施；在如厕习惯特别的国家或地区，或卫生设施操作复杂的，导游领队应向旅游者进行相应说明。

（2）导游领队应提示旅游者维护卫生设施清洁、适度取用公共卫生用品，并遵照相关提示和说明不在卫生间抽烟或随意丢弃废弃物、不随意占用残障人士专用设施。

（3）在乘坐长途汽车前，导游领队应提示旅游者行车时间，提醒旅游者提前上卫生间。在长途行车过程中，导游领队应与司机协调，在中途安排停车如厕。

（4）游览过程中，导游领队应适时提示卫生间位置，尤其应注意引导家长带领未成年人使用卫生间，不随地大小便。

（5）在旅游者众多的情况下，导游领队应引导旅游者依序排队使用卫生间、并礼让急需的老人、未成年人、残障人士。

（6）在野外无卫生间等设施设备的情况下，导游领队应引导旅游者在适当的位置如厕，避免污染水源或影响生态环境，并提示旅游者填埋、清理废弃物。

3.12 培训学生如何处理特殊/突发情况

（1）旅游过程中遭遇特殊/突发情况，如财物被抢被盗、重大传染性疾病、自然灾害、交通工具延误等情形，导游领队应沉着应对，冷静处理。

（2）需要旅游者配合相关部门处理的，导游领队应及时向旅游者说明，进行安抚劝慰，并积极协助有关部门进行处理。在突发紧急情况下，导游领队应立即采取应急措施，避免损失扩大，事态升级。

（3）导游领队应在旅游者和相关机构或人员发生纠纷时，及时处理、正确疏导，引导旅游者理性维权、化解矛盾。

3.13 培训学生如何处理不文明行为

（1）对于旅游者因无心之过而与旅游目的地风俗禁忌、礼仪规范不协调的行为，应及时提醒和劝阻，必要时协助旅游者赔礼道歉。

（2）对于从事违法或违反社会公德活动，或从事严重影响其他旅游者权益活动的旅游者，不听劝阻、不能制止的，根据旅行社的指示，导游领队可代表旅行社与其解除旅游合同。

（3）对于从事违法活动的旅游者，不听劝阻、无法制止，后果严重的，导游领队人员应主动向相关执法、管理机关报告，寻求帮助，依法处理。

（4）遇旅游者采取拒绝上下机（车、船）、滞留等方式非理性维权的，导游领队应与旅游者进行沟通、晓以利害，必要时应向驻外使领馆或当地警方等机构报告，寻求帮助。

3.14 培训学生如何做好总结反馈

（1）旅游行程全部结束后，导游领队向旅行社递交的带团报告或团队日志中，宜有总结和反馈文明旅游引导工作的内容，以便积累经验并在导游领队人员中进行培训、分享。

（2）旅游行程结束后，导游领队宜与旅游者继续保持友好交流、并妥善处理遗留问题。

（3）对旅游过程中严重违背社会公德、违反法律规范，影响恶劣，后果严重的旅游者，导游领队人员应将相关情况向旅行社进行汇报，并通过旅行社将该旅游者的不文明行为向旅游管理部门报告，经旅游管理部门核实后，纳入旅游者不文明旅游记录。

（4）旅行社、导游行业组织等机构应做好导游领队引导文明旅游的宣传培训和教育工作。

实训二　旅行社计调业务实训

1. 技能要求

培训学生掌握旅行社计调业务的工作流程。学生应熟练使用传真机；熟悉旅行社常用的传真件文本样式；学习掌握设计制作传真件文件；学习掌握旅行社行业传真文件中使用的专业术语及写作习惯；掌握旅行社内部计价的基本方式；掌握旅行社对外报价的基本方式；掌握必要的计调计价资料；学习制作完整的旅行社计调接待计划；熟悉旅行社计调工作的实施流程，掌握工作步骤；积累旅行社计调工作技巧。

2. 实训方式和步骤

（1）指导学生掌握熟练使用传真机。要用传真机实物演示给学生看，学生实际操作并掌握。

（2）小组交流学习。学生以小组为单位，事先讨论熟悉旅行社常用的传真件文本样式，学习设计制作传真件文件，学习旅行社行业传真文件中使用的专业术语及写作习惯。

（3）角色扮演。教师给出本地区主要的旅游线路，学生学习制定接待常规的旅游团、特殊旅游团的计划，并扮演相关业务角色。

（4）情景模拟。学生分 4~5 人为一小组，模拟操作旅行社计调业务流程。注意培养学生的团队合作意识，轮流模拟地接社计调、组团社计调、旅游企业销售人员，熟悉计调业务流程。

（5）教师应根据实训内容，采用引导与互动相结合的方式，生动形象地设计实训流程，以灵活多样的方式完成实训要求。

（6）要求学生提交实训报告，说明实训目的、实训情况、存在问题、改进和提升等内容。

（7）教师点评与考核。教师应提前制定好评分标准，通过观察学生掌握知识的熟练程度、各环节展示、自身文明修养等方面的情况，综合学生表达能力、应变能力、组织能力、沟通交流能力等方面的表现，有针对性地点评学生优缺点，及时肯定成效，指出不足，给出相应评分。

3. 实训内容

3.1 学习传真机的使用方法

3.1.1 实训目的

要用传真机实物演示给学生看，学生实际操作并掌握。

3.1.2 实训重点

学生熟练使用传真机。

3.1.3 实训内容

（1）传真机的使用步骤。包括：传真机的连接；发送原稿的准备。要复印一份留底；装入文稿传出；传真机的使用与保养。

注意：不要频繁开机，防雷击，不要随意更换电源线，不宜在高温、强磁的环境中使用，不要使用非标准的传真机，不当复印机来用。

（2）传真机的功能。包括：自动检测功能、无人值守功能、图像自动缩放功能、自动进稿和切纸功能、色调选择功能、选择文稿功能、缩位拨号功能、复印机功能、故障建档功能等。

3.2 旅行社专用传真机文件写作

3.2.1 实训目的

（1）熟悉旅行社常用的传真件文本样式。

（2）学习设计制作传真件文件。

3.2.2 实训重点

学习旅行社行业传真文件中使用的专业术语及写作习惯。

3.2.3 实训内容

（1）传真文件写作方法实训。传真文件写作要有高度责任心，并遵循基本的写作要求和写作格式：

——简：用语简练。

——浅：用语浅显易懂。

——明：叙事清晰。

——确：语气肯定。

——称谓：顶格并加冒号。

——正文：空两格，可用简短问候语，直接切入主题，语言要简练。

——结语：祝愿、感谢、提示回复时间，阐述团队重要性。

——落款：传真单位或人员、时间。

（2）旅行社专用传真文件写作实训。包括三方面内容：

第一，咨询地接价、与地接社第一次接洽的传真文件撰写要求：

——写明出团日期。

——写明具体客人人数。

——游览景点清楚。

——交通工具。

——游客对团队餐的要求。

——游客对酒店住宿的要求。

——对游客情况的基本介绍。

——对游客其他要求的说明。

——组团社对地接社工作的提醒内容等。

第二，地接社给组团社报价传真文件的注意事项：

——写明传真接收人。

——旅游行程的撰写要明确，如游览日期、游览景点、住宿酒店等。

——地接社报价：一定要分项报价。

——正文末行写出特别说明。

第三，组团社确认地接社与接团价格，传真文件的注意事项：

——叙述本次旅游团的基本情况。

——行程安排。

——报价。

——组团社应该支付地接社的团款总额。

——请对方回传真确认。

3.3 旅行社计调工作的计价和报价

3.3.1 实训目的

（1）掌握旅行社内部计价的基本方式。

（2）掌握旅行社对外报价的基本方式。

（3）掌握必要的计调计价资料。

3.3.2 实训重点

根据本地区旅游市场的信息制定较科学的旅游产品价格。

3.3.3 实训内容

（1）旅行社团队费用计价。掌握本地区旅游企业的基本情况，并做好旅行社团队的成本核算。

第一，地接社的团队费用计价方式：

——门票。

——住宿。

——用餐。

——交通。

——导游服务费。

——旅游意外保险。

总价：将以上费用加总。

第二，组团社的团队费用计价方式：

——交通。

——地接费。

——全陪费用。

——包、帽等纪念品。

——导游服务费。

——旅游意外保险。

（2）旅行社团队销售价格（对外报价）。就是在上述成本价的基础上，加上税金和利润。

对外报价计算：成本加成本乘以利税率，利税率可在3%～10%。

对外报价注意事项：协作关系单位会有年度奖励、预留讨价还价的余地、利用吉祥数的心理定价策略。

3.3.4 实训方法

（1）学生在教师指导下收集本地区旅游企业的采购价格，掌握本地区旅游企业的基本情况。

（2）给出双飞团队、双卧团队、单飞单卧团队；全包价团队、半包价团队、小包价团队；一日游团队、六日游团队等的地接社、组团社的成本计价的实训。

（3）对外报价的实训。

3.4 旅行社计调工作业务流程实训

3.4.1 实训目的

（1）学习制作完整的旅行社计调接待计划。

（2）熟悉旅行社计调工作的实施流程，掌握工作步骤。

（3）积累旅行社计调工作技巧。

（4）感受旅行社计调工作中常见问题。

3.4.2 实训内容

（1）计调团队操作业务流程实训。包括两方面内容：

第一，接团作业流程：

——报价。

——计划登录。

——编制团队动态表。

——计划发送。向各有关单位发送计划书，逐一落实用房、用车、用餐、地接社、返程交通等。

——计划确认。

——编制概算。

——下达计划。

——编制结算。

——报账。

——登账。

——归档。

第二，发团作业流程：

——选择接待旅行社。

——预报计划。

——书面确认。

——发出正式接待计划。

——委派全陪或领队。

——再确认。

（2）制定接待计划实训。包括以下内容：

接待计划的内容：旅行团的基本情况和要求。日程安排。成员名单：姓名、性别、身份证号码。

接待计划制作程序：认真查阅旅游团过去已经操作团队的资料。落实各地的交通。落实各地接待计划。与客户落实计划。

接待计划的变动：掌握变动最小原则、宾客至上原则、同级变通原则。

3.4.3 实训方法

（1）教师给出本地区主要的旅游线路，学生学习制订接待常规的旅游团、特殊旅游团的计划。

（2）学生分 4~5 人为一小组，模拟操作旅行社计调业务流程。

注意培养学生的团队合作意识，轮流模拟地接社计调、组团社计调、旅游企业销售人员，熟悉计调业务流程。

实训三　旅游接待服务实训

1. 技能要求

熟悉旅行社接待服务的特点和要求；掌握地方陪同导游人员（简称地陪）、全程陪同导游人员（简称全陪）接待服务程序和相应规范。

2. 实训方式和步骤

（1）指导学生学习导游人员应具备的基本素质、职业道德、基本修养、和行为规范。

（2）指导学生学习和掌握地陪、全陪服务程序及规范。

（3）角色扮演。让学生分别担任地陪、全陪及游客，并相互配合完成地陪服务程序、全服务程序。

（4）情景模拟。教师设置不同接待场景，考查不同旅游场合的学生作为导游员是否熟悉各项接待服务程序及相应规范。

（5）教师应根据实训内容，采用引导与互动相结合的方式，生动形象地设计实训流程，以灵活多样的方式完成实训要求。

（6）要求学生提交实训报告，说明实训目的、实训情况、存在问题、改进和提升等内容。

（7）教师点评与考核。教师应提前制定好评分标准，通过观察学生掌握知识的熟练程度、各环节展示、自身素质修养等方面的情况，综合学生表达能力、应变能力、组织能力、沟通交流能力等方面的表现，有针对性地点评学生优缺点，及时肯定成效，指出不足，给出相应评分。

3. 实训内容

3.1 培养学生作为导游人员应具备的基本素质

从知识掌握、技能培养、服务意识、服务态度、仪容仪表等方面训练学生，要求学生规范自身行为，严格按照相关程序和规范完成导游服务，并对其掌握情况进行评价。

为保证导游服务质量，导游人员应具备以下基本素质：

3.1.1 爱国主义意识

导游人员应具有爱国主义意识，在为旅游者提供热情有效服务的同时，要维护国家的利益和民族的自尊。

3.1.2 法规意识和职业道德

（1）遵纪守法。导游人员应认真学习并模范遵守有关法律及规章制度。

（2）遵守公德。导游人员应讲文明，模范遵守社会公德。

（3）尽职敬业。导游人员应热爱本职工作，不断检查和改进自己的工作，努力提高服务水平。

（4）维护旅游者的合法权益。导游人员应有较高的职业道德，认真完成旅游接待计划所规定的各项任务，维护旅游者的合法权益。对旅游者所提出的计划外的合理要求，经主管部门同意，在条件允许的情况下应尽力予以满足。

3.1.3 业务水平

（1）能力。导游人员应具备较强的组织、协调、应变等办事能力。

无论是外语、普通话、地方语和少数民族语言导游人员，都应做到语言准确、生动、形象、富有表达力，同时注意使用礼貌用语。

（2）知识。导游人员应有较广泛的基本知识，尤其是政治、经济、历史、地理以及国情、风土习俗等方面的知识。

3.1.4 仪容仪表

导游人员应穿工作服或指定的服装，服装要整洁、得体。

导游人员应举止大方、端庄、稳重，表情自然、诚恳、和蔼，努力克服不合礼仪的生活习惯。

3.2 培训学生掌握地方陪同导游人员服务程序

地陪服务是确保旅游团（者）在当地参观游览活动的顺利，并充分了解和感受参观游览对象的重要因素之一。

地陪应按时做好旅游团（者）在本站的迎送工作；严格按照接待计划，做好旅游团（者）参观游览过程中的导游讲解工作和计划内的食宿、购物、文娱等活动的安排；妥善处理各方面的关系和出现的问题。

地陪应严格按照服务规范提供各项服务。

3.2.1 准备工作要求

做好准备工作是地陪提供良好服务的重要前提。

（1）熟悉接待计划。地陪应在旅游团（者）抵达之前认真阅读接待计划和有关资料，详细、准确地了解该旅游团（者）的服务项目和要求，重要事宜作好记录。

（2）落实接待事宜。地陪在旅游团（者）抵达的前一天，应与各有关部门或人员落实、核查旅游团（者）的交通、食宿、行李运输等事宜。

（3）做好物质准备。上团前，地陪应做好必要的物质准备，带好接待计划、导游证、胸卡、导游旗、接站牌、结算凭证等物品。

3.2.2 接站服务要求

在接站过程中，地陪服务应使旅游团（者）在接站地点得到及时、热情、友好的接待，了解在当地参观游览活动的概况。

（1）旅游团（者）抵达前的服务安排。地陪应在接站出发前确认旅游团（者）所乘交通工具的准确抵达时间。

地陪应提前半小时抵达接站地点，并再次核实旅游团（者）抵达的准确时间。

地陪应在旅游团（者）出站前与行李员取得联络，通知行李员行李送往的地点。地陪应与司机商定车辆停放的位置。

地陪应在旅游团（者）出站前持接站标志，站立在出站口醒目的位置热情迎接旅游者。

（2）旅游团（者）抵达后的服务。旅游团（者）出站后，如旅游团中有领队或全陪，地陪应及时与领队、全陪接洽。

地陪应协助旅游者将行李放在指定位置，与领队、全陪核对行李件数无误后，移交给行李员。

地陪应及时引导旅游者前往乘车处。旅游者上车时，地陪应恭候车门旁。上车后，应协助旅游者就座，礼貌地清点人数。

行车过程中，地陪应向旅游团（者）致欢迎词并介绍本地概况。欢迎词内容应包括：代表所在接待社、本人及司机欢迎旅游者光临本地；介绍自己姓名及所属单位；介绍司机；表示提供服务的诚挚愿望；预祝旅游愉快顺利。

3.2.3 入店服务要求

地陪服务应使旅游者抵达饭店后尽快办理好入店手续，进住房间，取到行李，及时了解饭店的基本情况和住店注意事项，熟悉当天或第二天的活动安排，为此地陪应在抵饭店的途中向旅游者简单介绍饭店情况及入店、住店的有关注意事项，内容应包括：

（1）饭店名称和位置；

（2）入店手续；

（3）饭店的设施和设备的使用方法；

（4）集合地点及停车地点。

旅游团（者）抵饭店后，地陪应引导旅游者到指定地点办理入店手续。

旅游者进入房间之前，地陪应向旅游者介绍饭店内就餐形式、地点、时间，并告知有关活动的时间安排。

地陪应等待行李送达饭店，负责核对行李，督促行李员及时将行李送至旅游者房间。

地陪在结束当天活动离开饭店之前，应安排好叫早服务。

3.2.4 核对、商定节目安排

旅游团（者）开始参观游览之前，地陪应与领队、全陪核对、商定本地节目安排，并及时通知到每一位旅游者。

3.2.5 参观游览过程中的导游、讲解服务要求

参观游览过程中的地陪服务，应努力使旅游团（者）参观游览全过程安全、顺利。应使旅游者详细了解参观游览对象的特色、历史背景等及其他感兴趣的问题。

（1）出发前的服务。出发前，地陪应提前10分钟到达集合地点，并督促司机做好

出发前的各项准备工作。

地陪应请旅游者及时上车。上车后，地陪应清点人数，向旅游者报告当日重要新闻、天气情况及当日活动安排，包括午、晚餐的时间、地点。

（2）抵景点途中的讲解。在前往景点的途中，地陪应相机向旅游者介绍本地的风土人情、自然景观，回答旅游者提出的问题。

抵达景点前，地陪应向旅游者介绍该景点的简要情况，尤其是景点的历史价值和特色。抵达景点时，地陪应告知在景点停留的时间，以及参观游览结束后集合的时间和地点。地陪还应向旅游者讲明游览过程中的有关注意事项。

（3）景点导游、讲解。抵达景点后，地陪应对景点进行讲解。讲解内容应繁简适度，应包括该景点的历史背景、特色、地位、价值等方面的内容。讲解的语言应生动，富有表达力。

在景点导游的过程中，地陪应保证在计划的时间与费用内，旅游者能充分地游览、观赏，做到讲解与引导游览相结合，适当集中与分散相结合，劳逸适度，并应特别关照老弱病残的旅游者。

在景点导游的过程中，地陪应注意旅游者的安全，要自始至终与旅游者在一起活动，并随时清点人数，以防旅游者走失。

3.2.6 旅游团（者）就餐时对地陪的服务要求

旅游团（者）就餐时，地陪的服务应包括：

（1）简单介绍餐馆及其菜肴的特色；

（2）引导旅游者到餐厅入座，并介绍餐馆的有关设施；

（3）向旅游者说明酒水的类别；

（4）解答旅游者在用餐过程中的提问，解决出现的问题。

3.2.7 旅游团（者）购物时对地陪的服务要求

旅游团（者）购物时，地陪应：

（1）向旅游团（者）介绍本地商品的特色；

（2）随时提供旅游者在购物过程中所需要的服务，如翻译、介绍托运手续等。

3.2.8 旅游团（者）观看文娱节目时对地陪的服务要求

旅游团（者）观看计划内的文娱节目时，地陪的服务应包括：

（1）简单介绍节目内容及其特点；

（2）引导旅游者入座。

在旅游团（者）观看节目过程中，地陪应自始至终坚守岗位。

3.2.9 结束当日活动时的服务要求

旅游团（者）在结束当日活动时，地陪应询问其对当日活动安排的反映，并宣布次日的活动日程、出发时间及其他有关事项。

3.2.10 送站服务要求

旅游团（者）结束本地参观游览活动后，地陪服务应使旅游者顺利、安全离站，遗留问题得到及时妥善的处理。

（1）旅游团（者）离站的前一天，地陪应确认交通票据及离站时间，通知旅游者移交行李和与饭店结账的时间；

（2）离饭店前，地陪应与饭店行李员办好行李交接手续；

（3）地陪应诚恳征求旅游者对接待工作的意见和建议，并祝旅游者旅途愉快；

（4）地陪应将交通和行李票证移交给全陪、领队或旅游者；

（5）地陪应在旅游团（者）所乘交通工具起动后方可离开；

（6）如系旅游团（者）离境，地陪应向其介绍办理出境手续的程序。如系乘机离境，地陪还应提醒或协助领队或旅游者提前 72 小时确认机座。

3.2.11 处理好遗留问题

下团后，地陪应认真处理好旅游团（者）的遗留问题。

3.3 培训学生掌握全程陪同导游人员服务程序

全陪服务是保证旅游团（者）的各项旅游活动按计划实施，旅行顺畅、安全的重要因素之一。

全陪作为组团社的代表，应自始至终参与旅游团（者）全旅程的活动，负责旅游团（者）移动中各环节的衔接，监督接待计划的实施，协调领队、地陪、司机等旅游接待人员的协作关系。

全陪应严格按照服务规范提供各项服务。

3.3.1 准备工作要求

准备工作是全陪服务的重要环节之一。

（1）熟悉接待计划。上团前，全陪要认真查阅接待计划及相关资料，了解旅游团（者）的全面情况，注意掌握其重点和特点。

（2）做好物质准备。上团前，全陪要做好必要的物质准备，携带必备的证件和有关资料。

（3）与接待社联络。根据需要，接团的前一天，全陪应同接待社取得联系，互通情况，妥善安排好有关事宜。

3.3.2 首站接团服务要求

首站接团服务要使旅游团（者）抵达后能立即得到热情友好的接待，旅游者有宾至如归的感觉。

（1）接团前，全陪应向接待社了解本站接待工作的详细安排情况；

（2）全陪应提前半小时到接站地点迎候旅游团（者）；

（3）接到旅游团（者）后，全陪应与领队核实有关情况；

（4）全陪应协助领队向地陪交接行李；

（5）全陪应代表组团社和个人向旅游团（者）致欢迎词。欢迎词应包括表示欢迎、自我介绍、表示提供服务的真诚愿望、预祝旅行顺利愉快等内容。

3.3.3 进住饭店服务要求

进住饭店服务应使旅游团（者）进入饭店后尽快完成住宿登记手续、进住客房、取得行李。为此，全陪应积极主动地协助领队办理旅游团的住店手续，并热情地引导旅游者进入房间，还应协助有关人员随时处理旅游者进店过程中可能出现的问题。

3.3.4 核对商定日程

全陪应认真与领队核对、商定日程。如遇难以解决的问题，应及时反馈给组团社，并使领队得到及时的答复。

3.3.5 各站服务要求

全陪各站服务，应使接待计划得以全面顺利实施，各站之间有机衔接，各项服务适时、到位，保护好旅游者人身及财产安全，突发事件得到及时有效处理，为此：

（1）全陪应向地陪通报旅游团的情况，并积极协助地陪工作；

（2）监督各地服务质量，酌情提出改进意见和建议；

（3）出现突发事件按有关原则执行。

3.3.6 离站服务要求

全陪应提前提醒地陪落实离站的交通票据及准确时间，协助领队和地陪妥善办理离店事宜，认真做好旅游团（者）搭乘交通工具的服务。

3.3.7 途中服务要求

在向异地移动途中，无论乘坐何种交通工具，全陪应提醒旅游者注意人身和物品的安全；组织好娱乐活动，协助安排好饮食和休息，努力使旅游团（者）旅行充实、轻松、愉快。

3.3.8 末站服务要求

末站的服务是全陪服务中最后的接待环节，要使旅游团（者）顺利离开末站（离境站），并留下良好的印象。

在当次旅行结束时，全陪应提醒旅游者带好自己的物品和证件，征求旅游者对接待工作的意见和建议，对旅途中的合作表示感谢，并欢迎再次光临。

3.3.9 处理好遗留问题

下团后，全陪应认真处理好旅游团（者）的遗留问题。

全陪应认真、按时填写《全陪日志》或其他旅游行政管理部门（或组团社）所要求的资料。

实训四　入境旅游业务实训

1. 技能要求

培训旅行社入境旅游业务服务人员（包含外联销售人员、计调人员、导游员等）掌握入境旅游产品开发、外联销售及接待的业务流程、操作规范要求和入出境手续的办理相关程序和规定，并能进行相关业务操作，处理入境旅游接待中特殊情况。

2. 实训方式和步骤

（1）引导学生调查研究。①指导学生掌握入境旅游产品开发、外联销售及接待的业务流程、操作规范要求和入出境手续的办理相关程序和规定。②教师给出某旅游目的地的相关基础资料，引导学生深入了解分析目的地的旅游产品设计中各项基本要素的构成情况（包括食、住、行、游、购、娱6个方面）。③教师引导学生调查了解亚洲、欧洲、北美洲、南美洲、大洋洲、非洲等境外不同的客源市场需求特征。

（2）小组设计入境旅游产品。学生以小组为单位，选择某一具体的境外客源市场，根据其需求特征设计开发出优质的入境旅游产品，形成具有可操作性的入境旅游精品线路和产品推广方案，并形成书面报告。

（3）小组情景模拟接待计划落实安排。学生个人根据自己所在小组设计的入境旅游产品和线路，编制旅游团详细活动日程表，然后小组讨论得出最合理的活动日程表。根据讨论得出的活动日程表，让学生分别担任计调、接待单位人员（酒店、餐厅、汽车公司、景区、娱乐场所、购物单位等）、全陪或地陪导游员，模拟接待计划的落实安排过程，要求各角色扮演学生业务流程处理完整，要素齐全。

（4）角色扮演。让学生分别担任地陪、全陪及游客，模拟入境旅游接待流程，地陪要对日程中的食宿、用车、游览、购物、文娱、交流等活动提前确认；负责导游讲解和服务，根据旅游团接待运行情况，做好相关的协调工作，确保接待计划顺利实施；处理旅游团突发事件，并及时向接待社汇报，参与做好相关善后工作。全陪应确认机车船票，做好联络、协调和监督工作。扮演游客的学生，要尽量向地陪、全陪提出各种要求和模拟一些突发状况，以考查导游、全陪对入境旅游业务的熟悉情况。

（5）情景模拟。教师设置不同入境旅游突发事件场景，考查不同的旅游场合学生作为计调、地陪和全陪是否能处理相应突发事件，是否掌握了处理入境旅游过程中处理突发事件正确的方式方法。

（6）教师应根据实训内容，采用引导与互动相结合的方式，生动形象地设计实训流程，以灵活多样的方式完成实训要求。

（7）要求学生提交实训报告，说明实训目的、实训情况、存在问题、改进和提升等

内容。

（8）教师点评与考核。教师应提前制定好评分标准，通过观察学生掌握知识的熟练程度、各环节展示、自身文明修养等方面的情况，综合学生表达能力、应变能力、组织能力、沟通交流能力等方面的表现，有针对性地点评学生优缺点，及时肯定成效，指出不足，给出相应评分。

3. 实训内容

3.1 培训学生掌握入境旅游各相关岗位职责

要求学生在实训过程中通过对各岗位的模拟练习，清楚认识到外联销售部经理、外联销售人员、计调人员和导游员的工作岗位职责。

3.1.1 外联销售部经理岗位职责

（1）依据入境旅游市场发展规划和市场情况，制订年度经营计划和年度工作计划。

（2）按照经营计划实施目标分解，运用组织、监督、检查等管理手段实施经营工作，确保完成年度经营计划。

（3）制订市场促销计划，包括到境外参展促销和组织境外旅行社人员到中国实地考察等。

（4）负责旅游团运作的日常管理，监督检查重点旅游团的接待工作；处理旅游团重大意外事故、重大质量问题；决定授权范围内的对外赔偿。

（5）制定产品销售价格和授权签订各项业务合同。

（6）制定本部门规章制度，对本部门员工进行日常管理、培训、考核和激励。

（7）签发本部门的经营业绩报表，监督管理旅游团应收应付款，对本部门的经营成果负责。

（8）协调本部门与其他各部门及社会相关单位的合作关系。

3.1.2 外联销售人员岗位职责

（1）外联销售组团业务，包括旅游产品的计价、报价、预订，接待计划的编制、发送及变更，结算团费、催收欠款、建立客户档案等各项业务。

（2）进行市场调研、客户拓展、产品开发、参展促销。

（3）旅游团外联和接待整个流程的运作和质量控制，处理客户或旅游者投诉。

（4）旅游团档案的建立、保存和管理。

（5）控制旅游团接待的实际运行成本，提供销售业绩统计报表。

3.1.3 计调人员岗位职责：

（1）按组团社接待计划要求编制旅游团详细活动日程表。

（2）按计划要求落实旅游团的机车船票和饭店预订，按服务标准预订用餐、用车、游览、文娱活动，派遣全陪或地陪导游员。

（3）根据外联销售人员的要求，落实接待变更，负责变更通知，记录备案。

（4）接待业务报表的编制、上报和备案存档。

3.1.4 导游员岗位职责

（1）符合 GB/T 15971，遵纪守法，遵守职业道德，严守国家和企业机密。

（2）接团前认真阅读接待计划和相关的材料。对日程中的食宿、用车、游览、购物、文娱、交流等活动提前确认。全陪还应确认机车船票，做好联络、协调和监督工作。

（3）接团过程中负责导游讲解和服务，根据旅游团接待运行情况，做好相关的协调工作，确保接待计划顺利实施。

（4）注意保护旅游者的人身和财产安全，处理旅游区突发事件，并及时向接待社汇报，参与做好相关善后工作。

（5）接团结束之前收集旅游者填写的《游客旅游服务评价表》，接团结束之后向接待社或组团社提交接团总结。

（6）备齐各类单据，及时报账。

3.2 培训学生掌握进行入境旅游产品和旅游线路开发的基本要求

使学生掌握入境旅游产品开发的基本要求，并能根据旅游目的地和旅游客源市场的情况设计出适销对路的旅游产品和旅游线路。入境旅游产品和旅游线路开发的基本要求如下：

（1）树立产品开发意识，具备创新观念、品质观念、服务观念、竞争观念和效益观念，根据市场需求，向境外旅行社提供产品信息。

（2）运用新技术手段，科学、合理地开发旅游线路，适时向境外旅行社提供适销对路的新产品信息。

（3）收集和积累各类有关旅游文化、资源、接待设施、交通情况及接待价格等方面信息，参加各类旅游产品推介活动，根据客户和市场需求，进行市场调研，设计开发，实地考察、可行性评审和验证。

（4）熟知各类传统产品的特点、构成和价格，挖掘产品特色和增值服务，设计传统精品或系列产品。

（5）根据旅游资源、接待设施、交通情况的变化，通过调整产品组合、增加产品内涵、改进产品运行模式、提高服务标准、降低采购成本等方式，开发新的旅游产品。

（6）根据市场需求，开发商务会奖、探险、休闲、宗教、新婚旅游等专项产品，丰富产品种类。

（7）根据境外旅行社或旅游者的个性化需求，量身开发旅游产品。

3.3 培训学生掌握进行入境旅游产品外联销售的基本要求和操作规范

使学生掌握进行入境旅游产品外联销售的基本要求，并能按照入境旅游产品外联销售的操作规范进行相应模拟操作。

3.3.1 外联销售的基本要求

（1）在客户选择上，组团社应：通过正当途径选择境外旅行社，可前往拜访，并实

地考察，了解境外旅行社的业务范围、客源组织能力、资质信誉等基本情况；每年对选定合作的境外旅行社进行定期分析评估，写出书面分析报告；如发现不良信誉的境外旅行社，向旅行社行业协会通报，维护旅行社行业的利益。

（2）在与境外旅行社业务合作时，组团社应：遵守旅行社行业运行规则；按照平等互惠原则与境外旅行社建立业务关系；不得恶意削价竞争，维护本企业的信誉和形象。

（3）报价：组团社宜以人民币报价，若以美元或欧元等外币报价，应注明计价汇率和汇率变化的约定条款。组团社宜先收款、后接待，避免境外旅行社拖欠款。报价时，应使用双方认可的语言文字，避免因表述文字不清或疏漏而引起双方的误会和纠纷。

（4）年度报价：根据境外旅行社的特点和要求，外联销售人员应在本年度适当时间集中向境外旅行社提供下一年度的产品和报价，以便境外旅行社印制产品手册和进行宣传促销。组团社应研究分析市场变化趋势和客户需求，考虑住宿、交通、餐饮、门票、汇率等变化因素。

（5）业务合作协议：组团社在与境外旅行社建立业务关系时，应按照有关法律规定以组团社的名义与之订立书面的业务合作协议，特殊情况可以采用其他形式订立。

合同内容至少包括：合同双方当事人；提供的服务项目；提供的服务标准及价格；付款方式、币种和期限；合同变更；免责条款；违约责任和解决争议的方法；法律适用；生效和终止时间。

合同应一式两份，组团社与境外旅行社各持一份。

（6）业务往来函电：组团社应使用企业统一格式信函，包括：本企业标识、全称、地址、电话和传真号、网站和电子邮件地址、日期、境外旅行社名称、收件人姓名、电文内容等，并有发件人签名。重要内容不宜手写或电话通知方式。

（7）客户档案：组团社应建有详细、连续的境外旅行社客户档案，每年对档案内容做更新，统一保管，外联销售人员变动工作时不应把档案带走。

档案内容应包括：客户名称（外文全称和中文译名）、客户国别（或地区）、法人代表、注册资本、通信地址与联系方式，客户历史、背景、经营现状和发展趋势、经营项目、市场占有率、结算方式、资信程度、工作人员业务素质及变更情况等。

对于具有一定经营规模的旅行社，宜采用电子档案数据库管理，该数据库应按国家数据库安全标准进行备份与保护。

3.3.2 外联销售业务操作规范

（1）询价、报价与确认。外联销售人员应及时对客户的询价函电予以回复。报价应按照境外旅行社对旅游团行程的要求、合同约定的价格标准、季节、人数、等级和币种，填写旅游日程计价单，报价计算包括成本和毛利。报价应经审核、审批，确保准确无误。组团社应据实回复具体的行程和内容安排，特殊项目应列明单项价格。报价后如果发生变更，应在变更的基础上重新报价，直至获得境外旅行社最终确认。

（2）预订。外联销售人员应按照与境外旅行社约定的旅游日程提前安排各项预订。

各项预订应得到各接待单位的确认，并保存确认件。组团社及时向境外旅行社通报预订情况，保留特殊情况下变更预订的权利。

（3）邀请函。外联销售人员收到境外旅行社正式确认函电后，如果需要办理邀请函，应填写邀请函发给境外旅行社及我国驻外使领馆；宜在入境前（二十天）收集所有入境人员资料，以备随时查阅和办理入境手续。办理邀请函时，组团社应持函到相关旅游管理部门加盖旅游签证章。邀请函宜在收到团费后、旅游团入境（十天）前发出。

（4）接待计划。外联销售人员应根据境外旅行社确认的旅游团行程（通常在旅游团入境前二十天）编制好接待计划，经审核无误后，发送至各接待单位。若因境外旅行社要求或因有关接待单位原因导致计划出现变更，组团社应及时更改相关预订，并以书面形式通知相关接待单位和境外旅行社，确认变更后的新日程、要求及价格。若旅游团取消成行，组团社应及时取消相关预订。若已产生取消费用，应及时向境外旅行社通报并收取。

（5）对外结算。在接待计划发送的同时，外联销售人员应填写"结算通知单"，向境外旅行社提供应收款结算单、本企业的银行账号等信息，预收团费。组团社应要求境外旅行社在双方约定的时间内付清团费并提供汇款清单，收到团费时应及时核对确认；核对无误后，及时将财务部门开具的结算费用发票邮寄境外旅行社。若境外旅行社未能在约定的时间内付清团费，组团社应及时催款直至收讫。外联销售人员保留境外旅行社付款详细记录，对境外旅行社的付款数额、欠款数额做到心中有数。财务部门应定期向外联销售人员提供境外旅行社的结算付款情况，至少每月向外联销售人员发布一次境外旅行社欠款通知。若境外旅行社拖欠团费，应持续催款，并保留催款的往来函电，保证本企业追索团费的权利和证据。若在约定的时间内仍未收到拖欠汇款时，外联销售人员应及时向部门经理汇报，以便于采取有效措施，必要时通过法律程序追回团费。

（6）质量监督与改进。外联销售人员应要求接待社定期收集反馈旅游者《游客旅游服务评价表》，查阅《全陪日志》，综合分析境外旅行社和旅游者对产品和服务的评价，提出建议，改进产品与服务。收到境外旅行社的意见或投诉后，组团社应向相关接待单位调查核实，提出改进建议和纠正措施。应建立供应商的信誉档案，根据境外旅行社和旅游者反馈的意见，定期进行供应商质量评估，确保供应商能够提供符合约定的服务。

（7）卷宗档案管理。组团社应一团一卷，在卷宗封面注明团号和旅游时间，系列团可设统一的卷宗。卷宗内应归集询价、计价、报价、预订、确认、接待计划及变更的往来确认函电，应收款、已收款和付款记录等完整业务资料，以及相关接待安排和费用的记录。卷宗应至少保存2年。如采用电子档案管理，应合理地按旅游团的主细信息结构存于数据库中，业务数据应至少保存3年，结算数据宜长期保存。

3.4 培训学生掌握进行入境旅游业务接待服务操作规范

使学生掌握进行入境旅游业务接待服务的基本要求，并能按照入境旅游产品外联销售的操作规范进行相应模拟操作。

3.4.1 接团准备

（1）计调人员的准备。接待社计调人员收到组团社接待计划后，应：详细了解服务项目和要求，登记并立卷，向组团社反馈收到信息。按接待计划要求制作旅游团当地活动日程表、落实预订、确定地陪。通知地陪领取旅游团当地活动日程表，机车船票、门票餐饮结算凭证、接站牌、《游客旅游服务评价表》等物品，详细介绍预订落实情况及接团注意事项。若接到组团社变更通知，应及时做预订变更，并通知地陪。

（2）导游员的准备。全陪和地陪导游员的接团准备工作同国内团接团准备的要求。

3.4.2 接团服务

导游员的接团服务同国内接团服务的要求。

3.4.3 后续工作

（1）计调人员的后续工作。督促地陪及时与接待社结账，归还所借物品。向地陪收集《游客旅游服务评价表》和接团总结。尽快与组团社及签约餐馆、景点、文娱场馆、汽车公司等结清应收应付款项。对已结账的旅游团卷宗及时整理、归档，妥善保存。

（2）导游员的后续工作。导游员的后续工作同国内团队后续工作的要求。

3.5 培训学生掌握进行入境旅游业务特殊情况处理原则

3.5.1 旅游者伤病的处理

（1）组团社的代表（或委托陪同人员）宜前往探视，安排人员陪同患者前往医院就诊或陪床。

（2）若伤病者所在旅游团中无境外旅行社代表，组团社外联销售人员应把情况及时通知境外旅行社尽早与病人家属或其保险公司取得联系。

（3）若遇有不能继续随团旅行的伤病者，接待社应协助办理分离签证，安排照顾好团内其他旅游者，不影响旅游团行程。

（4）伤病者的诊疗费或住院费应由伤病者自理或按旅游者投保公司的规定办理。

（5）需由组团社垫付诊疗费或住院费时，组团社外联销售人员应凭境外旅行社或保险公司的书面委托函，以书面形式请示并获批准后，方可予以办理。

（6）组团社外联销售人员应处理完毕后保存好有关往来函电，并尽快把应收费用汇总，通知境外旅行社汇款。

（7）向组团社的承保公司报案。对旅游者或境外旅行社要求带走所有保险索赔凭证原件的，应得到境内保险公司的书面认可，并在移交凭证原件前全部复印并公证留存，以备组团社日后向保险公司索赔。

3.5.2 旅游者死亡的处理

（1）由参加抢救的医师向死者亲属、境外旅行社代表及死者的好友或代表详细报告抢救经过，并写出《抢救经过报告》及《死亡诊断证明书》，由主治医师签字后盖章并复印三份，分别交给死者亲属、境外旅行社代表、接待社和组团社。也宜请境外旅行社代表向全团宣布对死者的抢救经过。如要求尸体解剖，应由境外旅行社代表或死者亲属提出书面申请，经医院同意方可进行。

（2）死者遗物由其亲属或境外旅行社代表，或死者好友代表、全陪和接待社代表共同清点，列成清单，一式两份，清单由上述人员签字并分别保存。遗物交亲属或由境外旅行社代表带回国（或交使领馆铅封托运回国）。如死者有重要遗嘱，应把遗嘱复制或拍照后交驻华使领馆转交，防止转交过程中发生篡改。

（3）死者亲属不在时，应及时请境外旅行社代表与死者在国外的直系亲属及所持护照国使领馆联系，并商定遗体处理办法。一般应在当地火化为宜。遗体火化前，由境外旅行社代表或死者亲属或代表写出《火化申请书》，交接待社保存。可由旅游团境外旅行社代表、死者好友、亲属或全团向遗体告别。告别现场应拍照留存。如境外旅行社代表或死者亲属提出举行追悼仪式，可以组团社名义致简短悼词，送花圈或花束。死者遗体由境外旅行社代表、死者亲属或代表护送火葬场火化。火葬场把死者《火化证书》交境外旅行社代表或死者亲友带回国。

（4）若死者家属要求把遗体运送回国，还应注意尸体由医院进行防腐处理，由殡仪馆成殓，并发给《装殓证明书》。灵柩应用铅皮密封，外廓应包装结实。如死亡地点不是出境口岸，应由地方检疫机关发给死亡地点至出境口岸的检疫证明《外国人运带灵柩（骨灰）许可证》，然后由出境口岸检疫机关发给中华人民共和国×××检疫站《尸体/灵柩进/出境许可证》。由死者所持护照国驻华使领馆办理一张遗体灵柩经由国家的通行护照，此证随灵柩一起同行。

3.5.3 入境旅游的投诉处理

旅游投诉一般分为境外旅行社代表旅游者投诉和旅游者直接投诉两种，处理原则包括以下五种：

（1）组团社外联销售人员收到境外旅行社代表某团旅游者反映接待质量的投诉函后，对于一般投诉应立即进行调查核实，并在24小时内书面向境外旅行社作出反应，以示重视。

（2）组团社外联销售人员收到投诉函后，对于重大投诉应报告部门经理，可与本社质量管理部门协商处理。

（3）调查结束后，组团社应依据调查材料，区分责任，作出处理决定。

（4）组团社外联销售人员应把有关处理决定，包括投诉处理意见、致歉函、赔偿决定及办法等，及时通知境外旅行社或直接通知投诉者。

（5）组团社外联销售人员应把处理投诉的往来函电、调查材料及处理决定随同该团有关资料一并归档保存。

实训五　出境旅游业务实训

1. 技能要求

培训学生在认识中国出境旅游发展现状的背景下，熟悉旅行社组织出境旅游活动所应具备的产品设计技能和服务质量要求，熟悉出境旅游业务的运作流程和旅行社出境业务的服务管理，掌握海外领队业务的工作内容和工作流程，掌握我国出境旅游管理的相关法规制度。在实践技能上，提高出境旅游业务的实操能力，能够较熟练开展出境旅游活动的操作和承担出境旅游领队工作。

2. 实训方式和步骤

（1）指导学生掌握旅行社出境旅游服务规范。教师以某出境旅游团的出团活动为背景，引导学生了解相关的服务管理程序，包括服务前准备阶段的管理、接待阶段的管理和善后阶段的管理。同时带领学生熟悉领队的旅游服务程序，在实训阶段加强学生对旅游产品设计和服务提供部分知识的理解和掌握。选择出行目的地，以经典出境游路线为宜。

（2）小组交流学习。学生以小组为单位，对该出境旅游团相关手续的办理及服务的提供进行讨论，熟悉包括营销服务、计调运作、领队服务等在内的流程安排。认真理解和熟记有关的出境旅游服务规范，并对所学知识进行实际应用。

（3）角色扮演。让学生分别担任游客和出境旅游工作人员的角色，进行场景模拟。在角色扮演的过程中熟悉出境旅游业务的运作流程和从业人员服务管理的要求，并尝试解决和应对在业务处理中可能遇到的问题及突发状况，提高学生的业务处理能力和灵活度。

（4）情景模拟。教师设置不同的出行旅游目的地，考查学生是否能处理不同地区出境旅游手续办理上的差异，并因地制宜进行旅游服务管理的提供。

（5）教师应根据实训内容，采用引导与互动相结合的方式，生动形象地设计实训流程，以灵活多样的方式完成实训要求。

（6）要求学生提交实训报告，说明实训目的、实训情况、存在问题、改进和提升等内容。

（7）教师点评与考核。教师应提前制定好评分标准，通过观察学生掌握知识的熟练程度、各环节展示、自身文明修养等方面的情况，综合学生表达能力、应变能力、组织能力、沟通交流能力等方面的表现，有针对性地点评学生优缺点，及时肯定成效，指出不足，给出相应评分。

3. 实训内容

为实现以上实训目的，本部分实训课程内容包括：旅行社出境旅游产品的设计技能、出境旅游产品营销服务技能、出境旅游计调运作技能、领队服务技能等内容的学习和掌握。

3.1 旅行社出境旅游产品的设计

3.1.1 产品设计

（1）组团社应编制并向旅游者提供《旅游线路产品说明书》，详细说明产品应具备的要素。

（2）产品设计应符合旅行社服务通则（LB/T 008－2011），旅行社提供服务时应遵循自愿、平等、公平、诚实信用的原则，遵守有关的法律法规和社会公德。在受控条件下按照业务流程提供旅游服务，以确保服务过程准确无误。

（3）符合国家法律法规、部门规章、国家或行业标准的要求。

（4）突出线路的主题与特色，适时开发并推出新产品。

（5）优化旅游资源的配置与组合，控制旅游者消费成本。

（6）充分考虑旅游资源的时令性限制。

（7）确保旅游目的地及其游览/观光区域的可进入性。

（8）具有安全保障，正常情况下能确保全面履约，发生意外情况时有应急对策。

（9）产品多样化，能满足不同消费档次、不同品位的市场需求，符合旅游者的愿望。

3.2 出境旅游产品营销服务

3.2.1 门市部

（1）门市部营业环境。门市部营业环境应：整洁、明亮。有能满足与旅游者交流要求的营业空间。有醒目、准确、美观的业务分类标志。提供各旅游线路的信息资料。在醒目处张贴服务监督热线电话和旅游紧急救援电话号码。

（2）营业销售人员。营业销售人员应：遵守旅游职业道德和岗位规范。佩戴服务标识，服饰整洁。熟悉所推销的旅游产品和业务操作程序。积极热情，微笑服务。主动推介旅游线路，百问不厌。认真细致，避免错漏。

3.2.2 报名

（1）向旅游者提供有效的旅游产品资料，并为其选择旅游产品提供咨询。

（2）告知旅游者填写出境旅游有关申请表格的须知和出境旅游兑换外汇有关须知。

（3）认真审验旅游者提交的旅游证件及相关资料物品，以使符合外国驻华使领馆的要求，对不适用或不符合要求的及时向旅游者退换。

（4）向旅游者/客户说明所报价格的限制条件，如报价的有效时段或人数限制等。

（5）对旅游者提出的参团要求进行评价与审查，以确保所接纳的旅游者要求均在组团社服务提供能力范围之内。

（6）与旅游者签订出境旅游合同及相关的补充协议，并提供《旅游线路产品说明书》作为旅游合同的附件。

（7）接受旅游者代订团队旅游行程所需机票和代办团队旅游行程所需签证/注的委托。

（8）计价收费手续完备，收取旅游费用后开具发票，账款清楚。

（9）提醒旅游者有关注意事项，并向旅游者推荐旅游意外保险。

（10）妥善保管旅游者在报名时提交的各种资料物品，交接时手续清楚。

（11）将经评审的旅游者要求和所作的承诺及时准确地传递到有关工序。

3.3 出境团队计调运作

3.3.1 证件

（1）组团社应确保旅游者提交的旅游证件在送签和移送过程中在受控状态下交接和使用。

（2）核对旅游证件、交通票据和表格。①核对护照、签证。护照内容的核对包括旅游者姓名（中、英文），出生年、月、日，出生地；发照日期、签发地点；正文页与出境卡是否一致、出境卡两项是否盖章、出境卡是否有黄页、是否与前往国相符；签证的有效期、签证水印及签字是否齐全。②核对并确认机票。拿到机票后，首先要认真检查张数是否一致，再将机票上的姓名与护照姓名核对。核对时，应弄清楚机票是 OK 还是 OPEN 票，并进行确认。③核对名单。核对《名单表》内容是否与护照内容一致，若发现有错误，立即通知有关人员并进行相应的处理。核对完后，将旅游者的护照、机票按名单顺序号依次编号（写明序号、姓名、团号），以便边防检查，顺利出境。④检查全团预防针注射情况。检查全团是否都进行预防注射（特别是来自传染病区的），如有未注射的，则应立即安排补注。

3.3.2 接团社选择

组团社应对境外接团旅行社进行评审，在满足下列条件的旅行社中优先选用，并与其签订书面接团协议，以确保组团社所销售的旅游产品质量的稳定性：

（1）依法设立。

（2）在目的地国家/地区旅游部门指定或推荐的名单内。

（3）具有优良的信誉和业绩。

（4）有能够满足团队接待需要的业务操作能力。

（5）有能够满足团队接待需要的设施和设备。

（6）有能够满足团队接待需要且符合当地政府资质要求的导游人员队伍，并不断对其进行培养和继续教育，以使其不断提高履行出境旅游合同约定的意识和服务技能，持续改进服务质量。

（7）订立了符合出境旅游合同要求的导游人员行为规范，并能在导游人员队伍中得到有效实施。

3.3.3 旅游签证/注办理

（1）组团社应按照旅游者的委托和旅游目的地国驻华使领馆/我公安等部门的要求为旅游者代办团队旅游签证/注。对旅游者提交的自办签证/注，接收时应认真查验，以使符合外国驻华使领馆的要求。

（2）代办签证/注过程中产生的相关交接记录应予保存。

3.3.4 团队计划落实

（1）组团社应根据其承诺/约定、旅游线路以及经评审的旅游者要求/委托，与有关交通运输、移民机关、接团社等有关部门/单位落实团队计划的各项安排/代办事项，确保准确无误。

（2）组团社在落实团队计划过程中发现任何不适用的旅游者物品资料，应及时通知旅游者更换/更正。

（3）与境外接待社落实团队接待计划确认信息的书面记录应予保存。

（4）公商务旅游团队，组团社应与出团单位的联系人保持有效沟通，并对出团单位审定的方案进行评审并保存记录，以确保所需服务在组团社的提供能力范围内。超出能力范围的，应与出团单位协商解决。

（5）团队计划落实妥当后，计调人员应做好如下工作并保存相应的移送交接记录。

将如下信息如实告知领队人员，并提供相应的书面资料：团队计划落实情况，如团队行程、团队名单、旅游者的特殊要求。

向领队移交团队的旅游证件、团队机票、团队出入国境时需使用的有关表格、公安边检查验用的团队名单表（需要时）、另纸签证（需要时）以及团队的其他相关资料。

3.3.5 行前说明会

出团前，组团社应召开出团行前说明会。在会上，组团社应向旅游者：

（1）重申出境旅游的有关注意事项、以及外汇兑换事项与手续等。

（2）发放并重点解读根据《旅游产品计划说明书》细化的《行程须知》。

（3）发放团队标识和《游客旅游服务评价表》。

（4）翔实说明各种由于不可抗力/不可控制因素导致组团社不能（完全）履行约定的情况，以取得旅游者的谅解。

注：《行程须知》除细化并如实补充告知《说明书》中交通工具的营运编号（如飞机航班号等）和集合出发的时间地点以及住宿的饭店名称外，还应列明：前往的旅游目的地国家或地区的相关法律法规知识和有关重要规定、风俗习惯以及安全避险措施；境外收取小费的惯例及支付标准；组团社和接团社的联系人和联络方式；遇到紧急情况的应急联络方式（包括我驻外使领馆的应急联络方式）。

3.4 领队服务

3.4.1 出团准备

（1）领队接收计调人员移交的出境旅游团队资料时应认真核对查验。

注意：出境旅游团队资料通常包括团队名单表、出入境登记卡、海关申报单、旅游证件、旅游签证/签注、交通票据、接待计划书、联络通讯录等。

（2）领队应提前到达团队集合地点，召集、率领团队按时出发，并在适当的时候代表组团社致欢迎词。

3.4.2 出入境

（1）领队应告知并向旅游者发放通关时应向口岸的边检/移民机关出示/提交的旅游证件和通关资料（如：出入境登记卡、海关申报单等），引导团队依次通关。

（2）向口岸的边检/移民机关提交必要的团队资料（如：团队名单、团体签证、出入境登记卡等），并办理必要的手续。

（3）领队应积极为旅游团队办妥乘机和行李托运的有关手续，并依时引导团队登机。

（4）飞行途中，领队应协助机组/空乘人员向旅游者提供必要的帮助和服务。

3.4.3 旅行游览服务

（1）领队应按组团社与旅游者所签的旅游合同约定的内容和标准为旅游者提供符合GB/T 15971—2010 要求的旅游行程接待服务，并督促接待社及其导游员按约定履行旅游合同。

（2）入住饭店时，领队应向当地导游员提供团队住宿分房方案，并协助导游员办好入店手续。

（3）在旅游途中，领队应：积极协助当地导游为旅游者提供必要的帮助和服务；劝谕引导旅游者遵守当地的法律法规，尊重当地风俗习惯；随时注意团队安全。

（4）旅游行程结束时，应通过向旅游者发放并回收《游客旅游服务评价表》，征询旅游者对旅游行程服务的意见，并代表组团社致欢送词。

3.4.4 特殊/突发情况的处理

（1）组团社应建立健全应急预案和应急处理机制，建立保持畅通的沟通渠道。

（2）旅游者在旅游过程中遇到特殊困难、旅游者在境外滞留不归或出现特殊/突发情况，如事故伤亡、行程受阻、财物丢失或被抢被盗、重大传染性疾病、自然灾害等，领队应积极协助有关机构或直接作出有效的处理，并向我驻当地使领馆报告，获得帮助，以维护旅游者的合法权益。

注：GB/T 15971—2010 附录 A 提供了应急处理的原则。

实训六 旅行社电子商务实训

1. 技能要求

掌握旅游电子商务在生活中的应用，验证旅游电子商务资金流的过程，体验并比较旅游电子商务网站的不同，掌握网站主要内容的设计，了解如何对旅游电子商务网站进行整体构思。

2. 实训方式和步骤

（1）指导学生通过网络服务提供的搜索引擎功能掌握旅游线路方面的经营信息。

（2）指导学生通过网上银行验证旅游电子商务资金流的过程。

（3）指导学生通过浏览优秀的旅游电子商务网站，体验并比较旅游电子商务网站的不同。

（4）通过浏览优秀的旅游电子商务网站，掌握网站主要内容的设计，了解如何对旅游电子商务网站进行整体构思。

3. 实训内容

3.1 认识旅游电子商务

利用搜索引擎与旅游资源信息网站，查找下面旅游线路信息：

旅游线路之一：大理、丽江、香格里拉的旅游线路；

旅游线路之二：普洱、西双版纳的旅游线路；

通过旅游线路搜索指导学生提供：

（1）旅游景点的介绍。

（2）自助游的线路与基本预算。

（3）自驾旅游的线路与基本预算。

（4）承揽该线路的旅行社的介绍与报价。

注：起始点均设为昆明

3.2 旅游电子商务资金流过程体验

（1）登录银联各大银行网上银行，体验个人网上银行的不同登录方式及其安全措施。

指导学生登录中国建设银行网上银行，体验登录过程中不同方式所采取的不同安全措施。

（2）登录第三方支付网站：支付宝 http：//www. alipay. com 和快钱 http：//www. 99bill. com，进行对比分析。

指导学生对两个支付网站的类型、操作流程、功能、特点4个方面进行比较，从而认识支付网站的本质及特点。

3.3 旅游电子商务网站比较分析

（1）登录携程网 http：//www. ctrip. com 和艺龙网 http：//www. elong. com，体验并总结两个旅游电子商务网站在用户体验、网站界面（色彩、结构、窗口、特效）、功能、栏目设置、网站内容等方面的不同。

（2）指导学生对比分析艺龙网与携程网如下功能及特点：电子商务模式；目标用户；产品与服务；网站界面；用户体验；盈利模式；资本模式；核心能力；客户价值；艺龙与携程网的相似点。

3.4 旅游电子商务网站的设计策划

（1）指导学生登录中国旅游网 http：//www. china. travel，四川旅游局网 http：//www. scta. gov. cn，成都旅游局网 http：//www. cdta. gov. cn 等网站进行浏览。

（2）通过对上述浏览的旅游网站从色调、界面、结构、功能进行对比分析后，为某个地区旅游局策划一个官网。

参考文献

一、期刊文章

［1］尚渺．会奖旅游能否做大？［J］．旅游时代，2008（1）．

［2］宋秀卿．会奖旅游谁是谁的盛宴［J］．中国会展，2009（18）．

［3］丁毅．以海南为例探析会奖旅游的发展［J］．现代经济信息，2012（12）．

［4］宋秀卿．会奖旅游：澳门经济的新引擎［J］．中国会展，2009（6）．

［5］赵园．会奖旅游释义［J］．中国会展，2008（3）．

［6］江岩．给员工一个意外惊喜：会奖旅游与企业文化建设［J］．中国会展，2003（4）．

［7］徐晶慧．会奖旅游的专业化水平需提高［J］．中国对外贸易，2011（11）．

［8］李平生，李佳．北京会奖旅游发展探析［J］．环球市场信息导报，2011（1）．

［9］季玉群、刘敏．企业推行奖励旅游的制度探析［J］．江苏商论，2012（6）．

［10］刘勇．我国奖励旅游发展滞后的原因及对策［J］．商业时代，2009（31）．

［11］吕莉．我国奖励旅游发展探讨［J］．商业经济文荟，2005（5）．

［12］刘少湃．奖励旅游发展对策探究［J］．商业时代，2007（27）．

［13］唐彪，徐艳梅，周群．会展旅游城市竞争力评价模型探讨［J］．现代商贸工业，2008（12）．

［14］梁辰．论城市会展旅游的发展：以南宁为例［J］．艺术科技，2014（1）．

［15］孙凌云．浅析会展旅游在会展业发展中的作用［J］．商业论坛，2013（12）．

［16］王起静，高凌江．会展产业和旅游产业融合：机理和对策［J］．中国经贸导刊，2013（29）．

［17］李永和．50天，化"危"为"机"：上海春秋国旅危机公关纪实［J］．市场观察，2005（6）．

［18］单铭磊．后金融危机时代的中国入境旅游发展对策［J］．山东工商学院报，2011（2）．

二、专著

［1］Pal Yale. The Business of Tour Operation. London：Longman Group Limited，1995.

［2］卢永忠．旅行社经营管理［M］．重庆：重庆大学出版社，2011.

［3］程遂营．旅行社经营管理［M］．郑州：郑州大学出版社，2003.

［4］朱美．旅行社业务与管理［M］．杭州：浙江大学出版社，2013.

［5］范贞．旅行社计调业务［M］．北京：清华大学出版社，2014.

［6］郭春慧．旅行社计调实务［M］．上海：复旦大学出版社，2010.

［7］戴斌．旅行社经营管理［M］．北京：旅游教育出版社，2003.

［8］徐云松．旅行社服务案例分析［M］．北京：高等教育出版社，1999.

［9］韩勇．旅行社经营管理［M］．北京：北京大学出版社，2006.

［10］姚延波．旅行社经营管理［M］．北京：北京师范大学出版社，2010.

［11］简茂兰，孙平．旅行社经营管理［M］．济南：山东大学出版社，2005.

［12］徐东文．旅行社管理［M］．武汉：武汉大学出版社，2003.

［13］董正秀．旅行社管理实务［M］．南京：东南大学出版社，2007.

［14］北京凤凰假期国际旅行社有限公司．出境旅游操作实务［M］．北京：兵器工业出版社，2006.

［15］北京市旅游局．出境旅游领队实务［M］．北京：旅游教育出版社，2002.

［16］卢世菊．旅游法规［M］．武汉：武汉大学出版社，2009.

［17］文风．旅游法规与案例［M］．北京：清华大学出版社，2010.

［18］苘茂兰、孙平．旅行社经营管理［M］．济南：山东大学出版社，2005.

［19］朱晔、问建军．旅行社经营与管理实务［M］．西安：西安交通大学出版社，2010.

［20］柳中明．旅行社经营与管理［M］．北京：电子工业出版社，2010.

［21］贺学良．现代旅行社经营管理［M］．上海：复旦大学出版社，2011.

［22］戴斌．旅行社经营管理［M］．北京：旅游教育出版社，2005.

［23］刘爱月．旅行社经营与管理［M］．北京：对外经济贸易大学出版社，2010.

［24］赵冉冉．新导游必看的120个带团案例［M］．北京：中国旅游出版社，2012.

［25］刘春玲．旅游产业危机管理与预警机制研究［M］．北京：中国旅游出版社，2007.

［26］邹统轩．旅游危机管理［M］．北京：北京大学出版社，2005.

［27］郑向敏．旅游安全学［M］．北京：中国旅游出版社，2003.

［28］格莱泽．旅游业危机管理［M］．安辉，译．北京：中国旅游出版社，2004.

［29］苘茂兰，孙平．旅行社经营管理［M］．济南：山东大学出版社，2005.

［30］张冬冬．旅行社经营管理［M］．北京：清华大学出版社，2012.

［31］王永强．旅行社经营管理［M］．北京：对外经济贸易大学出版社，2008.

［32］刘爱月．旅行社经营与管理［M］．北京：对外经济贸易大学出版社，2010.

三、学位论文

［1］王雪．旅行社会奖旅游业务发展研究：以北京中旅总社为例［D］．北京：北京第二外国语学院，2007.

〔2〕于丽莎．大连会展旅游发展研究〔D〕．大连：大连海事大学，2007.

四、报纸文章

〔1〕赵丽丽．旅行社奖励旅游产品设计之研究〔N〕．清远职业技术学院学报，2010（2）：105－110.

〔2〕王建民．会奖旅游溯源解读〔N〕．中国旅游报，2003－12－15.

〔3〕赵垒．中国会奖旅游这十年〔N〕．中国旅游报，2013－01－01.

策划编辑：段向民
责任编辑：孙妍峰
责任印制：冯冬青
封面设计：何　杰

图书在版编目（ＣＩＰ）数据

旅行社经营与管理 / 谢洪忠，胡锡茹主编. -- 北京：
中国旅游出版社，2016.2（2019.9重印）
中国旅游业普通高等教育应用型规划教材
ISBN 978-7-5032-5440-6

Ⅰ．①旅… Ⅱ．①谢… ②胡… Ⅲ．①旅行社－企业
经营管理－高等学校－教材 Ⅳ．①F590.63

中国版本图书馆CIP数据核字(2015)第265690号

书　　　名：旅行社经营与管理

作　　　者：谢洪忠　胡锡茹主编
出版发行：中国旅游出版社
　　　　　（北京建国门内大街甲 9 号　邮编：100005）
　　　　　http://www.cttp.net.cn　E-mail:cttp@mct.gov.cn
　　　　　营销中心电话：010-85166536
排　　版：北京旅教文化传播有限公司
经　　销：全国各地新华书店
印　　刷：河北省三河市灵山芝兰印刷有限公司
版　　次：2016 年 2 月第 1 版　2019 年 9 月第 3 次印刷
开　　本：787 毫米 ×1092 毫米　1/16
印　　张：18.5
字　　数：400 千
定　　价：39.80 元
ＩＳＢＮ　978-7-5032-5440-6
